Schulterblick und Stöckelschuh

Jan Sentürk

Schulterblick und Stöckelschuh

Wie Haltung, Gestik und Mimik über
unseren Erfolg entscheiden

Jan Sentürk
Grebenstein
Deutschland

ISBN 978-3-8349-3164-1 ISBN 978-3-8349-3744-5 (eBook)
DOI 10.1007/978-3-8349-3744-5

Die Deutsche Nationalbibliothek verzeichnet diese Publikation in der Deutschen Nationalbibliografie; detaillierte bibliografische Daten sind im Internet über http://dnb.d-nb.de abrufbar.

Springer Gabler
© Gabler Verlag | Springer Fachmedien Wiesbaden GmbH 2012

Einbandentwurf: KünkelLopka GmbH, Heidelberg

Gedruckt auf säurefreiem und chlorfrei gebleichtem Papier

Springer Gabler ist eine Marke von Springer DE.
Springer DE ist Teil der Fachverlagsgruppe Springer Science+Business Media
www.springer-gabler.de

Meiner Frau Ilona
und
meinen Söhnen Tarik und Julian.

Vorwort

Wenn man, wie ich, als einziges Kind mit drei Frauen aufwächst, dann hinterlässt das Spuren. Im Wesentlichen war es meine Großmutter, die mich geprägt hat. Obwohl sie, 1904 geboren, einer Generation angehörte, bei der es noch eine Selbstverständlichkeit war, dass die Frau zu Hause blieb und der Mann das Geld verdiente, hatte sie schon vor ihrer Ehe, mit 24 Jahren, Prokura in der Firma, in der sie arbeitete, und war zudem schlagfertig genug, sich gegen die Annäherungsversuche ihres Chefs durchzusetzen. Als sie eines Tages wieder einmal eine seiner zweideutigen Anspielungen ignorierte, sagte er zu ihr: „Fräulein Wiechmann, Sie tun ja gerade so, als ob ich für Sie ein Brechmittel bin. Und das schreibe ich jetzt auch auf einen Zettel. Der bleibt dann so lange hier in meiner Anzugtasche, bis Sie nach der Arbeit noch auf einen Kaffee bleiben." „Nein", antwortete meine Großmutter ungerührt, „der bleibt genau so lange in Ihrer Anzugtasche, bis Ihre Frau beim nächsten Mal Ihren Anzug sauber macht und Sie fragt, was dieser Zettel zu bedeuten hat."

Dass eine Frau dieses Alters eine solche Position innehatte und sich überdies traute, auf eine solche Weise mit ihrem Vorgesetzten zu sprechen, war damals wohl eher eine Ausnahme. Heute sind Frauen in verantwortungsvollen oder Führungspositionen zwar immer noch weitaus seltener anzutreffen als Männer, doch immerhin wird die Tatsache, dass Frauen solche Aufgaben bravourös meistern, zumindest offiziell anerkannt. Trotzdem: Erst kürzlich äußerte im Gespräch mit der Marketingleiterin eines bundesweit tätigen mittelständischen Unternehmens diese den – keinesfalls neuen – Satz: „Frauen müssen sich einfach mehr anstrengen, um im Beruf erfolgreich zu sein."

Nachdem ich diesen Satz schon viele Male gehört hatte, nahm ich dieses Mal zum Anlass, etwas länger darüber nachzudenken. Oberflächlich betrachtet stimmt es wohl: Um die gleiche Anerkennung zu bekommen wie ein Mann, reicht es nicht, dass eine Frau einfach nur die gleiche Leistung erbringt. Sie muss zusätzlich noch etwas anderes tun. Doch was sollte das eigentlich sein? Schließlich lautet ein anderer, ebenso abgenutzter Satz: „Man kann doch nicht mehr, als arbeiten!"

Mir kam folgende Überlegung in den Sinn: Muss eine Frau sich wirklich *mehr* anstrengen als ein Mann oder muss sie sich bei dem, was sie tut, einfach nur *anders* anstrengen? Ich meine: anders, als eine Frau es von sich aus täte?

Es ist eine Illusion, wenn man glaubt, insbesondere die Berufswelt wäre bis auf wenige Ausnahmen nicht von Männern und deren Verhaltensmustern geprägt. Jahrtausendelang waren Männer und Frauen in jeweils anderen Aufgabenfeldern aktiv. Dabei räumten die patriarchalischen Strukturen dem Mann im Vergleich zur Frau unverhältnismäßig viele Rechte ein, während Letzterer vorwiegend Pflichten und Verbote auferlegt wurden. Einer modernen Frau, die sich durchsetzen will, wird dies nur schwer gelingen, wenn sie sich – unbewusst – althergebrachter Muster bedient. Bestimmte Verhaltensweisen jedoch haben sich uns vermutlich tiefer eingeprägt, als uns bewusst und manchmal lieb ist.

Weibliche Körpersprache ist anders als männliche. Das ist eine Tatsache. Und wenngleich nichts für 100 Prozent aller Männer und Frauen gilt, so lassen sich doch mehrheitlich genutzte körpersprachliche Ausdrucksweisen meist deutlich erkennen und zuordnen.

Was auch immer wir tun: Zwangsläufig nutzen wir dafür unseren Körper. Dieser spricht immer die Sprache unseres Inneren. Und diese ist bei Frauen und Männern unterschiedlich. Wie könnte man annehmen, dass in einer seit Jahrtausenden von Männern geprägten Welt nicht auch die Körpersprache zeigt, worin sich die Geschlechter unterscheiden?

Bei meinen Vorträgen und Seminaren werde ich immer wieder zu den Unterschieden zwischen weiblicher und männlicher Körpersprache befragt: Gibt es sie? Welche sind es? Was können Frauen dagegen tun? Sollten sie das überhaupt? Und wenn ja: Hat das irgendeinen Nutzen? Dieses Buch will Männer wie Frauen ermutigen, sich des eigenen Potenzials stärker bewusst zu werden und es zu nutzen, um selbstbewusster aufzutreten und Kommunikation respektvoller und erfolgreicher zu gestalten. Darüber hinaus zeigt es zahlreiche weitere Gesten aus Alltag und Beruf und erläutert ihre meist kontextabhängige Bedeutung.

Ein Kapitel widme ich zudem den Erkenntnissen, zu denen die Wissenschaft in der bislang relativ geringen Zeitspanne, in der sie die Körpersprache untersucht, gelangt ist. Bei meinen Recherchen stellte ich fest, dass auch in einem Bereich, der den Anspruch hat, verifizierbare und allgemeingültige Daten zu ermitteln, keinesfalls von Allgemeingültigkeit gesprochen werden kann. Dennoch bin ich der festen Überzeugung und finde es im Alltag immer wieder bestätigt, dass Körpersprache Regeln folgt, die zwar nicht immer und für jede Situation gleichermaßen zutreffen, die jedoch Mustern folgt. Für diese Muster einen Blick zu bekommen, kann man lernen – man muss es sogar.

Dieses Buch ist keine wissenschaftliche Abhandlung, wenngleich ich einige interessante Ergebnisse wissenschaftlicher Untersuchungen erwähne. Im Wesentlichen beruhen die in diesem Buch wiedergegebenen Aussagen auf meiner pädagogischen Ausbildung und Arbeit, meiner jahrelangen Trainertätigkeit und auf meinen Erfahrungen sowohl als aktiver Spieler wie auch als späterer Leiter zweier freier Theatergruppen. Bei der Erarbeitung unserer Aufführungen ging es nicht um das Auswendiglernen von Texten oder um Stellproben; in mehrtägigen Arbeitsseminaren, bei denen wir zum Teil auch nachts und bewusst vollkommen übermüdet arbeiteten, setzten wir uns mit allen Emotionen auseinander, die dabei auftauchten, brachten sie auf die Bühne, improvisierten damit und erfuhren am eigenen Leib den Unterschied zwischen „echt" und „gespielt". Doch auch wenn Emotionen manches Mal nicht wirklich vorhanden, sondern nur vorgetäuscht waren, so blieb der „Transporteur" eines mal mehr, mal weniger glaubwürdigen Ausdrucks doch immer der gleiche: unser Körper.

Körpersprache ist mehr als ein Zufallsprodukt, und sie zu verstehen, heißt, ein Verständnis für menschliche Verhaltensweisen zu entwickeln. Das gilt natürlich in erster Linie für uns selbst. Bei meinen Seminaren weise ich stets darauf hin, dass man die eigene Körpersprache nicht verändern kann, wenn man nicht bereit ist, auch die eigene (innere) Haltung zu verändern. Das eine geht nicht ohne das andere. Wer jedoch bereit dazu ist, dem eröffnet sich ein faszinierendes Spektrum an Möglichkeiten.

Ich halte es übrigens für völlig legitim, sich Wissen über Körpersprache auch deshalb anzueignen, um das Verhalten anderer besser verstehen oder interpretieren zu können. Wir sollten nicht so tun, als ob uns das nicht interessierte. Dabei gilt stets der Hinweis, fair zu bleiben und auf die negative Form der Manipulation (ja, es gibt auch eine positive!) zu verzichten.

An dieser Stelle danke ich allen Teilnehmerinnen und Teilnehmern meiner Vorträge und Seminare: Ihre Kritik, Ihre Fragen und Anregungen und viele, viele Gespräche zeigen mir, dass dieses Thema nun offenbar endlich die Aufmerksamkeit erhält, die es meiner Ansicht nach schon lange verdient. Denn im Gegensatz zu allem anderen haben wir unsere Körpersprache schließlich immer dabei.

Viel Spaß beim Lesen und: Bleiben Sie in Bewegung!

Herzlichst, Ihr

Jan Sentürk

August 2011

Inhaltsverzeichnis

1 Grundlagen der Körpersprache

1.1 Der Ursprung unserer Körpersprache

> „Der Körper ist der Übersetzer
> der Seele ins Sichtbare."
>
> *Christian Morgenstern*

1.1.1 Die äußere Darstellung der inneren Einstellung

Ein Körpersprachetrainer, der seine Seminarteilnehmer fragt, ob sie ihre Körpersprache dabei haben, erntet – natürlich – Gelächter. Wie sollte man die vergessen? Schließlich gehört sie zu uns und begleitet uns ebenso selbstverständlich wie unsere Arme, unsere Beine und jeder andere Teil unseres Körpers. Doch während immer mehr Menschen ihren Körper durch kostspielige Operationen gemäß den vorherrschenden Schönheitsidealen verändern und optimieren lassen, machen sie sich über die eigene Körpersprache nur wenig Gedanken – wenn überhaupt. „Ich bin eben so, wie ich bin", sagen sie allenfalls, wenn man auf dieses Thema zu sprechen kommt. Das ist zunächst einmal richtig. Die Aussage steht jedoch im krassen Widerspruch dazu, dass Menschen sich im Hinblick auf ihr optisches Erscheinungsbild und ihre Wirkung sehr wohl Gedanken machen und im Allgemeinen auch gefallen wollen. Sicher nicht jedem und nicht um jeden Preis. Doch ohne das Gefühl, akzeptiert, gemocht und vielleicht sogar bewundert zu werden, würden wir uns auf Dauer nicht besonders wohlfühlen. Und da Körpersprache eine ganze Menge an Informationen über uns preisgibt, ist sie wesentlich aussagekräftiger als die Farbe eines Jacketts. Sie ist ein Medium, mittels dessen wir anderen Menschen etwas von uns zeigen. Sowohl die Dinge, die wir zeigen wollen, als auch die, die wir nicht zu erkennen geben möchten. Sie ist die äußere Darstellung unserer inneren Einstellung, unseres Befindens, unserer Ansichten und Gefühle. Die Definition von Körpersprache gemäß Duden lautet:

„In Körperhaltung, Bewegung, Gestik, Mimik sich ausdrückende psychische Konstitution, Gestimmtheit."

Diese – wenngleich kurz gefasste – Definition beschreibt Körpersprache ebenfalls als den Ausdruck inneren Befindens. Dieser Definition soll eine erweiterte des Autors hinzugefügt werden, welche lautet:

„Körpersprache ist die fortwährend stattfindende äußere Darstellung des inneren Befindens. Dazu gehören alle bewusst oder unbewusst ausgeführten ebenso wie alle bewusst oder unbewusst unterlassenen Bewegungen und körpersprachlichen Äußerungen. Dabei ist es gleichgültig, ob deren Umfang von anderen Menschen wahr- oder zur Kenntnis genommen wird oder nicht."

Dass unsere Emotionen nach außen sichtbar sind, können wir meist nicht verhindern. Dazu müssen sie den Weg über unseren Körper nehmen, einen anderen gibt es nicht. Alles, was wir nach außen senden, kommt zwangsläufig aus uns selbst. Möchten wir jedoch etwas *nicht* nach außen zeigen, beispielsweise, weil eine Situation dies nicht erlaubt, wir es für unangemessen halten, es uns peinlich ist oder wir vielleicht sogar Angst davor haben, verkrampfen wir.

Wenn Emotionen – Ärger, Freude, Überraschung – sich äußern möchten, der Kopf dies jedoch verbietet, muss der Körper sich bremsen, und dies kann sehen, wer seinen Blick dafür geschärft hat. Körpersprache muss also etwas mit uns, mit unserem Charakter und unseren Eigenschaften zu tun haben. Die Physik lehrt uns, dass Energie nicht verschwindet, sondern umgewandelt wird. Ein Verbrennungsprozess erzeugt Wärme, Strom wird in Licht umgewandelt, Kraft wird umgesetzt in Bewegung. Ist nicht die Verwandlung unserer emotionalen Energie, der Energie unserer Einstellung in Bewegungs- und Ausdrucksenergie, in Mimik, Gestik und Bewegung, unsere Körpersprache also, gewissermaßen ein ähnlicher Prozess? Bei einfachen Alltagsaktivitäten äußert sich unsere Körpersprache weniger impulsiv, als wenn wir unter hohem emotionalem Druck stehen und unsere Gefühle regelrecht zum Ausbruch kommen.

Ballt eine einzelne Person die Faust, drückt sie damit möglicherweise, abhängig von der Situation, offene oder verhaltene Wut oder auch Freude („Beckerfaust") aus. Vollzieht eine ganze Gruppe diese Geste und reckt dabei den Arm in die Höhe, verleiht sie damit unter anderem einem Zusammengehörigkeitsgefühl Ausdruck. Die persönliche Emotion rückt in den Hintergrund. Dennoch wird durch das Ausführen der Geste innerhalb einer Gruppe die Grundeinstellung eines Individuums symbolisiert, seine – längerfristige oder grundsätzliche – Ansicht zu einem bestimmten Thema. Das Ballen der Faust innerhalb eines ritualisierten Ablaufes liefert uns also ebenso Informationen über jedes einzelne Gruppenmitglied, wie die geballte Faust einer Einzelperson uns etwas über deren aktuelles Befinden mitteilt.

Dass der Körper spricht, ist im Alltag nicht nur notwendig und hilfreich, sondern, gemäß dem bekannten Kommunikationsforscher Paul Watzlawick, („Man kann sich nicht *nicht* verhalten"), auch unvermeidbar. *Wie* der Körper spricht, wird erlernt. Und wie bei der Wortsprache geschieht dies durch individuelle, familiäre, soziale und kulturelle Prägungen. Dort gibt es Dialekte, Slang- und Szeneausdrücke, generationsbedingte Sprachmuster und Rituale. Szene- und Interessengruppen wie Punks, Hip-Hopper, Grufties oder Rapper verfügen sowohl über bestimmte Sprachmuster als auch äußerliche Erkennungsmerkmale. Meist ist es die Kleidung, die dabei am augenfälligsten ist. Überdies gibt es Kennzeichen, Symbole, vorgegebene und ritualisierte Formen der Begrüßung, der Zustimmung oder der Ablehnung. Durch deren Tragen oder Anwenden definiert man sich als Angehöriger einer geschlossenen Gruppierung und gibt sich damit gegenüber Gleichgesinnten zu erkennen. Körpersprache ist eine Ausdrucksform, die zwar einerseits nicht einem ständigen modischen Wandel unterworfen ist, andererseits jedoch stets durch Ergänzungen einzelner Gruppierungen bereichert wird. Die Grußgeste der Hip-Hopper beispielsweise, bei der erst die Hände in Brusthöhe mit nach oben weisenden Fingern ineinander geschlagen werden und man sich dann mit einer abwechselnden Berührung beider Schultern begrüßt, signalisiert die Fähigkeit zuzupacken und zeigt Schulterschluss. Letzterer ist in einer Szene, die in ihrem Ursprung für ein hartes Leben in einer harten Gegend steht, immens wichtig, um den Alltag durchzustehen, vielleicht sogar, ihn zu überleben.

Sinn und Bedeutung vieler Gesten erschließen sich oftmals, wenn man ihre Herkunft kennt. Unser Handschlag beispielsweise hat seinen Ursprung im Griff ans Handgelenk, mit dem sich die alten Römer begrüßten. Der Grund für diesen lag vermutlich im damals nicht unüblichen und keinesfalls immer unbegründeten Misstrauen untereinander: Wer dem anderen seine Hand ums Handgelenk legte, konnte spüren, ob dort möglicherweise ein Messer versteckt war. Die militärisch zum Gruß an die Stirn gelegte Hand leitet sich ab vom ehemals üblichen grüßenden Hut-Abnehmen. Da es bei der Armee zudem auf Ordnung, Disziplin und Einheitlichkeit ankommt, bleiben die Finger dabei eng geschlossen und die Hand nimmt, ebenso wie der ganze Körper, eine aufrechte, gespannte Haltung ein. An anderer Stelle findet sich die Bedeutung körpersprachlichen Verhaltens in unserem Alltag in Form umgangssprachlicher Idiome wieder: jemanden mit Blicken auszuziehen, ihn mit offenen Armen aufnehmen, seine Hand schützend über ihn halten, erhobenen Hauptes auf etwas zugehen, den Blick abwenden und viele andere mehr.

So, wie die Wortsprache überall auf der Welt mittels der Stimme transportiert wird, drückt sich die Körpersprache über den Körper aus. Dennoch gibt es auch bei ihr einige kulturelle und internationale Unterschiede, die – ebenso wie Worte – nicht in jedem Land gleichermaßen verständlich sind und die zu unangenehmen Missverständnissen führen können. Auch wenn in unserem medialen Zeitalter die Grenzen verschwimmen und gestische Signale mehr und mehr einheitlich verstanden werden, kann es insbesondere für Geschäftsreisende angebracht sein, sich über die Bedeutung zumindest scheinbar international bekannter und einheitlich gültiger Gesten vorab zu informieren. Die folgenden Beispiele zeigen einige in ihrer jeweils landestypischen Bedeutung sehr stark voneinander abweichende Signale. Die genannten Länder gelten beispielhaft, ein Anspruch auf Vollständigkeit besteht nicht:

Daumen hoch

Ursprünglich stand der gereckte Daumen in Deutschland für die Zahl Eins, was nach wie vor auch heute noch gilt. Überdies wird er inzwischen jedoch fast weltweit als Zeichen für „gut", „o.k.", „in Ordnung" usw. verstanden. Dennoch sollte man ihn beispielsweise in Afghanistan, im Irak und Iran vorsichtig einsetzen, da er dort auch als ordinäre Beleidigung aufgefasst werden könnte.

Kleiner Finger hoch

In Kenia zählt man mit diesem Symbol die Eins, in Italien ist der so gezeigte kleine Finger ein Hinweis auf kleine oder schmächtige Dinge oder Personen.

Abbildung 1.1:　a) Steht für „1", „o.k." oder eine Beleidigung
　　　　　　　　　　b) „Eins" oder „schmächtig"

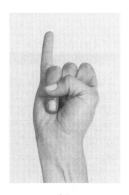

a)　　　　　　　　　　　　　　　　　　b)

Zeige- und Mittelfinger gestreckt, von vorn und hinten

Mit zum Körper weisendem Handrücken kann diese Geste je nach Zusammenhang, ähnlich wie der gereckte Daumen, eine Zahl, nämlich die Zwei, symbolisieren (Deutschland, China). Weltweit bekannt ist sie allerdings auch als Zeichen für Sieg (Victory) und als Zeichen für Frieden (Peace).

Vorsicht ist bei der umgekehrten Hand (Handflächen zum Körper) geboten: Dies hat beispielsweise in Irland und Neuseeland die Bedeutung einer zweifachen Beleidigung im Sinne des doppelten Stinkefingers.

Abbildung 1.2:　a) Als „Victory"-Zeichen weltweit bekannt
　　　　　　　　　　b) Auf diese Weise mancherorts eine Beleidigung

a)　　　　　　　　　　　　　　　　　　b)

Daumen und Zeigefinger gestreckt

Auch mit diesem Zeichen zählt man beispielsweise in Deutschland und den Niederlanden die Zwei, wohingegen es in China interessanterweise acht bedeutet. Für die Zehn haben die Chinesen gleich mehrere Möglichkeiten: Sie wird wahlweise mit einer Faust, überkreuztem Zeige- und Mittelfinger oder mit beiden zu einem Kreuz übereinandergelegten Zeigefingern symbolisiert.

Geizkragen

In Brasilien steht diese Geste für Geizkragen. In Deutschland und der Türkei hat sie eine obszöne Bedeutung.

Daumen und Zeigefinger zum Kreis geformt

In vielen Ländern ist dies eine Geste für klasse oder perfekt, in Brasilien eine Beleidigung, die auf eine Körperöffnung hindeutet.

Abbildung 1.3:   a) In den Niederlanden „2", in China „8"
b) Nicht überall ist dies eine obszöne Geste
c) Meist als Zeichen für „perfekt" bekannt

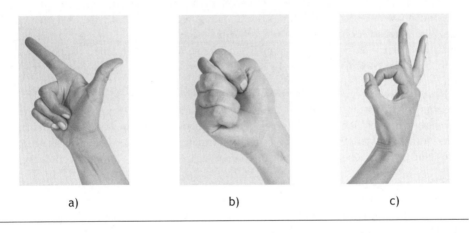

a)   b)   c)

Schon dieser kleine Einblick zeigt: Nach wie vor besteht ein großes Potenzial für Missverständnisse. Mehr über Körpersprache zu erfahren, ist daher nicht nur vor dem Hintergrund der Bedeutung einzelner gestischer Ausdrucksmuster, sondern auch im Hinblick auf erfolgreiche Kommunikation zwischen uns bekannten und unbekannten Kulturen eine lohnenswerte Aufgabe.

1.1.2   Die Arten der Körpersprache

Hinsichtlich der Interpretierbarkeit von Körpersprache lassen sich drei unterschiedliche Arten klassifizieren, mittels derer wir uns ausdrücken. Es handelt sich dabei um die bewusste, die halbbewusste und die unbewusste Körpersprache. Erstere ist, je nach Definition, mit der Motorik vergleichbar: Bei der bewussten Körpersprache handelt es sich um den Bereich rein funktionaler und bewusster Bewegungsabläufe, die wir bei allen körperlichen Handlungen vollziehen müssen, um unser Ziel zu erreichen. Möchten wir beispielsweise in einem Beratungsgespräch einen Prospekt über den Schreibtisch reichen, müssen wir dazu unsere motorischen Fähigkeiten bewusst einsetzen: Wir greifen nach dem Prospekt und halten ihn in Richtung unseres Gesprächspartners zur anderen Seite des Schreibtischs. Wollen wir joggen, müssen wir ebenfalls alle dazu erforderlichen Bewegungsabläufe durchführen. Natürlich führt unser Körper neben den bewussten immer auch halb- oder unbewusste Abläufe aus, zum Beispiel die Atmung.

Die halbbewusste Körpersprache resultiert aus sensorischen (sinnlichen) Wahrnehmungen. Wenn wir etwas sehen, hören, riechen, schmecken oder fühlen, reagieren wir mit einer körperlichen Reaktion auf die Wahrnehmung dieses Sinnesreizes bzw. -einflusses mit einer uns angemessen erscheinenden Verhaltensweise. Dabei kann es sich auch um plötzliche, nicht kontrollierbare Bewegungen handeln, beispielsweise das Zucken der Lider und das Hochziehen der Schultern, wenn wir uns erschrecken, das plötzliche Umdrehen, wenn wir auf ein Geräusch hinter uns reagieren, oder das Verziehen des Gesichtes, wenn wir etwas Unangenehmes riechen. Im Allgemeinen sind wir uns dieser Vorgänge zwar bewusst, denken jedoch nicht darüber nach und haben – je nach „Plötzlichkeit" der sinnlichen Wahrnehmung – oftmals auch keine Möglichkeit, eine Reaktion zu überlegen. Teile der Mikrogestik, zum Beispiel Ekel- und Angstreaktionen, lassen sich grob in diesen Bereich einordnen.

Bei der unbewussten Körpersprache schließlich handelt es sich um den für die meisten Menschen hinsichtlich seiner Interpretationsmöglichkeiten interessantesten Bereich, denn hier verrät der Mensch Dinge, die er nicht verraten möchte, hier äußern sich verborgene Ansichten, liegen geheime Wünsche und lassen sich versteckte Wahrheiten entdecken.

Dies kann sowohl durch größere Gesten geschehen, etwa durch einen zur Seite gestellten Fuß, mit dem man unbewusst anzeigt, dass man eine Situation lieber verlassen möchte, als auch mit Mikrogesten – kleinen, oftmals kaum sichtbaren Signalen, die auf Verachtung, Wut oder Abscheu hindeuten und deren Übertragung und auch Bedeutung sich der Sender selbst oft gar nicht bewusst ist.

1.2 Erkenntnisse, Studien und Untersuchungen

„Das Ganze ist mehr
als die Summe seiner Teile."

Aristoteles

1.2.1 Körpersprache und Wissenschaft

Redner und Trainer beschäftigen sich mit der Körpersprache naturgemäß auf andere Weise als Wissenschaftler. Als Angehöriger einer der ersten beiden Gruppen vermittelt man Wissen aufgrund meist jahrelanger theoretischer und vor allen Dingen vieler praktischer Kenntnisse und Erfahrungen in seinem Gebiet, zum Beispiel aus dem Sport oder dem Theater. Insbesondere im Rahmen der Theaterarbeit werden Erfahrungen gemacht, die die meisten Menschen im Alltag nicht machen können. Die ständige, bewusste Auseinandersetzung mit sich selbst, mit dem eigenen Körper sowie seinen Funktionen und Ausdrucksmöglichkeiten birgt ein hohes Entwicklungspotenzial. Sie zeigt nicht nur eigene Verhaltensmuster, sondern schärft zudem den Blick für das Verhalten anderer. Dabei lassen sich stets wiederkehrende Muster, Abläufe und Vorgehensweisen beobachten, die vermutlich mehr über körpersprachliche Regeln und Ursachen verraten, als eine lediglich theoretische Beschäftigung mit diesem Thema es ermöglichen kann. Auch der unmittelbare Zusammenhang zwischen Emotion und Ausdruck, zwischen innerem Erleben und äußerer Darstellung, zwischen der Wirkung einer vielleicht nur mechanisch ausgeführten Bewegung und deren dennoch realem Einfluss auf das eigene Gefühl lassen sich wohl nirgends so intensiv studieren und nachvollziehbar erleben wie im darstellenden Spiel.

Die wissenschaftliche Auseinandersetzung mit Körpersprache basiert auf der Zielsetzung, Aussagen grundsätzlich zu beweisen und zu verifizieren. Dies ist bei einem Thema, das in den Bereich der Softskills, der weichen und damit kaum exakt messbaren Faktoren fällt, natürlich nicht einfach. Im Sinne einer seriösen Beschäftigung mit dem Thema erscheint es jedoch wichtig, auf einige wissenschaftliche Erkenntnisse in diesem Bereich hinzuweisen. Zumal es einige interessante psychologische Untersuchungen gibt, die die in diesem Buch getroffenen und unter anderem aus umfangreichen praktischen Erfahrungen resultierenden Aussagen stützen. Die noch dazu allgemeingültige Bedeutung und Wirkung von Körpersprache zu *beweisen* allerdings, ist zum jetzigen Zeitpunkt wohl nicht möglich. Natürlich stellt kein ernst zu nehmender Wissenschaftler die enorme Bedeutung des Nonverbalen in der Kommunikation in Frage. Über den Umfang ließe sich allerdings streiten, doch der ist, darin sind sich Trainer und Wissenschaftler einig, stets vom Kontext und den beteiligten Personen abhängig.

Wie zuvor beschrieben, hat unsere Körpersprache etwas mit unserem Charakter und unseren Eigenschaften zu tun. Da jeder Mensch anders ist, stellt sich die Frage, weshalb sich die unterschiedlichen Charaktere durch die gleiche und damit interpretierbare Körpersprache ausdrücken sollten. Doch dies ist nur scheinbar ein Widerspruch. Auch wenn uns unendlich viele Kombinationen aus Gesten, Mimik und Bewegungsabläufen zur Verfügung stehen, so haben sich dennoch im Laufe der Jahrtausende bestimmte Muster als sinnvoll und allgemein verständlich herauskristallisiert. Ebenso, wie es viele Möglichkeiten gibt, einen Nagel in die Wand zu schlagen – mit einer Zange, einem Stück Holz, einem Stein oder mit einer Tischplatte aus Marmor – nutzen dennoch alle Menschen lieber einen Hammer. Warum? Weil er sich als sinnvoll und für diese Aufgabe als am besten geeignet erwiesen hat.

Bei vielen sich körpersprachlich äußernden Verhaltensweisen, zum Beispiel dem Blickverhalten (siehe Seite 142), ist die Entwicklung nachvollziehbar, bei anderen (bislang noch) nicht. Körpersprache war und ist immer dort hilfreich, wo Sprache entweder noch nicht entwickelt war, über einige wenige Laute nicht hinausging oder schlicht nicht verstanden wird. Manche Gesten und Signale haben von Kultur zu Kultur unterschiedliche Bedeutungen, manche breiten sich durch Fernsehen, Computer und Internet weltweit aus und ihre Bedeutung verändert sich. Doch immer ist sie Teil unserer gesamten Persönlichkeit, unseres Wesens. Wieso sollte sie da nicht ebenso berechenbar sein wie andere menschliche Verhaltensmuster? Vergessen wir jedoch nicht, dass, wer Körpersprache entschlüsseln, interpretieren und verstehen kann, deshalb noch nicht in der Lage ist, Gedanken zu lesen. Menschen lassen sich nicht katalogisieren, und individuelle Eigenarten können mehrheitlich gültigen Mustern stets zuwiderlaufen.

Nichts gilt zu 100 Prozent. Deshalb ist es klug und wichtig, jede Interpretation nicht nur von Gesten, Signalen und Gesichtsausdrücken allein abhängig zu machen, sondern stets auch von der Situation, in denen sie geschehen, von den Menschen, die in dieser Situationen anwesend sind, und schließlich von dem Verhältnis, in dem diese Personen zueinander stehen. Erfahrungen mit zahllosen, unterschiedlichen Menschen sowie die fortwährende Beobachtung eigenen Verhaltens zu ignorieren, weil noch keine wissenschaftliche Verifizierbarkeit gegeben ist, hieße, wertvolles Wissen ungenutzt zu lassen.

Das Herz eines Fötus beginnt etwa in der fünften Schwangerschaftswoche zu schlagen. Der Grund dafür ist bis heute nicht bekannt. Es könnte ebenso gut in der zehnten, der 20. oder der 30. Woche zu schlagen anfangen. Fragen wir uns deshalb, ob es richtig ist, dass es überhaupt anfängt zu schlagen?

Generell ist die wissenschaftliche Auseinandersetzung mit Körpersprache noch relativ jung, sie begann erst in der zweiten Hälfte des letzten Jahrhunderts. Eine der diesbezüglich am häufigsten zitierten Studien ist eine Untersuchung des US-amerikanischen Psychologen Albert Mehrabian. Deren Ergebnis veröffentlichte er in seinem Buch „Silent Messages". Danach entscheidet die Körpersprache zu 55 Prozent, die Stimme zu 38 Prozent und der Inhalt zu lediglich sieben Prozent über die Wirkung einer Botschaft. Ist das gesprochene Wort, die rein sachliche Information, also nahezu unwichtig? Entscheiden wir tatsächlich zu 93 Prozent nach äußeren Kriterien? Wenn man daran denkt, dass die Aussage „Na, das ist ja großartig!" ebenso ein Ausdruck von Begeisterung wie auch von Sarkasmus sein kann, klingt das jedoch plausibel. Nur aufgrund des geschriebenen Textes und ohne weitere Kenntnisse über den Hintergrund dieser Äußerung wäre eine Zuordnung dieses Satzes nicht möglich. Neben ihrem frappierenden Ergebnis ist die Tatsache, dass es sich um eine der ersten, wenn nicht *die* erste, wissenschaftlich durchgeführte Arbeit zum Thema Körpersprache handelt, vermutlich ein weiterer Grund, weshalb Mehrabians Untersuchung immer wieder zitiert wird.

Die zur Verfügung stehenden und sowohl von Trainern als auch von Wissenschaftlern getroffenen Aussagen und Angaben zu Mehrabians Arbeit sind sehr unterschiedlich: An einer Stelle wird gesagt, Mehrabian habe seine Probanden lediglich das Wort „maybe" (dt.: „vielleicht") in unterschiedlichen Betonungen und mit unterschiedlichem körpersprachlichem Ausdruck sprechen lassen und untersucht, welche Wirkung sich bei den Zuhörern ergibt.[1] An anderer Stelle heißt es, er habe ausgebildete Sprecher „eine Reihe von Wörtern mit unterschiedlicher Betonung (neutral, positiv, negativ) vorlesen" lassen, dies auf Tonband und Video aufgenommen und anderen Personen dann – mal mit, mal ohne Ton und/oder Bild – vorgespielt.[2] Dabei hatten die Begriffe selbst sowohl positive als auch negative oder neutrale Bedeutungen (zum Beispiel Freundschaft, Betrug, Nachmittag). Die Rezipienten sollten nun vermuten, mit welcher Einstellung der Sprecher dem Empfänger gegenübersteht. Das Ergebnis war damals überraschend: Positive Begriffe, die beim Aussprechen negativ betont wurden, wirkten auf die Versuchspersonen mehrheitlich ebenfalls negativ. Wurden Negativbegriffe positiv intoniert, überwogen bei den Probanden auch die positiven Assoziationen. Mehrabians Schlussfolgerung: Die Betonung wirkt stärker als die sachliche Bedeutung. Bei einem weiteren Versuch zeigte Mehrabian den Probanden Bilder der Sprecher, auf denen diese mimisch entweder Ablehnung, Zuneigung oder Neutralität zeigten. Die abweichende Interpretation der Bedeutung der Begriffe war hier noch stärker.

Aus diesen beiden Versuchen ergaben sich die seitdem in zahllosen Trainings immer wieder auftauchenden Zahlen sieben, 38 und 55 für den Anteil der Faktoren Inhalt, Stimme und Körpersprache an unserer Wirkung auf andere.

Hinsichtlich Mehrabians Studie sind sich, so scheint es zumindest, selbst Wissenschaftler untereinander uneins: Als Datum der Durchführung (oder Auswertung oder Veröffentlichung?) existieren nahezu alle Jahre von 1967 bis 1972. Sein Buch „Silent Messages" wurde 1972 oder aber 1980 veröffentlicht, (evtl. als Neuauflage?). Natürlich wurde das Ergebnis selbst ebenfalls in Frage gestellt, was schon aufgrund der damaligen Spektakularität (der Inhalt entscheidet nur zu sieben Prozent!) zu erwarten war. Auch existiert angeblich eine Aussage Mehrabians, gemäß der er selbst einige Zeit später (Monate oder Jahre?) das Ergebnis in Frage gestellt hat. Seine Begründung: Die Anzahl der an der Untersuchung teilnehmenden Personen sei nicht ausreichend repräsentativ gewesen. Die ursprünglichen Quellen all dieser Angaben sind kaum überprüfbar und insbesondere das Internet beweist

---

[1] Jumpertz, Sylvia: „Wie sicher lassen sich Signale deuten?", in: managerSeminare, Heft 149, August 2010, S. 48 – 54

[2] Remmert, Günter W.: „Erst verstehen, dann verstanden werden", unter: http://www.seminarhausschmiede.de/pdf/verstehen-theorie.pdf

in diesem Zusammenhang einmal mehr, dass eine hohe Anzahl an Informationen noch nichts über deren Qualität und Glaubwürdigkeit aussagt.

Mit hoher Wahrscheinlichkeit kann man zudem davon ausgehen, dass eine Quelle neueren Datums sich jeweils bei einer älteren auch dann noch bedient, wenn die ursprünglich zugrunde liegenden Fakten selbst kaum noch bekannt sind.

Die diesbezügliche Suche im Zusammenhang mit diesem Buch, speziell zu Mehrabians Untersuchungen, erwies sich denn auch als verwirrend. Die nach bestem Wissen des Autors recherchierten Informationen ergaben letztlich, dass Mehrabian zusammen mit anderen Wissenschaftlern (Wiener, Ferris) oder sich auf deren Erkenntnisse beziehend (unter anderem die des als Pionier der Erforschung nonverbaler Ausdrucksformen geltende und seinerzeit an der Universität Oxford lehrende Sozialpsychologe John Michael Argyle) vermutlich mehrere Studien zur nonverbalen Kommunikation durchgeführt und anschließend diesbezügliche Veröffentlichungen verfasst hat – für einen Wissenschaftler vermutlich Tagesgeschäft. In seinem Buch „Silent Messages" weist Mehrabian unter anderem auf einen Report mit dem Namen „Significance of Posture and Position in the Communication of Attitude and Status Relationships" hin, in der verschiedene seiner Studien und Untersuchungen, deren Durchführung sowie Ergebnisse beschrieben werden. Spezielle Untersuchungsmethoden und -ergebnisse stellte er zudem beim „Nebraska Symposium on Motivation" 1971 unter dem Titel „Nonverbal Communication" vor, ein Titel, unter dem auch, nach „Silent Messages" 1971, im Jahr 1972 ein weiteres Buch von ihm erschien. Die Durchführung seiner Untersuchung, auf deren ausführlicher Beschreibung hier verzichtet werden soll, beinhaltete deutlich mehr Begriffe als lediglich das Wort „maybe", wie es an anderer Stelle von Wissenschaftlern behauptet wird.[3] So erläutert Mehrabian unter anderem die unterschiedlichen Resultate in der Bewertung des Wortes „Freude", die sich je nach untersuchtem Schwerpunkt (nur das Wort, nur der Klang, nur die Mimik und Gestik) ergaben sowie Ergebnisse bei wechselnden Wortkombinationen.

Auch in anderen Bereichen der Wissenschaft, bei denen sich die Ergebnisse durch Zählen und Messen eigentlich deutlich leichter nachvollziehen lassen sollten, gehen die Ergebnisse stark auseinander: So geben einige Wissenschaftler die Anzahl der gesprochenen Wörter pro Tag bei Männern mit ca. 2.000 an, bei Frauen dagegen mit 7.000, während andere Untersuchungen bei Männern auf 12.000 Wörter kommen, bei Frauen sogar auf 30.000. Die Neuropsychiaterin Louann Brizendine wiederum schreibt ihn ihrem Buch „Das weibliche Gehirn", dass Männer täglich 7.000 Wörter von sich geben, Frauen dagegen 20.000. Um die Verwirrung vollends komplett zu machen, veröffentlichte der deutsche Psychologe Matthias Mehl, der an der University of Arizona, Tucson, lehrt, im Jahr 2004 die Ergebnisse einer sechsjährigen Studie, nach der Männer und Frauen annähernd die gleiche Anzahl an Wörtern von sich geben, nämlich rund 16.000 pro Tag.[4]

---

[3] Jumpertz, Sylvia: „Wie sicher lassen sich Signale deuten?", in: managerSeminare, Heft 149, August 2010, S. 48 – 54

[4] „Frauen und Männer reden gleich viel", unter: http://www.spiegel.de

Es wird deutlich, dass auch die Wissenschaft ihrem Anspruch nach verifizierbarer Gültigkeit keinesfalls immer gerecht werden kann. Doch wie dem auch sei: Hinsichtlich der Bedeutung von Körpersprache, Stimme und Inhalt kann man sich sicherlich dahingehend einigen, dass Körpersprache in Kombination mit der Stimme – die sich übrigens stets einer veränderten Körperhaltung und damit auch der jeweiligen inneren Verfassung anpasst – einen außerordentlich starken Einfluss auf die Kommunikation hat. Der Inhalt wiederum gerät in seiner Bedeutung umso stärker in den Hintergrund, je mehr sich die Gesprächspartner über den Kontext einig sind.

Und auch auf Mehrabian sei an dieser Stelle noch einmal hingewiesen: In der abschließenden Zusammenfassung schreibt er in „Silent Messages": „Clearly, it is not always possible to substitute actions for words; …" (Natürlich ist es nicht immer möglich, Worte durch Handlungen zu ersetzen; …) und: „Anyone who has played charades knows that language is by far the most effective medium for expressing complex and abstract ideas. The ideas contained in this or any other book cannot be communicated with actions."[5] (Jeder, der schon einmal Scharade gespielt hat, weiß, dass Sprache bei Weitem das effektivste Medium ist, um komplexe und abstrakte Ideen zu erklären. Die Überlegungen, die in diesem oder jedem anderen Buch enthalten sind, können nicht mit Handlungen erklärt werden.")

Nicht Fachwissen entscheidet

Ein weiteres, noch relativ junges Beispiel, welches die zugegeben provokative These „Fachwissen ist uninteressant" belegt und überdeutlich zeigt, dass Inhalte oft in keiner Weise relevant sind, ist das des Hochstaplers Gert Postel:

Beispiel 1: Der falsche Arzt

Gert Postel, geboren 1958, schaffte es mit einem Hauptschulabschluss und einer Ausbildung zum Postschaffner in den neunziger Jahren des letzten Jahrhunderts bis zum Oberarzt für den Maßregelvollzug in der psychiatrischen Abteilung des Landeskrankenhauses in Zschadrass, Sachsen. Er schrieb Gutachten für Gerichte und hielt Fachvorträge. Zu seiner Hochzeit mit einer promovierten Historikerin erhielt Postel Glückwunschschreiben vom heutigen Papst und damaligen Kardinal Joseph Ratzinger sowie vom früheren Berliner Bürgermeister Eberhard Diepgen. Alle relevanten Zeugnisse und Urkunden hatte Postel eigenhändig gefälscht. Auf seiner Internetseite zitiert er sich selbst mit den Worten: „Wer die psychiatrische Sprache beherrscht, der kann grenzenlos jeden Schwachsinn formulieren und ihn in das Gewand des Akademischen stecken." Wie immer man über Postels Verhalten denkt, Tatsache bleibt: Es gelang ihm, nicht nur Patienten, sondern insbesondere hochrangige Fachleute über Jahre hinweg zu täuschen, zu narren und wieder und wieder an der Nase herumzuführen. Einige dieser Fachleute bemühten sich nach Postels Verhaftung zu versichern, dass schon vorher „vieles darauf hindeutete, dass Herrn Postels Kompetenzen stark zu wünschen übrig ließen". Doch mit

---

[5] Mehrabian, Albert: „Silent Messages"

zahlreichen schriftlichen Dokumenten konnte Postel belegen, dass ihm namhafte Kollegen hohe Kompetenzen und Fachkenntnisse zuerkannt hatten. So wurde im unter anderem per Zeugnis „übertrifft die Anforderungen" und „hat sich überdurchschnittlich bewährt" attestiert!

Gert Postels Anfang der 2000er Jahre aufgeflogene Dreistigkeit ist zwar kein nachahmenswertes, jedoch zweifellos ein gutes Beispiel dafür, wie wenig über Kompetenzen und Inhalte gesprochen wird, solange alle beteiligten Parteien von den gleichen Grundlagen ausgehen. Eine Zuhörerschaft, die von einem Redner einen Vortrag zu den neuesten medizinischen Behandlungsmethoden erwartet, wird dessen Wissen vermutlich so lange nicht in Frage stellen, wie er tatsächlich zu diesem Thema referiert und dabei nicht ausdrücklich und mehrfach Aussagen macht, die allen bekannten Kenntnissen zuwiderlaufen. Wobei Postel selbst diese Hürde mühelos nahm, als er von ihm selbst erfundene Krankheitsbilder in seine Reden einbaute, beispielsweise die „bipolare Depression 3. Grades", deren Existenz ein Fachpublikum, allesamt Fachärzte der Psychiatrie, in keiner Weise in Frage stellte – obwohl es sie nicht gab. Der Grund ist banal: Insgesamt passten die gehörten Inhalte zu den Erwartungen. Wieso zweifeln, wenn einem eine Krankheit nicht bekannt war, wenn doch ein Kollege referierte, dessen Kompetenz als selbstverständlich vorausgesetzt werden konnte und der seine Inhalte selbstbewusst präsentierte?

Spräche man allerdings stattdessen über die Einfuhrbestimmungen von Südfrüchten, gewänne der Inhalt schlagartig an Bedeutung, denn er entspräche nicht mehr dem, was die Zuhörer erwarteten.

Natürlich wird die Beurteilung einer Rede auch davon abhängen, ob man seinen Zuhörern tatsächlich interessante Neuigkeiten vermittelt. Doch die Fähigkeit, möglichst viel der Inhalte aufzunehmen, zu verarbeiten, sie sich zu merken, um sie später auch tatsächlich nutzen zu können, hängt wiederum von der Art des Vortrages ab: War er interaktiv, spritzig, lebendig? Hat der Redner die Zuhörer zu Aktionen animiert, hat er sie mit einbezogen, sie persönlich angesprochen? Ein Großteil der Bewertung hängt von solchen Kriterien ab und trägt dazu bei, ob man als Teilnehmer ein weiteres Mal diesen Referenten aufsucht oder sich beim nächsten Mal für einen Kollegen entscheidet.

Die Marburger Sprechwissenschaftlerin Professor Dr. Christa Heilmann bezweifelt die geringe Bedeutung des Inhalts, sie sagt: „Stellen Sie sich einmal vor, Sie erfahren, dass Sie im Lotto gewonnen haben. Würde da die Art und Weise, in der Sie die Botschaft erhalten, stärker auf Sie wirken als die inhaltliche Nachricht? Mit großer Wahrscheinlichkeit nicht."[6]

Man kann Frau Heilmann an dieser Stelle nur eingeschränkt Recht geben. Natürlich handelte es sich bei einer solchen Nachricht um eine den normalen Alltag sprengende Information, deren Konsequenz für den Gewinner wohl tatsächlich weitaus bedeutsamer wäre als die Art, in der er sie erhielte. Interessant wäre allerdings die Reaktion des glücklichen

---

[6] Jumpertz, Sylvia: „Wie sicher lassen sich Signale deuten?", in: managerSeminare, Heft 149, August 2010, S. 48 – 54

Lotteriegewinners zu beobachten, wenn er die Mitteilung auf eine Weise erhält, die dem für solche Fälle zu erwartenden Verhalten völlig zuwiderläuft. Angenommen, es ist seine Ehefrau, die ihn informiert: Vermutlich würde sie mit ungläubigem Gesichtsausdruck, weit aufgerissenen Augen, nicht wissend, ob sie vor Glück lachen oder weinen soll und irritiert und unsicher stammelnd zu ihm kommen, ihm den Lottoschein vors Gesicht halten und ihm die freudige Botschaft überbringen. So oder ähnlich würden wahrscheinlich die meisten von uns reagieren und es auch von anderen erwarten. Es wäre ein normales, durchschnittliches Verhalten, bei dem wir die Botschaft allenfalls deshalb in Frage stellten, weil wir unser Glück kaum fassen könnten.

Abbildung 1.4:   „Schatz, Du hast gewonnen!"

Stellen wir uns jedoch vor, dass seine Frau mit gleichgültigem Gesichtsausdruck schweigend das Zimmer betritt, erst den Lottoschein in den Mülleimer und anschließend oberflächlich interessiert einen Blick in die Fernsehzeitung wirft, dann die Sofadecke ordentlich zusammenlegt und dabei beiläufig, fast gelangweilt, sagt: „Schatz, du hast sechs Richtige plus Superzahl bei der heutigen Ausspielung. Das werden wohl so etwa neun bis zehn Millionen Euro sein." Was wäre wohl die Reaktion des auf diese Weise Benachrichtigten? Die Wahrscheinlichkeit, dass er mit einem Satz wie: „Na klar, Schatz, und die Erde ist eine Scheibe" reagierte, wäre schlagartig enorm gestiegen. Wir können also davon ausgehen, dass er erstens die Nachricht zunächst einmal gar nicht glauben würde und er zweitens auch Jahre später noch über die Art und Weise berichten würde, in der ihm seine Frau von seinem Gewinn erzählt hat.

Auch folgendes, in der Praxis mehrfach erprobtes Beispiel, zeigt, dass Worte weit weniger wichtig sind als äußere Aspekte: Ein Restaurantgast erhebt sich von seinem Tisch und bewegt sich langsam in Richtung Theke, hinter der eine Servicekraft steht. Auf dem Weg dorthin blickt er sich immer wieder um, ganz offenbar sucht er etwas. An der Theke angekommen, fragt er die Servicekraft, die seinen suchenden Blick beobachtet hat, wo er denn mal „epibrieren" könne. Ohne nachzudenken, schickt sie ihn zu den Toiletten. Wieso? Ist „epibrieren" ein anderes Wort für „auf Toilette gehen"? Natürlich nicht. Es handelt sich hierbei um ein erfundenes Wort. Doch was kann ein Gast, der sich in beschriebener Weise durch das Restaurant bewegt, schon anderes suchen?

Es ist keineswegs gleichgültig, auf welche Weise man eine Nachricht erhält. Was nützt die Information, dass man im Lotto gewonnen hat, wenn man sie schlicht und einfach nicht glaubt? Und wer interessiert sich für die Bedeutung eines Wortes, das man nie gehört haben kann, weil es gar nicht existiert, wenn man ohnehin zu wissen glaubt, was der andere will? Nein, nicht der Inhalt ist das Entscheidende; Wirkung wird in der Hauptsache bestimmt von Körpersprache und Stimme. Wenn darüber hinaus dann noch der Inhalt dazu passt – umso besser. Doch ganz so wichtig ist das eben auch wieder nicht.

1.2.2   Das limbische System

Um zu verstehen, dass Körpersprache nicht einfach eine Aneinanderreihung beliebiger Zufälligkeiten ist, mag es hilfreich sein, ihre Herkunft zu kennen und zu wissen, welche Automatismen sie begründen. Welcher Teil unseres Gehirns ist es, der unserem Körper sagt, was er tun soll?

Das menschliche Gehirn ist dreiteilig aufgebaut. Es besteht aus dem Stammhirn, auch Reptilienhirn genannt, dem Zwischen- oder Säugetiergehirn sowie dem Großhirn (Neocortex). Über diese Hauptbestandteile hinaus existieren noch das limbische System sowie das Kleinhirn. Während das limbische System zuständig ist für Emotionen und Triebverhalten, also für nicht bewusst gesteuerte Prozesse und Abläufe, ist es unser Großhirn, das sich „Gedanken macht", sozusagen absichtsvolle Überlegungen und Handlungen initiiert. Hier haben unser Bewusstsein und unser Wille ihren Sitz.

Vereinfacht ausgedrückt können wir also mit unserem Großhirn *überlegen*, wie wir etwas sagen oder erklären wollen. Unser limbisches System hingegen *reagiert* impulsiv, ungefiltert, der tatsächlichen Emotion entsprechend und damit schneller und ehrlicher. Bereits in unserer vorgeschichtlichen Entwicklung war das limbische System überlebenswichtig und ist es noch heute. Impulsiv, ohne nachzudenken, tut es das, was in einer bedrohlichen Situation am besten ist: Es entscheidet sich für Schockstarre, Flucht oder Kampf. Diese drei

Strategien gehören zu unserem angeborenen Verhaltensrepertoire.[7] An diesem Reaktionsverhalten hat sich bis heute nichts verändert. Zwar müssen wir heute nicht mehr damit rechnen, von einer Horde Mammuts niedergewalzt zu werden, die wir auf der Jagd in die Enge getrieben haben; doch ein aggressiver Zeitgenosse, der sich breitbeinig vor uns aufbaut und uns androht, uns den Scheitel nachzuziehen, wird ebenfalls eine dieser drei Reaktionen in uns auslösen. Der Neurowissenschaftler und Hirnforscher Antonio Damasio erklärt:

„Wenn wir bedroht werden, haben wir Angst. Wir denken nicht nach, sondern schütten Cortisol aus, spannen unsere Muskeln an, erstarren oder rennen weg."[8]

Die Schockstarre kennen wir aus dem umgangssprachlich häufig genutzten Beispiel des „starr vor der Schlange sitzenden Kaninchens". Das plötzliche Innehalten, das Stoppen jeder Bewegung ist sozusagen eine körperliche Urreaktion, mit der wir versuchen, von uns abzulenken, indem wir alles vermeiden, was Aufmerksamkeit auf uns ziehen könnte. Dem Kaninchen hilft dies, wie wir wissen, allerdings nicht, da die Natur der Schlange genau dies als Chance eingeräumt hat. Wenn wir uns erschrecken, reagiert unser Körper für den Bruchteil einer Sekunde ebenfalls mit einer Schockstarre: Die Augen werden weit aufgerissen, wobei sich die Augenbrauen heben. Dieses Signal kennen wir aus der Mikrogestik übrigens als typisches Zeichen für Überraschung. Sogar unser Atem setzt für einen kurzen Moment aus und unser gesamter Körper zuckt zusammen. Letzteres ist ebenfalls der Versuch, Aufmerksamkeit von sich abzuwenden, denn beim Zusammenzucken reduziert man automatisch den Raum, den man mit seinem Körper einnimmt. Bei einigen wenigen Menschen kann es allerdings passieren, dass ihr limbisches System impulsiv den Kampf wählt und der Unglückliche, der den Betreffenden vielleicht vollkommen ohne Absicht erschreckt hat, dies buchstäblich schlagartig unangenehm zu spüren bekommt.

Von einigen Dinosauriern, zum Beispiel dem Tyrannosaurus, nimmt man heute an, dass ihr Sehvermögen lediglich auf Bewegung reagierte. Da seine Jagdopfer jedoch meist mit Flucht, also Bewegung, reagierten, musste sich „Rex" um seine Nahrung keine Sorgen machen. Die Schockstarre hätte das Leben des einen oder anderen Beutetiers sicher gerettet. Im Krieg haben nicht wenige Soldaten nur deshalb überlebt, weil sie sich tot stellten, wenn sie vom Feind überrannt wurden. Sie setzten damit die maximale Version der Schockstarre ein, wenngleich dieses Vorgehen natürlich nicht mehr vom limbischen System allein hervorgerufen, sondern durch bewusste Überlegung absichtsvoll genutzt wurde.

Die zweite Variante, der Kampf oder Angriff, äußert sich ebenfalls körpersprachlich: Der in Anspruch genommene Raum wird größer, der Abstand zum Gegenüber deutlich verringert, die Brust hebt sich, zunächst ist – ähnlich einem Stoßen, das Kinn vorgeschoben,

---

[7] Navarro, Joe , „Menschen lesen", S. 41 – 49

[8] Bartholomäus, Ulrike, Hartmann-Wolff, Elke: Versteht unser Gehirn sich selbst?", in: Focus, Nr. 28/11, S. 67 – 68

beim tatsächlich erfolgenden Angriff senkt sich dann der Kopf, und wie ein Stier geht der Angreifer mit „gesenkten Hörnern" auf den Gegner los. Manche Straftäter, die durch Gewaltdelikte auffällig geworden sind, haben eine Gangart, bei der der Kopf leicht nach vorn gesenkt ist und beim Gehen immer leicht von rechts nach links zu schwenken scheint. Auf diese Weise senden sie unbewusst ein Signal permanenter Angriffsbereitschaft.

Abbildung 1.5:   a) Wer hier der Aggressor ist, ist leicht zu erkennen.

                         b) Treffen wir auf einen solchen Zeitgenossen, gehen wir ihm besser aus dem Weg.

a)   b)

Die Flucht ist die intensivste Form der Ablehnung, meist in Verbindung mit Angst. Auch wenn man den Begriff „Flucht" üblicherweise mit einer vielleicht sogar existenziellen Bedrohung oder Gefahr assoziiert, sendet unser Körper auch in weniger gefährlichen Situationen entsprechende Signale: Befinden wir uns privat oder beruflich unter Menschen und in Zusammenhängen, mit oder in denen wir uns unwohl fühlen, sendet unser Körper, gesteuert durch das limbische System, Flucht- oder Ausweichsignale. Dies kann der abgewandte Oberkörper, der in eine andere Richtung weisende Fuß, eine größere als die sonst gewohnte Distanz sein, die wir jemandem gegenüber einnehmen, oder vielleicht einfach nur die Augen, die wir beim Erwähnen einer bestimmten Person oder eines Ereignisses verschließen.

Beispiel 2: Ein schlimmes Ereignis

Auf die Frage, was den Politiker in letzter Zeit besonders bewegt hat, nennt dieser die Entführung eines kleinen Mädchens, das seit einigen Tagen gesucht wird. Während er den zeitlichen Ablauf schildert, die Arbeit der Polizei beschreibt und die Bemühungen der Psychologen erwähnt, die die Familie des Mädchens betreuen, schließt er immer wieder für einen kurzen Moment die Augen. Dabei handelt es sich nicht um das normale Blinzeln, dass wir etwa 20 Mal pro Minute machen und das schätzungsweise 100 Millisekunden dauert. Vielmehr schließen sich seine Augen mehrfach für etwa anderthalb bis zwei Sekunden.

Damit bringt der Politiker seine nicht nur für die Kameras öffentlichkeitswirksam gespielte, sondern tatsächliche Betroffenheit zum Ausdruck. Die geschlossenen Augen symbolisieren seine emotionale Flucht vor diesem Drama und der naheliegenden Befürchtung, dass das kleine Mädchen nicht gefunden werden kann, bevor ihm Schlimmes zustößt.

Beispiel 3: „Ich gebe Ihnen mein Ehrenwort"

Im Zusammenhang mit der Barschel-Pfeiffer-Affäre, in der dem damaligen Schleswig-Holsteinischen Ministerpräsidenten Dr. Uwe Barschel umfangreiche Manipulationen im Umfeld des Landtagswahlkampfes unter anderem gegen seinen damaligen Gegner Björn Engholm (SPD) vorgeworfen wurde, gab Barschel am 18. September 1987 vor laufenden Kameras folgende Erklärung ab:

„… gebe ich Ihnen, gebe ich den Bürgerinnen und Bürgern des Landes Schleswig-Holsteins und der gesamten deutschen Öffentlichkeit mein Ehrenwort. Ich wiederhole: Ich gebe Ihnen mein Ehrenwort, dass die gegen mich erhobenen Vorwürfe haltlos sind. Ich danke Ihnen."

Ein körpersprachlicher Hinweis darauf, dass es sich dabei um eine Lüge handelte, war das Verschließen seiner Augen, als er das zweite Mal sein Ehrenwort gibt. Dasselbe Signal ließ sich übrigens auch bei Karl-Theodor zu Guttenberg beobachten, als er in einer ersten Erklärung zu den Plagiatsvorwürfen vor der Presse erklärte: „Zu dieser Stellungnahme bedurfte es keiner Aufforderung und sie gab es auch nicht!"

Im Hinblick auf die Interpretation von Körpersprache können wir also das limbische System weitgehend als hauptverantwortlich betrachten. Es löst jedes der beschriebenen Reaktionsmuster aus. Wir können deshalb davon ausgehen, dass unsere innere Haltung durch unser körpersprachliches Verhalten viel direkter und wahrhaftiger nach außen tritt, als unsere Worte dies glauben machen können. Die Reaktionen des limbischen Systems erfolgen unmittelbarer, denn sie sind Teil unseres evolutionären Erbes. Sie haben sich in heutiger Zeit lediglich den gesellschaftlichen Umständen angepasst, ihre Ursprünge jedoch sind nach wie vor an unserer Körpersprache erkennbar: Abwendung, Rückzug, Konfrontation, Bewegungslosigkeit, Streit, Drohgebärden, Zusammenzucken, Kauern, den Atem anhalten – diese und weitere Signale entsprechen beziehungsweise resultieren aus dem einen oder anderen der genannten drei Automatismen. Unser Körper bleibt also – im Gegensatz zu unseren verbalen Äußerungen, die wir gut überlegen, planen und sogar auswendig lernen können – von Natur aus bei der Wahrheit. Dies ist auch der Grund, weshalb es ausgesprochen schwierig ist, dauerhaft und überzeugend zu lügen.

Natürlich ist es durchaus möglich, sich einzelne Komponenten anzutrainieren, um diese beispielsweise in kurzen Interviewsituationen überzeugend einzusetzen. Die im ersten Beispiel genannten geschlossenen Augen des Politikers könnten streng genommen auch ein antrainiertes Verhalten sein; doch sicherlich wird man wohl kaum jemandem unterstellen, dass er bei einem solchen Thema nicht tatsächlich betroffen ist. Und auch in Beispiel zwei bricht sich vermutlich das limbische System seine Bahn, indem es die Augen vor der ausgesprochenen Unwahrheit verschließt. Die Abstimmung einer bewusst entwickelten Lüge auf den der Wahrheit entsprechen wollenden körpersprachlichen Impuls führt zwangsläufig zu Irritationen und Fehlern (siehe Seite 121). Auch dies ist ein weiterer Hinweis darauf, dass die Körpersprache Mustern folgt und weit mehr ist als eine Ansammlung von Zufälligkeiten.

1.2.3   Bodyfeedback

Unser Körper drückt nicht nur unsere Gefühle und Stimmungen aus. Wir können diese umgekehrt auch durch unseren Körper beeinflussen. Mit anderen Worten: Wenn der Körper die Haltung vorgibt, entwickelt sich in der Folge das entsprechende Gefühl dazu. Diese Erkenntnis lässt sich sowohl in beruflichen wie auch privaten Zusammenhängen nutzen.

Beispiel 4: Der Verkäuferstuhl

Der „Verkäuferstuhl" ist ein Stuhl ohne Armlehnen mit einer glatten, nach vorn leicht abschüssigen Sitzfläche. Während des Verkaufsgespräches rutscht der Verkäufer immer wieder nach vorn in Richtung Stuhlkante. Er wird also künstlich in eine ungünstige Position gebracht. Will er gefestigt sitzen, muss er sich in eine angenehmere Sitzposition bringen. Dies tut er möglicherweise, indem er 1. seine Beine gegen den Boden stemmt. Dies kostet jedoch Kraft und wird ihn bald ermüden. Er kann sich 2. auch auf die vordere Stuhlkante setzen und seine Füße in „Aufbruchstellung" stellen. So hat er sicheren Halt. Nachteil: Im Aufbruch kann man nicht in Ruhe über seine Argumente nachdenken. Vielleicht schiebt er 3. seine Hände unter seine Oberschenkel, um die abkippende Sitzfläche auszugleichen? Dann allerdings sind seine Möglichkeiten zur Aktivität eingeschränkt. Als 4. und letzte Möglichkeit bliebe ihm, seine Unterschenkel beidseitig um die Stuhlbeine zu wickeln. Doch wie sähe das aus? In allen Fällen wird der Verkäufer durch eine künstlich erzwungene Sitzposition in eine Körperhaltung gebracht, die sich negativ auf sein Befinden auswirkt. Die Sprachbilder, die seine Körpersprache beschreiben, machen es deutlich: Dem/der Verkäufer …

1.   muss sich „auflehnen",

2.   ist auf dem Sprung,

3.   sind die Hände gebunden,

4.   ist unsicher und sucht nach Halt.

Sorgt man nun im Vorfeld der Besprechung noch dafür, dass der Verkäufer mit dem Rücken zur Tür sitzt und während des Gespräches mehrmals ein Mitarbeiter den Raum betritt, wird der Ärmste mehrfach „geschwächt". Er fühlt sich von hinten angreifbar und muss stets damit rechnen, dass man ihm „in den Rücken fällt". Insgesamt eine psychologisch schlechte Ausgangsbasis, um am Ende des Gespräches den erhofften Preis durchzusetzen. Ein erfahrener und selbstbewusster Verkäufer bittet daher einfach um einen anderen Stuhl.

Im Theater ist Bodyfeedback ein, wenn auch nicht unter diesem Namen, schon seit Jahrzehnten bekanntes und oft genutztes Hilfsmittel, um sich realen Emotionen anzunähern und diese für ein glaubwürdiges Spiel zu „erzeugen". Ein Schauspieler, der die Aufgabe erhält, eine Improvisation auf Basis der Emotion Verzweiflung darzustellen, entwickelt dieses Gefühl leichter, wenn er sich in eine Ecke, zumindest jedoch auf den Boden setzt. Aufrecht mitten im Raum stehend lässt sich ein Gefühl, bei dem man innerlich aufgewühlt, zerrissen, hilflos und schutzbedürftig ist, nicht nur kaum glaubwürdig darstellen; es kann sich gar nicht erst in uns entwickeln. Während Schauspieler diese Methode also schon lange anwenden, weil sie wissen, dass Emotion und Körperausdruck in beide Richtungen untrennbar miteinander verbunden sind, setzt sich die Wissenschaft erst seit relativ kurzer Zeit mit der Wirkung der Körpersprache auf unser Innenleben auseinander. In diesem Zusammenhang tauchte der Begriff „Bodyfeedback" erstmals auf. Darunter sind die Rückmeldungen zu verstehen, die unsere Psyche vom Körper bekommt. Während wir normalerweise davon ausgehen, dass wir lächeln, weil wir guter Dinge sind, stellt sich hinsichtlich des Bodyfeedbacks die Frage: Sind wir nicht vielleicht guter Dinge, weil wir lächeln? Runzeln wir die Stirn, weil wir verärgert sind, oder sind wir verärgert, weil wir die Stirn runzeln? Einige interessante psychologische Untersuchungen dazu lieferten erstaunliche Ergebnisse:

Eine davon wurde von den US-amerikanischen Psychologen John Riskind und Carolyn Gotay durchgeführt. Sie baten zwei Gruppen von Probanden, an einer Untersuchung teilzunehmen. Die erste Gruppe nahm dabei für acht Minuten eine aufrechte Sitzhaltung ein, die Mitglieder der zweiten Gruppe saßen ebenfalls acht Minuten in einer unbequemen, gekrümmten Sitzhaltung. Anschließend erhielten beide Gruppen die Aufgabe, an einem Test zum räumlichen Denken teilzunehmen, bei dem sie Puzzleteile zuordnen sollten. Gemessen wurde das Durchhaltevermögen beider Gruppen. Das Ergebnis war eindeutig: Während die Gruppe, die vorher in aufrechter Sitzhaltung gesessen hatte, im Schnitt mehr als 17 Puzzleteilchen bearbeitete, waren es bei Gruppe 2 nur knapp elf Teile.

Bei einem bereits 1980 an der Universität von Alberta, Kanada, durchgeführten Versuch der Psychologen Gary Wells und Richard Petty arbeiteten diese mit drei Testgruppen,

denen Kopfhörer aufgesetzt wurden. Angeblich sollten die Unterschiede in der Klangqua-
lität der Kopfhörer beurteilt werden, die sich durch unterschiedliche Kopfbewegungen
ergeben würden. Während des Hörens einer Radiosendung sollte eine Gruppe fortwährend mit dem Kopf nicken, eine andere sollte ihn schütteln, die dritte Gruppe sollte den
Kopf ruhig halten. Während des insgesamt sechs Minuten dauernden Experimentes hörten
die Probanden eine Radiosendung, bestehend aus Musik, einem Kurzbericht und nochmals Musik. Anschließend wurden die Studierenden zu dem damals an just jener Universität tatsächlich aktuellen Thema „mögliche Erhöhung der Studiengebühren" befragt. Das
Ergebnis war verblüffend: Die Gruppe, die während des Experimentes durchgehend den
Kopf geschüttelt hatte, lehnte eine mögliche Gebührenerhöhung anschließend nicht nur
rigoros ab, sie forderte sogar noch eine Senkung der aktuellen Gebühren. Die Kontrollgruppe, die den Kopf ruhig gehalten hatte, war mit dem aktuellen Betrag weitgehend
einverstanden. Das Ergebnis bei der Gruppe, die sechs Minuten lang mit dem Kopf genickt
hatte, überraschte jedoch am meisten: Sie stimmte einer Erhöhung zu. Wichtig zu wissen
ist in diesem Zusammenhang, dass in dem Kurzbericht, den alle Testgruppen gleichermaßen gehört hatten, eine Erhöhung der Gebühren gefordert worden war.

Bei einem Experiment zum Bodyfeedback an der Würzburger Universität unter Leitung
von Jens Förster, inzwischen Professor für Psychologe an der Universität in Amsterdam,
wurde der Einfluss motorischer Komponenten von Annäherungs- und Vermeidungsver-
halten auf die Bewertung der Partei FDP untersucht. Die Teilnehmer betrachteten einen
fünfminütigen Auszug einer Fernsehdokumentation über die FDP. Gruppe 1 wurde aufgefordert, während dieser Zeit ihren Arm von sich zu strecken, was mit einer Abwehrhal-
tung vergleichbar ist. Gruppe 2 sollte den Arm beugen, ein Signal, das mit einer „Komm-
zu-mir-Bewegung" vergleichbar ist. Eine dritte, die Kontrollgruppe, legte ihre Hände in
den Schoß. Die Ergebnisse zeigten, dass die Teilnehmer, die den Arm gebeugt, damit also
eine Geste der Annäherung eingenommen hatten, die FDP positiver und kompetenter
beurteilten als Gruppe 1, die mit dem gestreckten Arm ein distanzierendes Signal gesendet
hatte.[9]

Berücksichtigt man die Erkenntnisse über das Bodyfeedback und die beeindruckenden
Untersuchungsergebnisse, liegt der Umkehrschluss, dass Körpersprache ein immanenter
Ausdruck unseres Inneren ist, geradezu auf der Hand.

Das heißt nicht, dass ein Gefühlswechsel durch die plötzliche, willkürliche Einnahme einer
Körperhaltung beliebig möglich ist, schon allein deshalb nicht, weil uns unsere Selbstbe-
wertung dabei meist einen Strich durch die Rechnung macht. Wer sich eben noch über
etwas geärgert hat, wird vermutlich nicht scheinbar grundlos anfangen zu lachen, um
seine schlechte Laune zu vertreiben, selbst wenn das sogar funktionierte. Wir kämen uns
wohl gar zu albern vor, würden wir uns so verhalten.

---

[9] Förster, Jens, Werth, Lioba: „Zur Wechselwirkung von Medien und Motorik", in: Zeitschrift für
Sozialpsychologie, Nr. 4, 2001, S. 223 – 233

Übung 1: Lächeln ist eine Willensentscheidung

Unsere Stimmungen sind beeinflussbar – diese Selbstverständlichkeit erkennen wir problemlos an, solange wir anderen Menschen oder äußeren Umständen die Verantwortung dafür zuschreiben können. Doch wie steht es mit unserer Eigenverantwortung? Oftmals scheint es so, als wollten wir unsere schlechte Laune behalten. Dabei könnte man sie mit folgender Übung zumindest reduzieren oder verkürzen. Sie ist praxiserprobt und funktioniert – es ist ganz allein eine Frage des Willens und der Entscheidung:

1. Stellen Sie sich aufrecht hin. Sie können das vor einem Spiegel tun oder mitten im Raum. Um es sich selbst nicht zu schwer zu machen, sollten Sie allerdings die ersten Male darauf achten, dass Sie allein sind.

2. Ziehen Sie nun die Mundwinkel mechanisch nach oben, als würden Sie lächeln. Wie gesagt: mechanisch. Warten Sie nicht darauf, dass sich die gute Laune von allein einstellt.

3. Wenn Sie sich jetzt albern fühlen, ist das völlig normal. Schlimm jedoch ist es nicht, schließlich sind Sie allein. Es ist niemand da, vor dem sie sich schämen müssten. Oder ist es Ihnen tatsächlich lieber, weiterhin grantig zu sein?

4. Bleiben Sie dran. Ziehen Sie die Mundwinkel seitlich abwechselnd nach oben und lassen Sie sie wieder locker oder halten Sie sie einfach einige Zeit in „Grinsekatzen-Position". Allein aufgrund der Tatsache, dass Ihnen dieser Vorgang vermutlich sehr skurril vorkommen wird, können Sie Ihre schlechte Laune nur schwer behalten. Ihr Ärger wird deutlich nachlassen.

Lächeln ist – wie alles andere – eine Willensentscheidung. Die gute Laune folgt dann als Belohnung.

1.3   Körpersprache - Eindruck und Wirkung

> „Wer einzigartig sein will,
> darf nicht einzig und allein artig sein."
>
> *Jan Sentürk*

Ein weiterer Beleg dafür, dass Wirkung nicht vorrangig durch Worte und Inhalte, sondern durch unseren Auftritt erzeugt wird, ist der viel zitierte erste Eindruck, für den es sprichwörtlich keine zweite Chance gibt. Auch diesen erzeugen wir zum größten Teil durch unsere Körpersprache. Wäre es anders, könnten wir uns zum Beispiel von einem fremdsprachigen Gast, den wir zum ersten Mal begrüßen, gar kein Bild machen, eben: keinen Eindruck verschaffen. Natürlich gibt es in jeder Gesellschaft Bilder und Symbole, die die meisten Menschen mit bestimmten Eigenschaften verbinden. So vermittelt jemand im klassischen Businesslook zweifellos mehr Seriosität und Glaubwürdigkeit als ein 20-jähriger Mann in Jeans und Schlabber-T-Shirt.

In einem Versuch des Psychologieprofessors Robert B. Cialdini der Arizona State University wurde einem Mann in letztgenannter Bekleidung der Auftrag gegeben, bei Rot über eine Fußgängerampel zu gehen. Neben der Testperson standen zahlreiche andere Passanten ebenfalls an der Ampel und warteten auf Grün. Der das rote Signal ignorierende Proband blieb denn auch weitgehend ohne Gefolgschaft, er handelte sich zudem noch den einen oder anderen missbilligenden Zuruf ein. Im zweiten Teil des Tests schickte man einen klassischen Geschäftsmann über die rote Ampel. Das Ergebnis: Nicht nur die Ermahnungen blieben fast vollständig aus, nicht wenige Passanten schlossen sich überdies seinem Beispiel an und überquerten nun ebenfalls bei Rot die Ampel. Die Begründung liegt auf der Hand: Ein seriöser Geschäftsmann, der trotz des roten Signals eine Ampel überquert, hat sicherlich einen wichtigen Grund, dem man sich leichthin anschließen kann.

Im Vergleich zu beliebig veränderbaren Komponenten wie Frisur, Kleidung sowie unserem gesamten äußeren Erscheinungsbild ist die Körpersprache allerdings ein weitaus zuverlässigeres Kriterium. Sie definiert uns eindeutiger als unser Äußeres, da sie aus uns selbst kommt. Wir alle beurteilen Menschen nach Äußerlichkeiten, ob wir wollen oder nicht. Treffen wir auf jemanden, der uns an einen verstorbenen Onkel erinnert, zu dem wir ein inniges Verhältnis hatten, werden wir ihm zunächst automatisch wohlwollender begegnen als demjenigen, dessen Erscheinungsbild uns an den Kollegen aus der Firma erinnert, der vor zwei Monaten versucht hat, uns auszubooten. Oftmals werfen Menschen einander vor, dass sie andere zu sehr nach dem Äußeren beurteilen. „Verschaff Dir doch erst mal einen objektiven Eindruck, bevor Du jemanden beurteilst", heißt es dann. Abgesehen davon, dass Objektivität aller Wahrscheinlichkeit nach ein Mythos ist, dürfen wir uns durchaus erlauben, uns im Hinblick auf unsere Meinungsbildung selbst ein wenig zu entlasten: Genau genommen nämlich *verschaffen* wir uns einen Eindruck gar nicht. Vielmehr ist es der Eindruck, der sich *uns anbietet*, mitunter sogar aufdrängt und gegen den wir nahezu machtlos sind. Zwar haben wir die Wahl, ihm zu folgen oder nicht, aber sobald er da ist, müssen wir uns zumindest mit ihm auseinandersetzen.

Jeder spricht Körpersprache. Dennoch heißt, eine Sprache zu sprechen, noch nicht, die Regeln erfolgreicher Gesprächsführung zu kennen. Und auch wer mit dem eigenen Körper spricht, versteht nicht unbedingt immer das, was sein Gegenüber zum Ausdruck bringen will. Lediglich unsere Intuition vermittelt uns „so ein Gefühl", dass möglicherweise etwas nicht stimmt.

Eigentlich lächelt uns unser Gegenüber doch freundlich an. Doch etwas daran gefällt uns nicht. Was ist es? Sind es die fehlenden Lachfältchen um die Augen, die sogenannten „Krähenfüße", die uns unbewusst das Signal vermitteln, dass es sich nur um ein künstliches und kein echtes Lächeln handelt? Ist es die Tatsache, dass dieses Lächeln zu schnell und zu freundlich auf dem Gesicht erscheint, es jedoch ebenso schnell wieder verschwindet, so als hätte es gar keine Bedeutung gehabt? Ist es der Augenkontakt, der uns einen Moment zu kurz erscheint, weil unser Gesprächspartner seinen Blick, noch bevor er seine Hand von der unseren gelöst hat, bereits auf den nächsten Herrn richtet? Oder passt die so augenfällig präsentierte Lockerheit in keiner Weise zu dem besitzergreifenden Händedruck, mit dem uns der Herr viel zu nah an sich heranzieht?

Frauen empfinden derlei Unstimmigkeiten in der Körpersprache übrigens stärker als Männer. Letztere sind meist zu grobmotorisch und zu wenig empathisch, um auf derlei Kleinigkeiten zu achten. Für Frauen war es evolutionär vermutlich auch im Zusammenhang mit der Pflege und Versorgung des Nachwuchses stets wichtiger, auch feinste Veränderungen des Umfelds wahrzunehmen.

1.3.1   Kann man Wirkung lernen?

Körpersprache wirkt immer, und Menschen reagieren immer. Deshalb ist es sinnvoll, die eigene Körpersprache nicht nur im Zusammenhang mit dem ersten Eindruck, sondern auch im Hinblick auf unsere generelle, dauerhafte Wirkung zu überprüfen und einmal ganz selbstkritisch unter die Lupe zu nehmen.

Eine in diesem Zusammenhang häufig gestellte Frage ist, ob es überhaupt sinnvoll ist, die eigene Körpersprache verändern zu wollen. Das hängt natürlich immer davon ab, was man erreichen möchte. Ein übliches Argument der Gegner körpersprachlicher Veränderung lautet, man wirke albern und unglaubwürdig, wenn man Gesten und Signale, die sich nicht auf natürlichem Wege ergeben, künstlich einsetze. Dies ist zwar richtig. Doch sollte die Antwort dann lauten, dass Veränderung nur dann möglich ist, wenn sie sich von allein, quasi zufällig ergibt? Dies geschieht normalerweise nicht.

Richtig ist, dass, wer Gesten lediglich aufgrund einer Empfehlung, dies wirke so oder so, übernimmt, tatsächlich dabei vergisst, dass es die innere Logik ist, die ihre Glaubwürdigkeit begründet. So weiß man zwar, dass der Einsatz der Hände zur Untermalung und Hervorhebung eigener Aussagen überzeugend, glaubwürdig und aktiv wirkt; wer jedoch eher ein zurückhaltender Mensch ist und sich plötzlich eine an Hyperaktivität grenzende, unnatürliche Aktivität der Hände auferlegt, um zukünftig überzeugender aufzutreten, wird das Gegenteil erreichen. Man kann Gesten zwar nachmachen; allerdings ist eine Kopie nicht das Original. Überdies hängen Wirkung und Bedeutung von Körpersprache immer vom Kontext ab. Auch hier erkennen wir Parallelen zur Wortsprache.

Aktive Arme wirken nur dann überzeugend, wenn der Anlass dies einerseits zulässt und die Aktivität auch zum Anwender passt. Für die Körpersprache gilt also wie für die Wortsprache: Passt die Aussage nicht zum Kontext oder zur Person, läuft man Gefahr, sich lächerlich zu machen.

Dennoch lässt sich Wirkung trainieren. Da wir auf unseren Körper einen viel unmittelbareren Zugriff haben als auf unsere Emotionen, können Übungen uns helfen, unsere Körpersprache zu beeinflussen und durch wiederholtes Tun – die Grundlage jedes erfolgreichen Trainings – sowie durch die Wirkung des Bodyfeedbacks Einfluss auf unsere innere Haltung und dauerhaft damit auch auf das Ergebnis unseres Auftretens zu nehmen.

In Stresssituationen, zu denen Übungen ebenfalls gehören, da wir während ihrer Durchführung immer unter einer Form von (Erfolgs-)Druck stehen, greift unser Körper aufgrund der in unserem limbischen System verankerten Gewohnheiten und Mechanismen automatisch auf bekannte Verhaltens- und Bewegungsmuster zurück. Eines der Ziele von Übungen in der Körperarbeit ist es daher, diese unserem Verhalten zugrunde liegenden Muster zu erkennen. Das folgende Beispiel beschreibt einen realistischen Übungsablauf mit den entsprechenden Vorgaben des Trainers an einen Teilnehmer und zeigt auch dessen aus der Aufgabenstellung resultierende Ersatzhandlungen:

Beispiel 5: Distanz zu den Zuhörern

Ausgangssituation: Der noch etwas unsichere Referent steht stets hinter einem Rednerpult. Seine Begründung, dort seine Notizen vor sich ablegen zu können, bezeichnet er selbst als Ausrede, da er die Inhalte längst „im Schlaf" beherrscht. Er möchte diese seine Wirkung mindernde Schwäche durch Training beseitigen.

Übungsvorgabe (ÜV) 1: Verlassen Sie das Rednerpult und stellen Sie sich vor Ihre Zuhörer.
Ersatzhandlung (EH) 1: Er hält seine Notizen zwischen sich und die Zuhörer.

ÜV 2: Legen Sie die Notizen beiseite.
EH 2: Ohne Notizen in der Hand stellt sich der Redner hinter einen Tisch oder Stuhl.

ÜV 3: Verzichten Sie auch darauf, sich hinter einen Tisch oder Stuhl zu stellen.
EH 3: Er verschränkt die Arme.

ÜV 4: Verschränken Sie die Arme nicht.
EH 4: Er fuchtelt nervös mit den Händen herum, sein Vortrag wird unkonzentriert.

ÜV 5: Stecken Sie die Hände in die Taschen.
EH 5: Er beginnt, mit seinen Ellbogen zu wackeln, ähnlich wie ein Hühnchen mit den Flügeln.

ÜV: 6: Legen Sie Arme ganz eng am Körper entlang, um sie ruhig zu halten.
EH 6: Seine Füße werden unruhig und er läuft vor seinem Publikum hin und her.

Dienten die ersten drei Ersatzhandlungen noch dazu, eine Barriere zwischen sich und seinen Zuhörern zu errichten (Pult, Notizen, Tisch, Stuhl, Arme), waren die folgenden drei Ausdruck seiner Nervosität, die aus der fehlenden Möglichkeit, relative Sicherheit durch äußere Hilfsmittel zu erlangen, resultierte. Unsere inneren Bedürfnisse (hier: Schutz) und Emotionen (hier: Unsicherheit) suchen sich stets eine Ausdrucksform über den Körper.

Wollen wir also unsere Wirkung verbessern, müssen wir uns dieser Bedürfnisse und deren Darstellung bewusst werden, bevor wir daran arbeiten. Dazu müssen wir Hilfsmittel einsetzen, die je nach individuellem Bedarf unterschiedlich sein können: Während sich der eine lediglich notiert, welchen Teil seiner Ansprache er besonders hervorhebt, um die inhaltliche Botschaft wirkungsstark zu präsentieren, muss der andere vielleicht vorab mehrfach die Betonung wichtiger Aussagen, seinen Stellungs- oder auch einen Medienwechsel trainieren, um mit einem für ihn ausreichenden Gefühl der Sicherheit agieren zu können. Meist muss nicht jeder einzelne Aspekt antrainiert werden, sondern es genügt, wesentliche Elemente herauszugreifen. Der Rest entwickelt sich nach und nach, sodass sich aus vielen kleinen Komponenten ein stimmiges Gesamtbild entwickelt. Der untermalende Einsatz der Arme allein beispielsweise wird einer Zuhörerschaft nicht ausreichen, wenn nicht der gesamte Körper „mitschwingt". Ist der Redner in Bewegung, läuft er auf und ab, bewegt er sich mal hierhin, mal dorthin und verändert seine Stimme im Tempo des Vortrags? Setzt er einzelne Akzente und hält zudem stets Blickkontakt zu seinem Publikum? Spricht er einzelne Personen an und versteht er es, jedem Anwesenden das Gefühl zu geben, genau er sei gemeint? Dann gelingt es ihm sicherlich, seine Zuhörer zu begeistern und in den Bann zu ziehen, denn er hat alle wesentlichen Aspekte berücksichtigt, auch wenn er anfangs vielleicht nicht mehr getan hat, als sich auf bestimmte „Eckpunkte" seines Vortrages zu konzentrieren.

Abbildung 1.6: Um sich im Vortrag zwischendurch mal abzustützen, ist diese Position in Ordnung. Wer sich jedoch dauerhaft versteckt, schmälert die eigene Wirkung.

1.3.2   So tun, als ob

In der Theaterarbeit des russischen Schauspielers und Regisseurs Konstantin Sergejewitsch Stanislawski nutzt man das von ihm so bezeichnete „Als-ob", um nicht selbst Erlebtes dennoch glaubwürdig verkörpern zu können. An anderer Stelle sprach Stanislawski auch vom „Was-wäre-wenn": Wenn der Schauspieler zu Beginn seiner Arbeit an einer Rolle noch keinen verlässlichen Zugang zu der zu verkörpernden Figur hat, muss er sich dieser zunächst theoretisch und über praktische Übungen annähern. Dazu soll er sich Situationen in Erinnerung rufen, in denen er das zu verkörpernde Gefühl bereits (annähernd oder ähnlich) erlebt hat, und sich dann so verhalten, „als ob" er sich in eben dieser beziehungsweise einer vergleichbaren Situation befinde. Hilfsmittel und Requisiten sind dabei durchaus erlaubt.

Übertragen auf die Arbeit an unserer Körperwirkung darf dies durchaus auch mal bedeuten, so zu tun, „als ob" wir bereits selbstbewusst vor anderen auftreten könnten, indem wir uns so geben und bewegen. Ein entscheidender Punkt dabei: Wir sollten es nicht unbedingt in der realen Situation tun, sondern innerhalb eines geschützten Rahmens, entweder allein, vor Freunden oder im Kreis der Familie, jedenfalls in einem wohlwollenden Kontext, bei dem Fehler verzeihbar und korrigierbar sind. „Wirkung trainieren" bedeutet etwas gänzlich anderes als „Wirkung öffentlich ausprobieren". Letzteres kann nämlich peinlich enden und ist im Sinne einer motivierenden Arbeit an sich selbst keinesfalls wünschenswert.

Etwas zu erlernen und unsere diesbezüglichen Kenntnisse und Fähigkeiten zu erweitern, gelingt nur durch Übung und Training. Wollen wir eine positive Körpersprache haben, müssen wir die entsprechenden Regeln anwenden. Solange wir sie nicht völlig beherrschen, müssen wir eben hin und wieder so tun, als ob. Dabei macht man mitunter auch mal Fehler, dieses Risiko gehört zum Spiel. Dennoch: Auf diese Weise kommen wir ihr Stück für Stück näher.

2   Das Umfeld unseres Körpers

2.1   Die Bedeutung des Raumes

So, wie ein Mensch durch seine Bekleidung, seine Körpersprache und seine Ausstrahlung wirkt, so wirkt ein Raum durch seine Einrichtung, seine Helligkeit, die Art des Lichtes, seine Farbgebung sowie durch weitere Faktoren, die allesamt einen Einfluss auf die Menschen in ihm nehmen und deren Stimmung beeinflussen. Die Bedeutung, die wir uns von anderen wünschen und die wir uns selbst zugestehen, wird auch dadurch bestimmt, wie wir den Raum behandeln, in dem wir uns bewegen, und wie selbstverständlich wir in ihm agieren. Dies entscheidet zu einem beträchtlichen Teil über unsere Wirkung. Im Gegensatz zum Alltag, in dem Charakter und Zweck eines Raumes klar vorgegeben sind, agiert beispielsweise ein Bühnenschauspieler in einem Raum – der Bühne –, dessen Bedeutung und Sinn für ihn selbst und für den Zuschauer erst definiert werden müssen. Deshalb lernt der Schauspieler, jedem Platz im Raum seine besondere Wirkung zu entlocken und diese für seine Rolle nutzbar zu machen.

Unterschiedliche Plätze im Raum haben unterschiedliche Bedeutungen. Durch seine Größe, seinen Schnitt und seine Einrichtung nimmt ein Raum zudem Einfluss auf die Distanzzonen. Das Wissen darum lässt uns die eigene Wirkung hervorheben, fehlende Kenntnisse können sie ungünstig beeinflussen. Ebenso, wie Körpersprache nicht in jeder Situation auf die gleiche Weise interpretiert werden darf, ist auch ein Raum nicht statisch in seiner Wirkung. Ob Gesten oder Orte richtig gewählt sind, entscheidet der Kontext.

Wer einen Raum dominieren möchte, sollte ihn so gut wie möglich kennen und wissen, an welchen Positionen sich welche Bedeutung und Wirkung am besten erzielen lassen. Natürlich hängt dies auch davon ab, welche Funktion man hat und welche Aufgaben zu erfüllen sind. Als klassisches Beispiel eignet sich sicherlich der Redner, der sein Publikum für sich und sein Thema interessieren möchte. Abgesehen davon, dass ein Vortrag organisatorisch und inhaltlich gut vorbereitet sein muss und sowohl Kompetenz als auch Erfahrung vorhanden sein müssen, sind es auch die körpersprachlichen Aspekte im Hinblick auf die Raumbehandlung, die eine Vorbereitung letztlich krönen oder – bei ungünstigem Verlauf – in den Hintergrund treten lassen können. Organisatorische Aspekte, die den Raum betreffen, sind:

- Licht hell genug?
- Beamerposition – kein Schattenwurf auf Leinwand?
- Notizen auf Flipchart für alle erkennbar?
- Schlecht einsehbare Stellen?
- Ausreichend Platz für geplante (oder spontane) Darbietungen und Aktionen?

- ■ Bestuhlung entspricht Erfordernissen?

- ■ Bestimmte Plätze für besondere Gäste?

- ■ Türen und Durchgänge frei?

Faktoren der Eigenwirkung im Raum sind unter anderem:

- ■ Der Redner muss gut zu sehen sein!

- ■ Der Redner hält Blickkontakt zum Publikum!

- ■ Tisch oder Rednerpult nur, wenn unvermeidlich!

- ■ Lautstärke und Akzentuierung müssen stimmen! (Wer einmal versucht hat, so zu flüstern, dass Hunderte Menschen es tatsächlich als Flüstern wahrnehmen und dennoch
  verstehen können, weiß, was gemeint ist.)

- ■ Umfangreichere Inhalte besser vorher auf Flipchart notieren! (Längeres Schreiben minimiert die Aufmerksamkeit der Zuhörer.)

- ■ Beim Beamereinsatz: Nutzen einer Fernbedienung in Betracht ziehen! (Häufiges Hin-
  und Herlaufen zum Weiterschalten wirkt unruhig.)

Charismatische Persönlichkeiten wissen, dass diese und weitere Dinge wichtig sind, wenn
sie das Maximum an Wirkung erzielen wollen. Sie verstecken sich weder hinter Tischen,
Stühlen oder Projektoren noch hinter Rednerpulten. Im Gegenteil, sie genießen es, Mittelpunkt zu sein und „bespielen" die Vortragsbühne leidenschaftlich. Sie bewegen sich durch
die Menge, sprechen einzelne Teilnehmer direkt an, animieren sie zur Aktivität, stellen
sich auf Tische und Stühle und zeigen damit, dass sie den Raum beherrschen. Egal, ob 20
oder 2 000 Zuhörer: Virtuos spielen sie auf der Klaviatur der Selbstdarstellung – zum Vorteil des Publikums und zu ihrem eigenen.

Bei Vorträgen oder Präsentationen mit Co-Trainer oder -Moderatoren ist es immens wichtig, dass jeder der abwechselnd Agierenden tatsächlich immer „anwesend" ist: Oftmals
erlebt man nämlich, dass Gestik und Mimik eines vorübergehend im Hintergrund stehenden Redners derart abgeschaltet sind, als glaubte er, man sähe ihn nur, wenn er spricht. Im
Theater heißt es dazu: Man ist immer Mittelpunkt, auch wenn man gerade mal nicht im
Mittelpunkt steht! Dies bedeutet: Auch ein Statist, dem scheinbar keine Aufmerksamkeit
zukommt, muss doch stets so agieren, als stünde er im Zentrum des Geschehens.

Natürlich lässt sich an jedem beliebigen Punkt eines Raumes eine bestimmte Emotion oder
Wirkung erzeugen. Je nachdem, was man erreichen will, sind jedoch manche Plätze besser
geeignet als andere. Macht und Stärke lassen sich beispielsweise vom vorderen oder vom
hinteren Rand einer (Vortrags-)Bühne vermitteln, Arroganz von oben herab, eine hohe
Präsenz strahlt die Mitte eines Raumes aus, (nicht für jeden allerdings ist es leicht, Blicke
von allen Seiten zu ertragen.) Wer Spannung erzeugen will, kann dies, indem er sich langsam bewegt, die Stimme senkt oder eine Pause macht. Unsicherheit betont, wer sich in eine
Ecke stellt oder sich klein macht und dem Boden nähert, Strahlkraft erreicht man mit ausgestreckten Armen und kraftvoller Stimme (Vorsicht: kann schnell pathetisch wirken!),

und Dankbarkeit und Bescheidenheit, ohne dabei unterwürfig zu sein, zeigt man, indem man zwar die Füße direkt nebeneinander stellt, jedoch mit klarem, offenem Blick freundlich in sein Publikum schaut. Originelles, Witziges und Wichtiges wirkt mitunter stärker, wenn es in schneller Bewegung, stakkatoartig und von wechselnden Positionen wie ein Dauerfeuer auf die Zuhörer „abgeschossen" wird.

Abbildung 2.1:   a) „Hier bin ich und nehme mir den Raum, der mir zusteht!"
                        b) Wer sich klein fühlt, drückt dies auch mit dem Körper aus.

a)   b)

Es liegt stets in der Hand des Redners, des Schauspielers, des Vortragenden, welche Bedeutung er dem Raum zuweist. Es ist und bleibt trotz allem immer nur ein Raum. Eine Persönlichkeit ist wesentlich facettenreicher. Dieser wird er sich stets unterordnen.

Abbildung 2.2: Auf diese Weise zeigt man: Ich bin selbstbewusst, gesprächsbereit und offen.

Übung 2: Raumwirkung erfahren

Diese kleinen Übungen ermöglichen Ihnen, einen Raum auf ungewöhnliche Weise zu erfahren und dabei die eigenen körpersprachlichen Wirkmöglichkeiten kennenzulernen.

1. Stellen Sie sich frei in den Raum, dann hinter einen Tisch, einen Stuhl oder ein anderes Möbelstück. Wenn Sie zu zweit sind, stellen Sie sich einander gegenüber. Spüren Sie den Unterschied?

2. Probieren Sie verschiedene Punkte im Raum aus: Setzen Sie sich auf den Boden, stellen Sie sich in eine Ecke, mit dem Rücken zur Tür, lehnen Sie sich an die Wand oder nacheinander an jede einzelne. Hocken Sie sich unter einen Tisch. Obwohl sich der Raum nicht verändert, werden Sie an jeder Stelle und in jeder Position andere Empfindungen haben.

3. Bewegen Sie sich auf verschiedene Arten durch den Raum. Vielleicht wie jemand, der ihn zum ersten Mal sieht? Oder aufgeschlossen wie ein Kind? Verleihen Sie mithilfe des Raumes der Majestät in Ihnen Ausdruck, oder dem Charmeur, dem Tyrannen, dem selbstbewussten Redner.

4. Stellen Sie sich auf einen Tisch und nehmen Sie den Raum aus einer anderen Perspektive wahr, wie Robin Williams es im „Club der toten Dichter" seinen Schülern ans Herz legt. Verschaffen Sie sich einen anderen Blick auf die Dinge.

5. Machen Sie die verschiedenen Übungen zu zweit, zu dritt. Sprechen Sie verschiedene Texte oder unterhalten Sie sich von den verschiedenen Raumpositionen aus miteinander.

2.1.1 Hochstatus und Tiefstatus

Ein weiterer Aspekt im Zusammenhang mit der Raumnutzung ist der persönliche Status. Insbesondere für den geschäftlichen Kontext sollte man den Unterschied beider Varianten kennen. Während man im Hochstatus eine dominierende Funktion innehat, fällt der Tiefstatus der untergeordneten Person zu. Hierbei geht es um eine situationsabhängige Rollenverteilung, die nichts mit Geschlecht, Alter oder Bildungsgrad zu tun hat. Im gesellschaftlichen Kontext spielen diese Faktoren durchaus eine Rolle. Dort gilt beispielsweise die Regel: „Der ältere Mensch grüßt den jüngeren." Da ältere Menschen als Respektspersonen betrachtet werden, kommt ihnen die Entscheidung zu, den Zeitpunkt des Grußes zu bestimmen. Weitere Regeln sind: „Die Dame grüßt zuerst den Herrn" und „der Hausherr begrüßt den Gast". In bestimmten geschäftlichen Zusammenhängen werden manche Regeln durch andere ersetzt: Trifft ein 42-jähriger Bewerber auf einen 35-jährigen Personalchef, tritt die Regel „älter grüßt jünger zuerst" zugunsten der Regel „Übergeordneter grüßt Untergeordneten zuerst" in den Hintergrund. Bewerber befinden sich aufgrund ihrer Position – sie hoffen auf eine Einstellung, über die die andere Seite entscheidet – automatisch im Tiefstatus. Hinzu kommt das Hausrecht des Personalchefs: Der Bewerber ist Gast im Unternehmen und hat sich an bestimmte Gepflogenheiten zu halten.

Dazu gehört auch, keine der Räumlichkeiten unaufgefordert zu betreten. Im Zusammenhang mit einem Bewerbungsgespräch sind hinsichtlich des Status weitere zu beachtende Punkte:

- Freundlichkeit ist immer angebracht – auch bei Hausmeistern, Empfangsdamen und Reinigungskräften.

- Beim Anklopfen: Nach dem „Herein" einen Schritt in den Raum hinein machen und sich nicht hinter einer halb geöffneten Tür verstecken. Auch wenn man höflich bleiben will, sollte man keinen verschämten Eindruck vermitteln. Die Tür geöffnet lassen, bis man gebeten wird näherzukommen. Schließt man sie zu früh, könnte es so aussehen, als hätte man ungefragt beschlossen, dort zu bleiben. Dies gilt auch dann, wenn man zu einem fest vereinbarten Termin erscheint. Wer Gast ist, muss sich auch so verhalten.

- Wenn man hereingebeten wird: Einige Schritte in den Raum hineingehen und warten, bis man einen Platz zugewiesen bekommt.

- Strecken Sie nicht die Hand zum Gruß hin! Warten Sie, bis man Ihnen die Hand anbietet. Ein Bewerber, der von sich aus den Handgruß anbietet, nimmt dem Personalchef die Entscheidungsfreiheit, den Zeitpunkt selbst zu bestimmen (siehe Seite 110).

- Wer seinen Platz frei wählen kann, sollte sich nicht mit dem Rücken zur Tür setzen. Man fühlt sich sonst leicht angreifbar und ist leichter zu verunsichern.

- Verzicht auf territoriale Ausbreitung (zum Beispiel Unterlagen auf fremdem Schreibtisch)

- Fragen werden weniger gestellt, sondern eher beantwortet.

Fehler bei der Zuordnung von Hoch- und Tiefstatus führen im Privaten sicherlich zu weniger dramatischen Konsequenzen, als dies im geschäftlichen Rahmen der Fall sein kann. Insbesondere dort sollte man deshalb nicht nur die entsprechende Rangordnung im Blick haben, sondern auch wissen, wie man ihrer Verletzung begegnet. Speziell Frauen haben damit zu kämpfen.

2.1.2   Invasion

Man stelle sich die eigene Reaktion vor, wenn ein Haustürverkäufer nach dem Öffnen der Tür sofort unaufgefordert unsere Wohnung beträte. Keinesfalls würden wir eine solche Unverschämtheit dulden. Einer derartigen „Invasion", einer Beanspruchung und Inbesitznahme fremden Raumes, würden wir vermutlich mit einem umgehenden und unsanften Rausschmiss begegnen. Eine Invasion ist ein territorial unangebrachtes Verhalten, dem sich – nicht nur, jedoch sehr häufig – Frauen, auch solche in Führungspositionen, ausgesetzt sehen und dem sie oft hilflos gegenüberstehen. Sei es, dass Männer ihr Büro unerlaubt und unaufgefordert betreten oder dass sie Schreibtische und Arbeitsplätze ungefragt mit eigenen Utensilien quasi „beschlagnahmen".

> **Beispiel 6: Invasion des Büros**
>
> Die Leiterin der Marketingabteilung, Frau Melder, führt jeden Montag eine Teambesprechung mit ihren Mitarbeitern, zwei Frauen und zwei Männern, durch, von denen einer, Frank Nutzer, erst kürzlich in ihre Abteilung versetzt wurde. Da der Konferenzraum auf einer anderen Etage ist und sie ein großes Büro mit Sitzecke hat, lässt sie seit geraumer Zeit ihr Team praktischerweise zu sich ins Büro kommen. Bisher saß sie bei den Besprechungen stets auf dem großen Einsitzersessel, den ihr Team automatisch unbesetzt gelassen hatte. Dieses Mal ist das anders: Wie selbstverständlich setzt sich Herr Nutzer, der Neue, der auch als Erster erscheint, auf den Einsitzer. Um nicht kleinkariert zu wirken, verzichtet Frau Melder auf eine Bemerkung und leitet die Besprechung im Stehen. Nach und nach beginnt Nutzer, sich auf dem Sessel erst lässig, dann fast schon wohlig auszubreiten, schwingt das Bein über die Lehne und wirft den einen oder anderen Kommentar in die Runde, ohne sich dabei aus seiner angelehnten Haltung nach vorn zu bewegen.
>
> Eine Woche darauf sitzt Nutzer wieder auf dem Einsitzer, eine weitere Woche danach erscheint Bauer, das andere männliche Teammitglied, als Erster und nimmt plötzlich seinerseits auf dem Sessel Platz. Innerhalb von zwei Wochen hat Frau Melder den „Chefsessel" an ihre Mitarbeiter verloren und leitet nun die Besprechungen im Stehen.

Zwar könnte sie sich auf den Dreisitzer zu ihren Kollegen setzen, doch dort hätte sie erst recht das Gefühl, die Dinge nicht mehr im Griff zu haben. Die Situation ist außerordentlich unbefriedigend für Frau Melder, zumal bei den Treffen oftmals längere Diskurse geführt werden, die sie nun im Stehen absolvieren muss. Allerdings möchte sie das Thema nicht ansprechen, weil sie nicht überempfindlich wirken und auch keine Auseinandersetzung riskieren will. Frau Melder ist ratlos.

Dieses Beispiel zeigt einen typischen Fall von Invasion. Obwohl Frau Melder die Marketingleiterin ist, die anderen ihr also unterstellt sind, und obwohl sich die Situation in ihrem eigenen Büro abspielt, in das sie eingeladen hat (sie ist Vorgesetzte, Hausherrin und Gastgeberin in Einem, hat also in allen Fällen den Hochstatus), setzt sich erst Mitarbeiter Nutzer und dann – dessen Beispiel folgend – sein Kollege über die damit einhergehenden Regeln von Höflichkeit, Respekt und Status hinweg und machen Melder so nicht nur ihren Platz, sondern auch ihre Position streitig. Ihre Unsicherheit hinsichtlich des richtigen Vorgehens ist typisch weiblich: Um die Harmonie zu wahren, verzichtet Melder auf eine Reaktion, verliert dadurch jedoch den Respekt ihres Teams. Das zeigt sich daran, dass Mitarbeiter Bauer, der bis dahin stets, ohne dass je ein Wort darüber gesprochen worden wäre, auf dem Zwei- oder dem Dreisitzer Platz genommen hatte, auf einmal ganz selbstverständlich ihr Territorium besetzt.

Natürlich könnte Frau Melder per „order mufti" die Freigabe ihres Sessels fordern. Wichtig dabei wäre allerdings, diese Forderung mit fester Stimme und klarem Blick vorzubringen und auch für eine mögliche provokative Entgegnung gewappnet zu sein. Da sich die Invasion jedoch unausgesprochen, quasi ausschließlich per körpersprachlicher Territorialbesetzung, vollzogen hat, wäre es sinnvoller, hier auf der gleichen Ebene zu kontern, zum Beispiel indem Melder bei der nächsten Teamsitzung den eintretenden Kollegen gleich auf dem Weg Richtung Sitzgruppe mit einem klaren „Stopp-Signal" davon abhält, sich auf ihren Sessel zu setzen und ihm mit gestrecktem Zeigefinger einen anderen Platz zuweist.

Worte sind hierbei nicht zwingend erforderlich, schließlich erfolgte die vorhergehende Rauminvasion ebenfalls „schweigend".

Viele Frauen scheuen sich vor einem solchen Vorgehen: Sie halten es für unhöflich, selbstgerecht oder gar für ein Zeichen mangelnder Bildung. Probleme löst man mit Rücksicht auf alle Beteiligten, am besten im Gespräch. Stimmt – wenn man eine Frau ist! Männer jedoch verstehen dieses Vorgehen oftmals nicht. Sie halten es für „typisch Frau" und fragen sich allenfalls, warum „wieder mal alles totgequatscht" werden muss.

Beispiel 7: Invasion des Schreibtischs

Die 26-jährige Praktikantin Desiree sitzt an ihrem Schreibtisch im Großraumbüro, in dem die einzelnen Arbeitsplätze durch etwa 1,50 Meter hohe Stellwände voneinander abgetrennt sind. Ihr gleichaltriger Kollege Daniel sitzt am benachbarten Arbeitsplatz. Mehrmals am Tag kommt Daniel in Desirees Arbeitsbereich, setzt sich auf den Stuhl vor ihrem Schreibtisch und legt dabei immer einen Gegenstand darauf ab. Mal ist es sein Handy, ein anderes Mal sein Schlüsselbund, ein Schreibstift, irgendwelche Unterlagen oder sein Portmonee.

Obwohl Daniel nicht unsympathisch ist, mag Desiree es nicht besonders, dass er immer wieder ungefragt ihren Bereich betritt. Zum einen unterbricht er sie bei der Arbeit, zum anderen fühlt sie sich in ihrer in einem Großraumbüro ohnehin schon eingeschränkten persönlichen Sphäre zusätzlich gestört. Außerdem hat sie das Gefühl, dass ihm der Besuch ihres Büroabteils nicht ausreicht; warum bringt er immer irgendwelche Gegenstände mit zu ihr und legt sie auf ihren Schreibtisch; schließlich hat er nebenan doch einen eigenen. Und wozu sollte er sein Handy, seine Autoschlüssel oder sein Portmonee in ihrem Büroabteil benötigen? Dummerweise tut Daniel eigentlich nichts Schlimmes, im Gegenteil, irgendwie ist er ja auch ganz nett. Deshalb sagt sie auch nichts. Aber es stört sie trotzdem ...

Der Schreibtisch gehört zum persönlichen Territorium seines Besitzers. Diesen ungefragt und grundlos mit Gegenständen zu belegen, ist immer eine Form von Invasion. Selbst ein Verkäufer, der normalerweise von seinem Kunden zum Gesprächstermin eingeladen wurde, sollte darauf achten, seine Unterlagen auf dem Schreibtisch seines Kunden nicht zu sehr auszubreiten beziehungsweise sich durch vorheriges Fragen dafür die Erlaubnis zu holen. Und selbst dann sollte er darauf achten, auf „seiner" Hälfte zu bleiben.

Abbildung 2.3:   Der Schreibtisch ist persönliches Territorium. Wer dies missachtet, stößt auf wenig Gegenliebe.

Nehmen wir im Rahmen eines Meetings an einem Konferenztisch Platz, markieren wir sofort unser vorübergehendes „Revier" mit den im Beispiel genannten Gegenständen (Handy, Schlüssel usw.). In diesem Fall handelt es sich jedoch nicht um eine unerlaubte Territorialübernahme, da uns dieser Platz für die Dauer des Meetings automatisch zufällt. Dennoch achten auch hierbei die meisten Menschen instinktiv darauf, nicht in den Raum des anderen einzudringen. Wieder einmal sind es die Männer, die hier schon mal eine Ausnahme machen, und die Frauen, die sich das wortlos gefallen lassen.

Um Daniel seine Grenzen aufzuzeigen, könnte Desiree, die Praktikantin aus Beispiel 7, die von ihm auf ihrem Schreibtisch abgelegten Gegenstände während des Gespräches völlig selbstverständlich und wie beiläufig in die Hand nehmen, sie einen Moment behalten, um sie dann ebenso selbstverständlich an einem anderen Ort – einem Regal, einem Rollcontainer oder einem Beistelltisch – abzulegen.

Im Gegensatz zur Eigenwirkung im Raum, für die man selbst verantwortlich ist, geht es bei der Invasion des Raumes um das Eindringen anderer Personen in fremdes Territorium. Sind es nicht gerade äußere Bedingungen, die eine solche Territorialverletzung erfordern oder unvermeidlich machen, ist eine Invasion ein Hinweis darauf, dass der Eindringling den fremden Raum nicht akzeptiert. Auch wenn ein solches Verhalten nicht ausdrücklich bewusst oder böswillig erfolgen muss, basiert es nichtsdestoweniger auf mangelndem Respekt und kann nur mit bewusst ausgeführtem Handeln abgestellt werden.

Dabei ist insbesondere für Frauen wichtig zu wissen, dass eine (ausschließlich) verbale Regulierung oft wenig Aussicht auf Erfolg hat. Selbst wer sich aufgrund einer hierarchisch höheren Position im Hochstatus befindet und bestimmte Verhaltensweisen deshalb einfordern kann, wird dadurch in den seltensten Fällen die gewünschte Akzeptanz erfahren. Wäre diese vorhanden, wäre es vermutlich gar nicht erst zur Invasion gekommen. Gehorsam und Respekt gehen keinesfalls miteinander einher. Auch wenn eine Handlung natürlich von Worten begleitet werden kann, sollte die Körpersprache dennoch die inhaltliche Botschaft nicht nur unterstützen, sondern nach Möglichkeit das stärkere Signal senden. Männer reagieren eher auf deutliche körpersprachliche Signale als auf verbale Verhandlungsversuche.

2.2   Distanzen und Distanzlosigkeit

Neben der Art, wie wir uns in einem Raum bewegen, ist auch der Raum, den unser Körper bei der Ausführung bestimmter Gesten einnimmt, eine grundlegende Komponente zur Interpretation von Körpersprache. Pauschal kann man sagen, dass der in Anspruch genommene Platz mit zunehmendem Selbstbewusstsein wächst. Dieses Selbstbewusstsein kann sich mitunter auch in Form einer übersteigerten Selbst*darstellung* ausdrücken. Der dafür passende Begriff ist „Platzhirsch", ein Wort, dass ebenfalls auf die Inanspruchnahme des Raumes hinweist und sich oft in einem selbstgerechten, lautstarken Auftritt äußert, bei dem sich der Betreffende übermäßig in den Mittelpunkt drängt. Weitere umgangssprachliche Ausdrucksweisen weisen ebenfalls auf die Bedeutung von Raum und Distanz in unserem Alltag hin:

- sich aufblasen,
- sich aufplustern,
- den dicken Max markieren,
- sich übermäßig ausbreiten,
- auf großem Fuß leben,
- sich breit machen,

- sich einen Panzer zulegen,

- sich einen Schutzschild umlegen,

- sich klein machen,

- sich unterwerfen,

- jemandem die kalte Schulter zeigen,

- sich abwenden,

- jemandem den Rücken zuwenden,

- sich zurückziehen,

- jemanden in die Ecke drängen,

- jemandem auf die Pelle rücken,

- abgeneigt sein,

- mit dem Rücken zur Wand stehen.

All diese Idiome stehen sinnbildlich für physische oder psychische Zustände, die verdeutlichen, ob man sich einem anderen Menschen zu- oder sich von ihm abwendet und wie viel oder wenig Raum ein Mensch für sich einnimmt. Jemand, der „in die Ecke gedrängt" wird, macht diese Erfahrung nicht unbedingt räumlich; sein Bewegungsspielraum und damit seine Handlungsfähigkeit sind jedoch, ebenso wie seine Möglichkeiten zur Aktivität, stark eingeschränkt.

Distanzzonen und Raumverhalten sind nicht international gleich. Generell benötigen beispielsweise Deutsche ebenso wie Briten, Bewohner der nordeuropäischen Länder sowie Amerikaner und Australier eine größere Intimdistanz, um sich wohlzufühlen, während die Intimzone der Bewohner südeuropäischer Länder geringer ausfällt. Beim Gestikulieren allerdings agieren Italiener oder auch Spanier deutlich raumgreifender. Es handelt sich um einen weit verbreiteten Irrtum, dass Angehörige solcher Länder, von denen es immer heißt, sie redeten „mit Händen und Füßen", mehr gestikulieren als Deutsche. Tatsächlich setzen Letztere ihre Hände vergleichbar oft untermalend und hervorhebend ein; allerdings agieren sie dabei weit stärker aus dem Hand- und dem Ellbogengelenk, wie Dr. Cornelia Müller, Professorin für angewandte Sprachwissenschaft an der Europa-Universität in Frankfurt an der Oder, herausfand. Im Gegensatz zu den Nordeuropäern holen die Bewohner südeuropäischer Länder den Schwung aus dem Schultergelenk, führen ihre Gesten also raumgreifender, größer und damit auffälliger aus. Auf diese Weise entsteht lediglich der *Eindruck* stärkerer gestischer Aktivität. Noch weniger Intimdistanz im persönlichen Kontakt haben die Araber: Sie kommen einander im Gespräch oftmals so nahe, dass der ahnungslose Deutsche durchaus das unangenehme Gefühl bekommen kann, man rücke ihm unangenehm „auf die Pelle". Dieses Gefühl beschleicht auch nicht wenige Seminarteilnehmer, wenn eine Veranstaltung ohne Tische stattfindet. Bieten diese doch einen Wall, hinter dem man sich verschanzen und verstecken kann und sich daher sicherer fühlt. Meist stellt sich allerdings heraus, dass durch den Verzicht auf diese unnötige „Mauer" zwischen den Anwesenden eine Nähe entsteht, aus der sich im weiteren Verlauf ein größeres Vertrauen sowie mehr Akzeptanz und Offenheit entwickeln.

Wissen über die Distanzzonen hilft aber nicht nur bei der Interpretation von Körpersprache. Auch wenn es darum geht, einen Raum für eine Veranstaltung vorzubereiten oder für eine Podiumsdiskussion die richtige Örtlichkeit auszuwählen, sollten entsprechende Kriterien berücksichtigt werden, insbesondere dann, wenn die Teilnehmer aus verschiedenen Nationen kommen. Es ist keinesfalls eine gute Idee, fünf einander fremde Führungskräfte aus der Wirtschaft stehend um einen viel zu kleinen Tisch zu platzieren und überdies den Moderator zu nötigen, sich entweder als sechstes dazu oder sich vor die Gruppe stellen zu müssen, und diese mit seinem Körper zu verdecken.

2.2.1 Die Distanzzonen

Intimdistanz

Die Intimdistanz hat einen Radius von etwa 50 bis 70 Zentimetern um unseren Körper. Verschiedene Fachbücher und Ratgeber geben diese Distanz zwar lediglich mit 40 bis 50 Zentimetern an; in der Praxis lässt sich jedoch feststellen, dass zumindest in Deutschland dieser Abstand vielen Menschen zu gering ist. Die Intimdistanz entspricht etwa einer Armeslänge: Wenn Menschen sich nähern, bleiben sie meist in einer solchen Entfernung zueinander stehen, dass sie ihren Arm in Richtung des Gegenübers ausstrecken können, ohne diesen zu berühren. Das Eindringen in unsere Intimdistanz gestatten wir nur Mitgliedern unserer Familie, Lebenspartnern, engen Freunden und Verwandten sowie unseren Haustieren. Darüber hinaus erlauben wir die Verletzung dieser Zone nur in Ausnahmefällen: dem Nebenmann, der in der überfüllten U-Bahn dicht an uns gedrängt steht, dem Arzt, der uns untersucht, oder der Krankengymnastin, die uns in der Rehaklinik behandelt. Im Normalfall ist die Einhaltung der Intimdistanz dadurch gewährleistet, dass man die eigene ignorieren müsste, um anderen zu nahe zu kommen. Neben Berufen in der medizinischen oder der Gesundheitsbranche sind es auch Friseure und Kosmetikerinnen, die zur Ausübung ihres Berufes die Intimdistanz ihrer Kundinnen und Kunden verletzen müssen. Interessanterweise besteht in diesen Branchen eine außerordentlich hohe Kundenbindung. Das ist nicht weiter überraschend, wenn man bedenkt, dass der Körperkontakt zwingend zur Arbeit gehört. Es ist bekannt, dass eine Friseurin, die sich beruflich verändert und in einem anderen Salon arbeitet, einen gut Teil der Kundinnen mitnimmt. Insbesondere Frauen gehen genau genommen nicht in „ihren Salon", sondern zu „ihrer Friseurin" und folgen dieser auch bei einem Wechsel, solange die räumliche Entfernung noch überschaubar bleibt.

Der Zutritt in die Intimdistanz setzt ein Vertrauensverhältnis voraus, das man sich im Normalfall erst verdienen muss. Leider gehen Männer oftmals davon aus, dass dieser Verdienst automatisch besteht; nicht selten setzen sie sich mit einer an Unverschämtheit grenzenden Selbstverständlichkeit über diese Grenze hinweg, wie es bei der klassischen „Büroszene" der Fall ist, in der sich der Chef von hinten an seine an ihrem Schreibtisch arbeitende Sekretärin „heranmacht".

Abbildung 2.4:   „Komm mir nicht zu nahe!" Wer jetzt noch weiter geht, verletzt die
Intimdistanz.

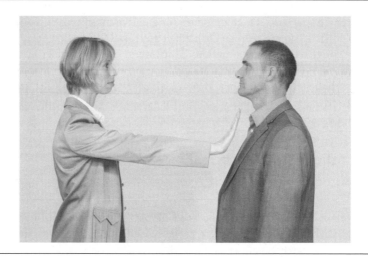

Abbildung 2.5:   Ein typisch männlicher Klassiker; doch das macht ihn nicht besser!

Beispiel 8: Kavalier?

Auf dem Rückweg aus der Kantine in ihr Büro trifft Lisa Kremer, Mitarbeiterin der Werbeabteilung, auf Vertriebsleiter Dietmar Wessels. Da ihr Büro auf der gleichen Etage liegt wie das, welches Wessels gerade aufsuchen will, gehen sie gemeinsam Richtung Fahrstuhl. Auf dem Weg dorthin müssen sie durch eine Glastür. Wessels eilt zwei Schritte vor, öffnet die Tür und bedeutet Lisa lächelnd und mit geöffneter Hand, hindurchzugehen. Sie bedankt sich und durchschreitet die Tür, als Wessels ihr leicht die Hand auf den Rücken legt, so als wolle er sie hindurch „geleiten". Dabei sagt er „bitte sehr, Madame" und lächelt sie an. Beide gehen weiter Richtung Fahrstuhl. Später in ihrem Büro fragt sich Lisa, was genau an diesem im Grunde banalen und netten Kontakt, wie er sich unter Kollegen so oder ähnlich vermutlich häufig abspielt, eigentlich gestört hat …

Der Grund für Lisa Kremers Unwohlsein liegt in Wessels Berührung. Zwar wäre es übertrieben und würde seiner vermutlich gut gemeinten Intention nicht gerecht, ihm vorzuwerfen, sich falsch oder gar unmöglich verhalten zu haben. Beispiel 8 bietet dafür sicherlich keine Grundlage, und wer ein Urteil fällt, sollte stets auch die Absicht des Handelnden beurteilen. Dennoch hat er etwas getan, was sowohl im beruflichen wie auch privaten Kontext unter Fremden oder oberflächlich Bekannten eigentlich tabu ist: Indem er Lisa Kremer beim Geleit durch die Tür kurz die Hand auf den Rücken legte, durchbrach er ihre Intimzone. Ein solcher Fauxpas, der vermutlich keiner negativen Intention entsprang, ist ein typisch männliches Verhaltensmuster, das in dieser Weise niemals bei anderen Männern vorkäme, gegenüber Frauen jedoch mit einer mitunter überraschenden Selbstverständlichkeit auftritt. Wie Wessels sicherlich auch, machen sich Männer keinerlei Gedanken über die Wirkung solcher Berührungen, dabei gibt es bedeutsame Unterschiede in der gesellschaftlichen Bewertung von Verletzungen der Intimdistanz.

Ganz generell berühren Männer andere Männer viel seltener als Frauen andere Frauen berühren. Allein die männliche Angst, fälschlicherweise für homosexuell gehalten zu werden, sitzt auch in unserer heutigen, vermeintlich liberalen und aufgeklärten Zeit immer noch sehr tief. Finden Berührungen statt, resultieren sie entweder aus einem deutlich unterscheidbaren Hochstatus als Ausdruck von Macht oder sie sind kumpelhaft und grob: Ein kräftiger Schlag auf die Schulter oder ein derber Griff an den Arm – wenn ein Eindringen in die Intimzone überhaupt stattfindet, gehen Männer dabei sehr rabiat vor, um männlichen Attributen und Vorstellungen zu entsprechen. Frauen untereinander haben es (oder machen es sich) leichter: Aufgrund ihrer sozialeren Grundeinstellung betrachten sie eine Berührung einer anderen Frau als weit weniger problematisch, solange ihr Status ihnen eine solche nicht verbietet. Ihre diesbezügliche Zurückhaltung Männern gegenüber allerdings ist durchaus angebracht: Eine Frau, die von sich aus einen Mann berührt, zum Beispiel am Oberarm, gerät leicht in den Verdacht, an ihm mehr als nur sachlich interessiert zu sein und lädt ihn zudem möglicherweise dazu ein, es ihr gleichzutun.

Abbildung 2.6:   Sicher nicht böse gemeint, dennoch ein Fauxpas; in der deutschen
Kultur sind derlei Berührungen unangebracht.

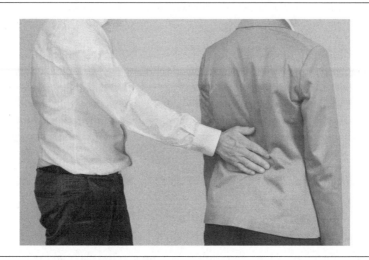

Egal ob Mann oder Frau: Die Akzeptanz von Nähe variiert auch abhängig davon, ob jemand vor, hinter oder neben uns steht. Eine Annäherung von hinten ist den meisten Menschen am unangenehmsten, weil man nichts sieht und daher nie weiß, wer einem im nächsten Moment „in den Rücken fällt".

Steht man Schulter an Schulter mit einer fremden Person, ist das zwar nicht gerade ein Gefühl, auf das wir nicht verzichten könnten; doch die Tatsache, dass wir immerhin im Blick haben, was seitwärts von uns geschieht, und wir im Gegensatz zu einem direkten Gegenüber niemandem direkt ins Gesicht blicken müssen, macht eine solche Position wesentlich erträglicher.

Persönliche Distanz

Sie schließt sich der Intimdistanz an, beginnt etwa 70 Zentimeter außerhalb unseres Körpers und hat eine Ausdehnung bis ca. 1,50 Meter. Innerhalb dieser Distanz finden alltägliche Kontakte relativ ungezwungen statt. Im Gespräch mit Kunden kann es sinnvoll sein, zunächst etwas zurückhaltender zu sein und einen größeren Abstand einzuhalten, es sei denn, man ist sich bereits eines herzlichen Verhältnisses zu seinem Kunden sicher. Sitzen wir am Tisch, markieren wir unsere persönliche Distanz gern mit Gegenständen wie einem Schlüsselbund, unserem Handy, einem Glas oder einem Kugelschreiber.

Gesellschaftlich-wirtschaftliche Distanz

Sie wird auch Sozialdistanz genannt. Im Abstand von etwa 1,50 bis drei Meter begegnen wir Menschen des täglichen Umfelds, denen wir emotional nicht oder kaum nahestehen: dem Bäcker, Metzger oder dem Kfz-Mechaniker.

Ansprachedistanz

Sie gehen durch eine Fußgängerzone, als Sie etwa 40 Meter entfernt einen Bekannten entdecken. Natürlich brüllen Sie nun nicht gleich durch die ganze Fußgängerzone: „Hey Jörg, was machst Du denn hier?" Stattdessen werden Sie warten, bis Sie einander nähergekommen sind, und ihn erst dann ansprechen. Dies geschieht meist bei einer Entfernung von drei bis vier Metern, da unter normalen Umständen bei diesem Abstand auch das akustische Verständnis gewährleistet ist. Auch auf Messen oder bei Verkaufsständen werden vorbeigehende Kunden innerhalb dieser Entfernung angesprochen, um sie auf Produkte und Angebote hinzuweisen. Berufsgruppen wie Lehrer, Dozenten oder Trainer bewegen sich ebenfalls in diesem Abstand zu ihren Teilnehmern, wenn sie diese unterrichten.

2.2.2 Verhalten bei Distanzverletzung

Vermutlich ist die Bedeutung der Distanzzonen evolutionär überliefert: Auch unser Blickverhalten und die Reihenfolge, in der wir auf Menschen, Farben und Formen beziehungsweise deren Abbildungen reagieren, lassen darauf schließen (siehe Seite 144). Im Regelfall beachten Menschen innerhalb einer Kultur automatisch die Distanz zu anderen; sie folgen einfach ihrem eigenen Distanzbedürfnis. Irritationen gibt es mitunter, wenn unterschiedliche Kulturen aufeinandertreffen. Überdies gibt es auch im Alltag Situationen, in denen andere Menschen uns näher kommen, als uns lieb ist. In diesem Fall reagieren wir mit bestimmten Verhaltensmustern, um den fehlenden Raum um uns herum „künstlich" wiederherzustellen. Deutlich wird dies in Fahrstühlen. Dort sind wir auf engem Raum mit fremden Menschen zusammen, die in unsere persönliche, je nach Größe sogar in unsere Intimdistanz eindringen.

Hinzu kommt, dass ein Fahrstuhl nur in seltenen Fällen eine Glasfront oder ein Fenster hat und während der Fahrt keine Möglichkeit zur „Flucht" besteht. Auch in Straßenbahnen oder überfüllten Zügen befolgen wir bestimmte Regeln. Diese sind:

Kein Blickkontakt

Ein direkter Blick wird vermieden, er wirkt leicht aufdringlich oder aggressiv, denn er dringt noch weiter in die Intimdistanz ein. In Fahrstühlen blicken wir auf die Etagenknöpfe oder -anzeige oder an die gegenüberliegende Fahrstuhlwand, in Straßenbahnen entweder zu Boden oder aus dem Fenster.

Lächeln

Lächeln ist die häufigste Reaktion, wenn fremde Menschen gegenseitig in ihre Intimdistanz eindringen und dabei einen Blickkontakt nicht vermeiden können. Auf diese Weise signalisieren sie Friedfertigkeit und schließen einen unausgesprochenen „Nichtangriffspakt". Mitunter werden auch Witze gemacht, um die bei vielen entstehende Peinlichkeit zu überspielen.

Übung 3: Distanzzone

1.   Person A und Person B stellen sich im Abstand von mehreren Metern einander gegenüber auf.

2.   A geht auf B zu, und zwar so weit, wie es A gerade noch angenehm ist. A nimmt dabei keine Rücksicht auf B, sondern orientiert sich nur an seinem eigenen Wohlbefinden. Wenn der Maximalpunkt der Annäherung erreicht ist, bleibt A stehen.

3.   Nun streckt A den Arm in Bs Richtung aus: Handelt es sich um Deutsche, Briten oder Menschen amerikanischer oder nordeuropäischer Herkunft, wird die Entfernung zwischen beiden etwa eines Armeslänge betragen.

4.   Betrachtet man die Reaktion von A und B, wird man feststellen, dass beide entweder den Blickkontakt vermeiden, lächeln und/oder ein Witz machen werden. Am geringsten ist die Wahrscheinlichkeit, dass beide einander schweigend und ernst in die Augen schauen.

Nicht sprechen

In distanzreduzierten Situationen wird auf Sprechen entweder ganz verzichtet (was, wenn man allein ist, ohnehin nicht schwierig ist) oder die Stimmlautstärke auf ein Raunen, mitunter bis hin zu einem Flüstern reduziert. Dies hat zwar insofern keinen Nutzen, als die Umstehenden dennoch jedes Wort verstehen können; jedoch handelt es sich dabei um eine Geste der Höflichkeit, mit der man signalisiert, dass man den ohnehin schon eingeschränkten Raum nicht auch noch durch eine stimmliche Ausbreitung mehr als nötig in Anspruch nehmen will. Flüstern ist in bestimmten Situationen also ein Ausdruck räumlicher Bescheidenheit. Dies ändert sich mit zunehmender Gruppengröße: Drei, vier oder mehr Personen verzichten meist auf dieses Verhalten. Hier spielen Gruppenmechanismen mit hinein, unter anderem die Tatsache, dass Menschen sich in größeren Gruppen sicherer fühlen und deshalb mehr Platz für sich beanspruchen.

Den Rücken schützen

Wer die Möglichkeit dazu hat, wird sich einen Platz suchen, an dem er sich „den Rücken freihalten" kann. Im Fahrstuhl ist das die Wand, die dem Eingang gegenüber liegt, zumindest aber eine Seitenwand. Dort hat man den besten Schutz, hat alles im Blick und fühlt sich einigermaßen sicher. Sind alle Sitzplätze im Zug, der Straßen- oder U-Bahn besetzt, wählt man nach Möglichkeit einen Stehplatz, an dem man sich anlehnen kann. Dort ist man davor geschützt, dass einem jemand „in den Rücken fällt". Ist auch das nicht möglich und müssen wir uns mitten ins Getümmel stellen, versuchen wir wenigstens noch, den Aktenkoffer zwischen uns und den vor uns stehenden fremden Mitfahrer zu bringen.

Übung 4: Barrieren bauen

1.   Person A steht mit locker neben dem Körper herabhängenden Armen. Nun tritt Person B von vorn ungewöhnlich nah an A heran (Gesicht zu Gesicht), das heißt, B verletzt die Intimdistanz und nähert sich A bis auf ca. 15 bis mindestens 20 Zentimeter.

2. B beobachtet As Reaktion. A selbst schildert, wie sich dieses Vorgehen angefühlt hat.

3. Im zweiten Schritt verschränkt Person A die Arme vor der Brust, errichtet also auf diese Weise eine Schutzbarriere zwischen sich und B.

4. Erneut nähert sich Person B auf die gleiche Weise Person A.

5. Beobachten Sie erneut As Reaktion und diskutieren Sie, wie A den Unterschied zwischen beiden Varianten empfunden hat.

Abbildung 2.7: Wer zurückweicht, teilt körpersprachlich mit: „Nimm Dir, was Du willst, ich gebe mich mit weniger zufrieden."

Eine häufig, wiederum meist von Frauen gestellte Frage ist: „Was kann ich tun, wenn mir jemand unangenehm nahekommt?" Meist ist der erste Impuls, zurückzuweichen. Dies jedoch ist ein körpersprachliches Signal, das erstens gar nicht immer zum gewünschten Ergebnis führt und das zweitens, selbst wenn dies der Fall sein sollte, trotzdem nicht immer zu empfehlen ist. Wie auch immer das unerwünschte Annähern nämlich begründet ist: Zurückweichen führt meistens dazu, dass der Betreffende den Abstand durch einen Schritt nach vorn wieder minimiert. In der Folge steht der so Bedrängte schnell mit dem Rücken zur Wand oder an einem Möbelstück und sieht sich nun von beiden Seiten bedrängt, förmlich „in die Zange" genommen. Ein insbesondere für Führungskräfte noch viel entscheidenderer Grund ist allerdings: Zurückweichen bedeutet nichts anderes als:

„Ich überlasse Dir mein Territorium. Wenn Du in meinen Raum eindringst, dann weiche ich zurück. Nimm Dir also, was Du willst!" Jemandem das eigene Territorium auf diese Weise nicht nur kampflos, sondern dazu noch bereitwillig zu überlassen, ist keinesfalls geeignet, Respekt von anderen zu erhalten. Doch wie kann man sich verhalten? Es gibt mehrere Möglichkeiten, deren Anwendung allerdings davon abhängig ist, ob es sich um eine individuelle Eigenart, einen kulturellen Hintergrund oder um einen aggressiven und den Status des anderen ignorierenden Akt des „Invasoren" handelt.

Fuß vor

Sofern man bereits weiß, dass es sich um einen „Aufdrängler" handelt, stellt man rechtzeitig seinen Fuß eine Schrittlänge nach vorn. Auf diese Weise dehnt man seinen Platzbedarf aus, und die Intimdistanz beginnt nun bei der Spitze des vorgestellten Fußes. Natürlich gibt es derart penetrant aufdringliche Zeitgenossen, die auch dieses Signal noch ignorieren; doch in vielen Fällen wird es dazu führen, dass instinktiv ein größerer Abstand eingehalten wird.

Abbildung 2.8:   Eine Möglichkeit, allzu aufdringlichen Gesprächspartnern zu begegnen: Fuß nach vorn.

Hinsetzen

Hinsetzen bedeutet natürlich nicht, sich überrumpelt auf einen Stuhl plumpsen zu lassen. Falls die Situation es hergibt, bietet man selbstbewusst einen Platz am Tisch an und setzt sich dann einfach hin. Mit diesem selbstverständlichen Vorgehen zeigt man, dass man sich nicht aus der Ruhe bringen lässt. Dabei kann man zudem spontan entscheiden, ob man sich lieber gegenüber oder seitlich zueinander setzt.

Konfrontieren

Man wendet dem aufdringlichen Gegenüber seine Körpervorderseite mit hüft- oder schulterbreit auseinanderstehenden Füßen direkt zu und bietet ihm sozusagen die Stirn. Die begleitende Frage: „Kann ich etwas für Sie tun?" mit einem direkten Blick in die Augen kann dem „Aufdrängler" durchaus Respekt abnötigen. Kommt dann noch der „Hüftaufsitzer" dazu, mit dem man den nach vorn eingeengten Raum zur Seite ausgleicht, hat man klar dokumentiert: „Hier bin ich und hier bleibe ich!" Wer auf den Hüftaufsitzer verzichten möchte, sollte beachten, nicht instinktiv die Hände als schützende Barriere zwischen sich und den Aufdrängler zu bringen. Dies wäre in dieser Situation nämlich ein Signal von Schwäche.

Abbildung 2.9: Die direkte Konfrontation demonstriert Selbstbewusstsein.

Mund aufmachen

Nur wenige kommen auf die Idee, bestimmte Dinge einfach anzusprechen. Zugegeben: Vorgesetzten gegenüber ist es immer ein bisschen heikel, schließlich möchte man niemanden beleidigen und auch keinen Ärger riskieren. Doch trotz aller körpersprachlichen Möglichkeiten und um nicht missverstanden zu werden: Es ist nicht grundsätzlich falsch zurückzuweichen. Wenn es aus Höflichkeit, aus Bescheidenheit oder wie auch immer begründet, jedoch freiwillig geschieht, ist nichts dagegen einzuwenden. Doch es gibt Fälle, da hilft nur noch ein klares Wort. Und immerhin kann es ja sein, dass der andere sogar für einen Hinweis dankbar ist.

Bei einer aggressiven, den Status ignorierenden Invasion allerdings hilft eine intellektuelle Argumentation vermutlich herzlich wenig. Am besten greift man in solchen Fällen gleich auf eine der genannten Möglichkeiten zurück, die natürlich verbal unterstützt werden kann.

3 Körpersprachliche Signale

3.1 Gesten und ihre Interpretation

> „Wir haben keinen Dialog gebraucht,
> wir hatten Gesichter."
>
> *Billy Wilder, (1906 – 2002)*
> *amerikanischer Filmregisseur*

3.1.1 Worte sind Schall und Rauch

Noch einmal sei an dieser Stelle darauf hingewiesen, dass man vor der Interpretation von Körpersprache die unterschiedlichen Möglichkeiten ihrer Bedeutung berücksichtigen sollte. Eine gewählte Körperhaltung ist stets von der Situation, den beteiligten Personen und dem Verhältnis dieser Personen zueinander abhängig. Außerdem kommen kulturelle, soziale und individuelle Prägungen hinzu, aufgrund derer sich einer körpersprachlichen Aussage in mancherlei Hinsicht andere Bedeutungen zuordnen lassen. So mag ein Mann spanischer Herkunft sich nichts dabei denken, wenn er einer Frau für deutsche Verhältnisse ungewöhnlich nahekommt und ihr dabei sagt, wie attraktiv sie ist. Empfindet ihn die Dame nun als unverschämt aufdringlich, weil er ihre gewohnte Intimdistanz von ca. 60 bis 70 Zentimetern verletzt, tut sie ihm – zumindest hinsichtlich seiner eigentlichen Absicht – womöglich Unrecht. Denn für die Beurteilung der Person wäre hierbei eigentlich entscheidend, dass seitens des Herrn niemals die Intention bestand, aufdringlich zu sein. Aufgrund seines kulturellen Hintergrundes ist er sich deshalb womöglich überhaupt nicht bewusst, dass er soeben eine Grenze überschritten hat.

Interpretation von Körpersprache setzt die Kenntnis des Kontextes voraus, in dem sie stattfindet. Ein weiteres, hierfür gut geeignetes Beispiel sind verschränkte Arme. Die meisten Menschen halten dieses Signal für negativ und distanziert und glauben, es stehe für Skepsis, Ablehnung oder zumindest Zurückhaltung. Das stimmt nicht immer. Manchmal sind sie einfach Ausdruck situationsbedingter Passivität, zum Beispiel in einer Warteschlange oder an einer Bushaltestelle (ich muss warten und kann bis dahin nichts tun), als Zuhörer eines Vortrages (schließlich ist der Redner gerade aktiv) oder im Gespräch mit einem Bekannten (er erzählt, ich höre zu). Insbesondere letztes Beispiel kann aufgrund der fehlerhaften Interpretation der verschränkten Arme für Missverständnisse sorgen: Da unterhalten sich die Kollegen Sattmann und Kohlberg. Als Sattmann beginnt, von seinem Urlaub zu berichten, verschränken sich Kohlbergs Arme. Sollte Sattmann dieses Thema besser wieder beenden? Offenbar scheint Kohlberg keinerlei Interesse daran zu haben. Doch eigentlich sieht er doch ganz interessiert aus. Ist er vermutlich auch. Deshalb hat er auch die Arme verschränkt: Er hört interessiert zu, muss selbst nicht reden und signalisiert Dritten gegenüber: Ich möchte jetzt nicht gestört werden.

Anders ist es, wenn Kohlbergs Position derjenigen in **Abbildung 3.1 b** entspricht. Wer als Reaktion auf eine Aussage des Gesprächspartners die Arme verschränkt und sich zurücklehnt, geht vermutlich zu seinem Gegenüber oder dessen Position auf Distanz. Noch ein Signal, das die Interpretation zusätzlich absichert, kommt in diesem Fall hinzu: Der zur Seite zeigende Fuß, der andeutet, dass Kohlberg der Situation nicht voll zugewandt ist.

Verschränkte Arme können also durchaus ein negatives Signal senden, doch dies trifft nicht immer zu. Meist kommen weitere körpersprachliche Signale hinzu, die die abweisende Haltung nach außen verdeutlichen, zum Beispiel ein zurückgezogener Oberkörper, ein seitlich gestellter Fuß, zusammengezogene Augenbrauen oder eine verächtlich hochgezogene Oberlippe.

Abbildung 3.1:   a) Verschränkte Arme sind keinesfalls immer ablehnend. Dieser Herr hört interessiert zu.
b) Hier ist der Zuhörer (links) abwesend: Sein Fuß weist aus dem Gespräch heraus, seine Augen suchen jemanden oder etwas im Raum.

a)   b)

Beispiel 9: Nur Worte

Die folgenden Sätze stehen jeweils unabhängig voneinander. Achten Sie beim Lesen einfach einmal darauf, ob, und wenn ja, welche Bilder sich in Ihrer Vorstellung dazu entwickeln:

— Das kann doch wohl nicht wahr sein!

— Ich muss Ihr Gehalt kürzen.

— Ich erwarte eine Erklärung!

— Das kann schon mal passieren.

— Sie haben Ihre Abteilung nicht im Griff.

— Wieso sehen Sie mich so herausfordernd an?

— Denkst Du daran, mit dem Hund rauszugehen?

— Würden Sie heute Abend mit mir Essen gehen?

— Das muss ich mir nicht anhören!

— Sie machen Ihren Job hervorragend.

Nun blättern Sie um und betrachten Sie das gezeigte Foto:

Abbildung 3.2:   Sofern es eine Hierarchie zwischen diesen beiden gibt, wird sie in
                       diesem Bild nicht deutlich.

Lesen Sie die vorn aufgeführten Sätze nun erneut. Merken Sie, wie Sie plötzlich zu beurteilen versuchen, welcher davon zu dem Foto passt und welcher nicht? Der Grund liegt in
der Körpersprache der beiden Personen. Sie scheint manche Aussagen zu bestätigen, anderen jedoch zu widersprechen. Auch wird das Machtverhältnis zwischen dem Mann und
der Frau nicht deutlich. Beide könnten in einer Führungsposition sein. In eine hierarchische Struktur jedoch passen einige der Aussagen wiederum nicht hinein. Er könnte ein
Chef sein, der seiner Mitarbeiterin „von oben herab" einen Vortrag hält; doch vielleicht ist
sie die Vorgesetzte, die ihren Untergebenen zu sich zitiert hat und ihm nun hinter ihrem
Schreibtisch hervor „die Leviten liest"? Dagegen spricht, dass beide eine selbstbewusste,
dominante Körpersprache haben. Sein „Hüftaufsitzer" vergrößert den beanspruchten
Raum, er wirkt entrüstet, sogar angriffsbereit. Sein rechter Fuß zeigt an, dass er sich seinem Gegenüber nicht ganz zuwendet, er die Situation also vielleicht lieber verlassen und
sich ihr nur so lange wie unbedingt nötig widmen will. Ihre Körperhaltung ist aufrecht
und gerade, ihr Blick richtet sich furchtlos und klar auf ihn. Der Tisch wirkt hier nicht wie
ein Schutz, sondern mehr wie eine Distanz schaffende Barriere, von dem sie es überdies
nicht nötig zu haben scheint, sich zu erheben. Mit ihren Händen schließt sie sich gegen ihn
beziehungsweise seinen Standpunkt ab. Beider Körpersprache legt die Vermutung nahe,
dass sie hierarchisch gleichberechtigte Positionen innehaben. Jede einzelne dieser Gesten
hat für sich genommen eine Bedeutung. Doch erst die Kombination, der gesamte
Gestenkomplex im konkreten Zusammenhang, erlaubt eine situationsgerechte Einschät-
zung. Insgesamt also gilt: Auch wenn jedes noch so kleine Fingerzucken sicherlich eine
individuelle Bedeutung haben mag – Nervosität, körperliche Leiden, Muskelzuckungen,
Tics, vielleicht sogar Absicht: Wir sollten uns damit zufriedengeben, diese nicht immer
ergründen zu können. Das ist auch gar nicht nötig und birgt abgesehen davon die Gefahr
der Fehlinterpretation.

Doch bei aller Offenheit und dem stets wichtigen Hinweis, jede Interpretation mit der nötigen Seriosität und Vorsicht zu treffen: Körpersprache zu interpretieren, macht manchmal schlicht und einfach Spaß – und das darf auch so sein. Es muss schließlich nicht immer darum gehen, geheime Erkenntnisse zu gewinnen. Es kann auch interessant sein, etwas an sich oder anderen zu entdecken, was vielleicht ohnehin zu vermuten ist. Wer schon einmal an einem sonnigen Tag in einem Straßencafé gesessen und andere Gäste und Passanten etwas genauer bei ihren Verrichtungen beobachtet hat, wird wissen, was gemeint ist:

Man amüsiert sich über den armen Tropf, der bereits seit zehn Minuten mit immer intensiver werdendem Blick versucht, die Schöne am Nebentisch auf sich aufmerksam zu machen, ohne dabei zu bemerken, dass diese schon zum dritten Mal ihre Zeitung in seine Richtung hochhält und ihm buchstäblich die kalte Schulter zugedreht hat, was er jedoch als Hinweis deutet, sie nun erst recht dazu bringen zu müssen, endlich einmal „zufällig" in seine Richtung zu schauen.

Oder man beobachtet gespannt, wie ein Streit zwischen einem Paar eskaliert, der vermutlich relativ leicht zu verhindern gewesen wäre, wenn er nur wenige Sekunden früher eine andere Sitzposition eingenommen hätte.

Man sieht die Mutter, die ihr etwa fünfjähriges Kind mit offensichtlichen Ermahnungsgesten und schüttelndem Kopf etwas abschlagen will, während der Rest ihres Körpers aufgrund der Drehung und der Fußstellung bereits „Ja" sagt. Sehen Sie sie dann wenige Sekunden später umkehren, schmunzeln sie und wissen: Das hätten sie ihr vorher sagen können!

3.1.2   Unser Körper - von oben nach unten

Dieses Kapitel widmet sich den Gesten und körpersprachlichen Signalen des Alltags, die uns im privaten und beruflichen Umfeld begegnen. Der Schwerpunkt liegt dabei zwar weitgehend auf einer geschlechtsunabhängigen Interpretation, doch natürlich gibt es auch bei den hier genannten Gesten unterschiedliche Häufigkeiten in der Anwendung bei Mann und Frau. Den überwiegend männlichen und weiblichen Körpersignalen sowie den geschlechtspezifischen Unterschieden wenden wir uns dann im anschließenden Kapitel näher zu.

Die Augen

Wenn kleine Kinder sich verstecken wollen, halten sie sich einfach die Augen zu. Sie glauben, nichts zu sehen, gehe damit einher, selbst nicht gesehen zu werden. Sind diese Kinder später größer, verstecken sich einige von ihnen hinter verspiegelten Sonnenbrillen und versuchen auf diese Weise, einen Teil ihres Charakters zu verbergen. Auf Fotos werden Menschen entfremdet, indem man ihre Augen mit einem schwarzen Balken versieht. Tatsächlich ist die Augenpartie ein starkes Merkmal, mittels dessen Bedeckung Menschen anonymisiert werden. Auch wenn in unterschiedlichster Literatur oftmals der Eindruck erweckt wird, Augensignale ließen sich ohne Weiteres einem Gefühl zuordnen, („Zorn flammte in ihren Augen auf", „tiefe Liebe sprach aus ihrem Blick", „sein Blick war angsterfüllt", „Hass stieß ihr aus seinen Augen entgegen" usw.): Das Erkennen von Gefühlen und Stimmungen allein mittels der Augen ist nicht immer einfach, weshalb sie sich im Zusammenhang mit weiteren (mimischen) Signalen wesentlich leichter bewerten lassen.

Ein gerader, ruhiger Blick mit normal geöffneten Augen, verbunden mit einem Lächeln, sendet ein Signal von Stärke, Offenheit und Geradlinigkeit. Verengte Augen und ein vorgeschobener Unterkiefer wirken aggressiv und angriffslustig. Neigt sich der Kopf beim freundlich-direkten Blick zur Seite, hört man uns vermutlich aufmerksam zu. Ein unruhiger Blick kann – je nach Situation – ängstlich, schüchtern oder unaufmerksam wirken. Verengte Augen in Kombination mit zusammengezogenen Augenbrauen und verspanntem Unterkiefer wirken zornig und angriffslustig, ohne Kieferanspannung kann es sich jedoch auch um einen skeptischen Zeitgenossen handeln, der sich durch die verengten Augen einen besseren Überblick verschaffen will. Das bietet sich auf diese Weise an, da sich durch die Reduzierung des Lichteinfalls die Pupillen weiten und man tatsächlich etwas besser und schärfer sehen kann. Der scheue, schüchtern nach unten gerichtete Blick vermittelt den Wunsch nach Zurückgezogenheit, wohingegen der Blick von oben herab buchstäblich auf Herablassung und Hochmut hinweist. Im Allgemeinen wirkt ein offener, klarer Blick in die Augen sympathisch. Er ist ein Ausdruck von Wertschätzung, Respekt und Höflichkeit, die man anderen Menschen generell entgegenbringen sollte.

Abbildung 3.3:   a) Ein vertrauenswürdiger, sympathischer Blick
                       b) Ein aufmerksamer Zuhörer
                       c) Der Ärgerliche ...

 a)   b)   c)

Abbildung 3.4: a) ... und – ohne Kieferanspannung – der Skeptiker
b) Während er hier scheu ist und zurück gezogen wirkt ...
c) ... ist er hier hochmütig und herablassend

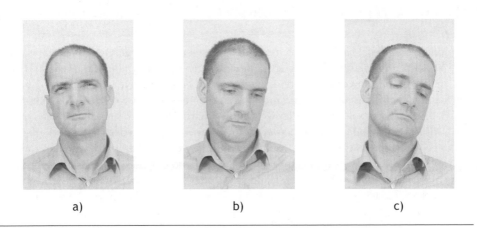

a)   b)   c)

Augen schaffen oder überbrücken Distanzen. In engen Räumen, beispielsweise in Fahrstühlen, oder in Situationen, in denen die Distanz notwendigerweise verringert wird, etwa bei medizinischen Behandlungen und Untersuchungen, reagieren wir meist mit dem Senken des Blickes. Im Fahrstuhl schauen wir einander nicht an; die Enge des Raumes wird durch die Vermeidung des Blickkontaktes kompensiert.

Das gilt auch in überfüllten Bussen und U-Bahnen. In anderen Fällen wiederum nutzt man Blicke, um Distanzen zu überbrücken, zum Beispiel beim Flirten.

Lehrer, Trainer, Referenten – jeder, der vor anderen auftritt, der Menschen unterrichtet oder trainiert, wird zu einem wesentlichen Teil danach beurteilt, ob er seine Teilnehmer oder Schüler anschaut. Umgekehrt ist mangelnder Blickkontakt ein ebenso wichtiges körpersprachliches Signal. Wie so oft muss man auch hier zwischen verschiedenen, situationsabhängigen Varianten unterscheiden. Schaut eine Person ihren Gesprächspartner gar nicht erst an beziehungsweise wendet ihren Blick schnell wieder ab, kann das Folgendes bedeuten:

■ Ihr Gegenüber ist für sie vollkommen uninteressant.

Erscheint uns etwas oder jemand eines Blickes nicht wert, entziehen wir ihm unsere Achtung dadurch, dass wir ihn nicht oder nur sofern unbedingt nötig anschauen. Ablehnung geht meist mit einem geringstmöglichen Blickkontakt einher.

■ Sie befürchtet, ihr Gegenüber zu reizen.

Ängstliche und schüchterne Menschen senken ebenfalls den Blick. Sie vermeiden den direkten Blickkontakt aufgrund ihres geringen Selbstbewusstseins oder weil sie befürchten, die Aufmerksamkeit auf sich zu ziehen und ihr Gegenüber möglicherweise zu einer aggressiven Handlung zu animieren. In Gefängnissen gilt die Regel, Blickkontakt möglichst zu vermeiden, um Mitgefangene durch das Eindringen mittels Blicken in deren „Intimdistanz" nicht zu provozieren.

■ Sie hat bis eben in Gedanken versunken einfach nur ins Leere geschaut und kehrt nun zurück.

Jeder von uns hat sicher schon einmal mit „glasigem" Blick irgendwohin gestarrt, ohne tatsächlich zu registrieren, was vor unseren Augen passiert. Dabei waren wir so sehr in unsere Gedanken versunken, dass wir gar nicht bemerkten, wie wir in Richtung unseres Nachbartisches blickten und man sich dort bereits fragte, was wir wohl wollten. Sobald man aus seiner Gedankenwelt zurückkehrt, findet man sich schnell wieder in sein reales Umfeld ein und entlastet die anderen vom nun wieder klaren Blick. Begleitend zu einem „glasigen Blick" kann man mitunter die Wiederholung von Fall zu Fall unterschiedlicher Bewegungen beobachten: Während der eine mit dem Fuß wippt, streicht der andere sich über die Hand, ein Dritter schnippt mit dem Finger. Oft haben die Betreffenden mit diesen Bewegungen bereits begonnen, bevor sie in die Gedankenwelt abgetaucht sind, und setzen sie dann unbewusst fort.

Abbildung 3.5:   Schaut er uns an oder nicht? Vermutlich ist er in Gedanken verloren.

■ Sie weiß, was sich gehört, und möchte niemanden belästigen.

Wer andere mit Blicken unter „Dauerfeuer" nimmt, belästigt diese, denn es stellt einen Eingriff in die Privatsphäre dar. Wer sich das nicht bewusst macht, darf sich nicht wundern, wenn er verärgerte Reaktionen provoziert.

■ Sie verbirgt den Blick auf das eigene Innere.

Mitunter kann uns das aus unseren Augen sprechende Gefühl verraten. Wollen wir dies vermeiden, vermeiden wir daher auch den direkten Blickkontakt. Dies gilt zumindest bei Menschen, die uns kennen und denen wir eine Interpretation unseres Blickes zutrauen.

So wird ein Mann, der in eine Frau verliebt ist, die dieses Gefühl jedoch nicht erwidert, in bestimmten Situationen vermeiden, sie direkt anzusehen, um nicht durch die mögliche Offenbarung seiner Gefühle eine unangenehme Situation heraufzubeschwören.

Der Mund

Wer den Mund schließt, möchte nicht (mehr) sprechen (siehe **Abbildung 3.6 a** und **b**). Wer einem Gesprächspartner gegenüber deutlich machen möchte, dass er keine weiteren Information benötigt, sollte dies sagen und dann den Mund schließen. Bleibt der Mund danach nämlich geöffnet, erkennt ein geübter Gesprächspartner schnell, dass man nach wie vor zu einem Austausch zu diesem Thema bereit ist. Je nachdem, in welcher räumlichen Position man sich befindet, lässt sich die abschließende Wirkung verstärken, indem man einen Fuß in Richtung des Gesprächspartners stellt und einen klaren direkten Blick sendet, der die Ernsthaftigkeit des gesprochenen Wortes bekräftigt.

Abbildung 3.6:   a) Kein unsympathischer Blick. Doch einen Grund für ein Gespräch sieht dieser Herr hier offenbar nicht.
b) Anders auf diesem Bild: Der Mund signalisiert Gesprächsbereitschaft.

a)   b)

Umgekehrt erkennt man daran, dass jemand, der seinen Mund öffnet, etwas sagen möchte, noch bevor er mit dem Sprechen beginnt. Generell zeigt sich unsere Körpersprache oftmals schon, bevor begleitende oder erklärende Worte gesprochen werden. So deutet die Körpersprache an, dass man vom Stuhl aufstehen und gehen will, noch bevor man sagt: „Es wird Zeit, ich muss los."

Der geöffnete Mund begegnet uns auch im Zusammenhang mit Angst, Überraschung, Erschrecken sowie Anstrengung. In letzterem Fall wird meist die Luft durch den Mund eingesogen, um auf diese Weise schneller zu Atem zu kommen.

Das Lächeln

Es gibt sehr verschiedene Formen des Lächelns. Einerseits ist es weltweit das deutlichste Zeichen für Freundlichkeit, Sympathie und Zuneigung, andererseits gilt es, zwischen einem emotional aufrichtigen, wohlgesinnten und einem andersartig begründeten Lächeln zu unterscheiden. Echtes Lächeln ist ein Signal, mit dem man sagt: „Ich bin nicht gefährlich, ich will Dir nichts tun, sondern bin aufgeschlossen und an einem angenehmen Kontakt interessiert." Generell lächelt ein zurückhaltender Mensch eher mit geschlossenem Mund, kommunikative Personen haben ihn vermutlich geöffnet, um leichter ins Gespräch zu kommen.

Bei einem falschen Lächeln sind die sogenannten „Krähenfüße", die Falten, die sich beim Lächeln in der Partie um die Augen herum bilden, nicht erkennbar. Es wird sowohl mit geöffnetem Mund (zum Beispiel von Prominenten, die sich für häufig zu erwartende Fotoaufnahmen wappnen) wie auch mit geschlossenem Mund angewandt. Im Alltag findet diese Variante unter anderem Anwendung, wenn wir im Vorbeigehen einen entfernten Bekannten grüßen. Mit dem Tagesgruß ziehen wir mechanisch die Mundwinkel nach oben. Dabei lassen wir den Mund meist geschlossen, weil wir in dieser Situation üblicherweise kein Gespräch „riskieren" wollen. (Viele von uns kennen sicher die Befürchtung, dass wir gar nicht wüssten, was wir mit diesem „Bekannten" reden sollten.)

Ein echtes Lächeln erkennt man unter anderem daran, dass es langsamer vom Gesicht verschwindet als ein falsches. Letzteres setzen wir förmlich nach Bedarf auf und ab, was, da keine innere emotionale Beteiligung besteht, mechanisch geschieht.

Trotzdem das unechte Lächeln oft als solches erkannt wird, ruft es bei unserem Gegenüber meist die gleiche Reaktion hervor und kann so dennoch eine positive Wirkung haben: Auch ein mürrisch dreinblickender Zeitgenosse wird Ihnen nämlich in so gut wie allen Fällen zumindest aus Höflichkeit ein Lächeln zurücksenden. Für den weiteren Kontakt kann diese Geste eine wichtige Grundlage sein!

Der Oberkörper

Interesse und Abneigung, Nähe und Distanz werden durch Stellung und Bewegung des Oberkörpers deutlich. Vom Schulhof kennt man die Körpersprache des aufgeblasenen Fatzkes, der sich mit geschwellter Brust, erhobenem Kopf und nach vorn stoßendem Kinn (Zeichen für Aggression und Zorn) vor einem anderen aufbaut und diesem Schläge androht (siehe **Abbildung 1.5 a**).

Das verliebte Paar im Restaurant wendet sich einander mit Gesicht und vorgeneigtem Oberkörper zu.

Ein Kunde, der sich von einem Angebot zurückzieht, signalisiert dies durch den Rückzug seines Oberkörpers. Doch Vorsicht – auch hier müssen weitere Signale zur Wertung hinzu gezogen werden: Ist beispielsweise der Kopf dabei zur Seite geneigt und sind die Augenbrauen beim Rückzug nach oben gezogen, hat unser Gesprächspartner vielleicht gerade etwas gehört, das ihn interessiert, und worüber er sich zunächst einen Überblick verschaffen will, weshalb er sich zurücklehnt. Gegebenenfalls wird diese Haltung von einem auf der Lehne ausgebreitetem Arm unterstützt. Auf diese Weise macht man es sich für die erwartete Zeit des Zuhörens und Überlegens bequem und markiert gleichzeitig sein augenblickliches Revier.

Abbildung 3.7: Sie präsentiert ihr Gesicht, er ist mit der Hand gleich bei ihr. Beide neigen sich einander zu – sie drücken ihre Zuneigung aus.

Abbildung 3.8: Der Rückzug des Oberkörpers muss kein Rückzug von der Sache sein. Er kann auch dazu dienen, sich einen besseren Überblick zu verschaffen.

Die Arme

Wenn wir die Arme bewegen, folgen ihnen unsere Hände zwangsläufig und bewegen sich mit; umgekehrt gilt dies nicht. Reine Handbewegungen nehmen zudem weniger Raum ein. Die hier vorgestellten Gesten haben ihren Ursprung in der Aktivität der Arme, wobei manche Signale ihre Bedeutung erst durch den zusätzlichen Einsatz der Hände erhalten.

Abbildung 3.9: a) Auch wenn er nicht nervös wirkt: Einen kleinen Schutz geben ihm die Hände, die sich aneinander halten und als kleine Barriere dienen, offenbar dennoch.

b) Selbstsicher steht der Moderator vor seinem Publikum. Die Hände ruhen ineinander – irgendwo müssen sie ja hin.

a) b)

Steht eine Person passiv vor einem Publikum, beispielsweise, während sie diesem vorgestellt wird, können wir oft beobachten, dass sie ihre Hände mit dem Handrücken nach vorn, wie eine Sperre vor der Körpermitte zusammenführt. Diese aus dem Männerfußball bekannte „Freistoßposition" deutet auf eine gewisse Unsicherheit hin, die Hände bilden so eine Barriere. Im Gegensatz dazu steht die „Moderatorengeste", die wir häufig bei Fernsehmoderatoren sehen können: Dabei liegen die beiden Hände ruhig mit nach oben geöffneten Handflächen ineinander.

Eine ebenfalls häufig anzutreffende Geste sind die hinter dem Rücken zusammengeführten Hände. Die Interpretation dieser Armgeste hängt sowohl davon ab, in welcher Weise die Hände zusammengeführt werden, als auch davon, welche weiteren Gesten sie begleiten. Liegen sie ineinander, werden damit Ruhe und Gelassenheit ausgedrückt; es ist die sogenannte „Seniorengeste", die symbolisch für einen älteren Herrn steht, der auf diese Weise gemächlichen Schrittes spazieren geht und der mit seiner ungeschützten Körpervorderseite signalisiert, dass er keinen Angriff fürchtet. Ein auf diese Weise vor einem Schülerpult stehender Lehrer, der zusätzlich auf seinen Fußballen auf und ab wippt, hat seinen Schüler vermutlich gerade beim Abschreiben erwischt.

Abbildung 3.10: Auch hier sind die Hände entspannt. Sie ruhen hinter dem Rücken ineinander, lassen die Körpervorderseite ungeschützt und zeigen so: Ich fürchte keinen Angriff.

Soldaten stehen ebenso mit militärisch stramm hinter dem Rücken zusammengelegten Händen auf dem Appellplatz wie Mitarbeiter von Sicherheitsdiensten vor Einkaufszentren und Geldinstituten. Gleichzeitig gewährleisten ihre schulterbreit auseinanderstehenden Beine einen festen Stand, mit dem sie Unverrückbarkeit, Ausdauer und Durchhaltevermögen demonstrieren.

Blickt ein Beobachter allerdings von vorn auf eine Person, die ihre Hände hinter den Rücken nimmt, kann ihm leicht entgehen, dass die Hände nicht ineinander liegen, sondern eine Hand das Handgelenk der anderen umschließt. Hier hat sich der Betreffende bereits ein gutes Stück von der Selbstsicherheit entfernt, denn dies ist ein Signal für Unsicherheit oder Anspannung. Man hält sich an sich selbst fest. Eine Steigerung ist der Griff an den eigenen Oberarm: Diese Haltung sieht nicht nur sehr verkrampft aus; hier haben Anspannung oder Ärger inzwischen ein hohes Maß erreicht.

Abbildung 3.11: a) Die Gelassenheit ist nicht ganz so groß. Die rechte Hand hält die
linke zurück.

b) Die Spannung ist stark gestiegen. Diesen Griff sieht man fast
ausschließlich bei Frauen.

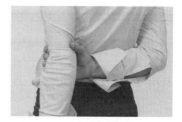

a)   b)

Die locker neben dem Körper herabhängenden Arme vermitteln Gelassenheit. Aktivität ist
momentan nicht erforderlich, kann aber jeden Augenblick begonnen werden. Vorausgesetzt, der Körper steht aufrecht und Schultern und Kopf sind gerade und hängen nicht
schlaff nach unten, vermittelt jemand auf diese Weise einen positiven Eindruck, der durch
einen offenen, freundlichen Blick noch unterstützt wird.

Abbildung 3.12: Ungeschützt, selbstbewusst, positiv, entspannt wartet er auf seinen Einsatz.

Unser Körper passt sich in seinen Aussagen stets unseren Absichten an beziehungsweise kündigt diese mitunter sogar einen kurzen Moment vorher an, indem die Geste schon begonnen wird, noch bevor man spricht. Jemand, der mit verschränkten Armen vor einer Gruppe von Kollegen steht und sagt: „Dann wollen wir mal anfangen", dabei jedoch seine Arme nach wie vor verschränkt hält, hält es allenfalls für eine gute Idee, wenn seine Kollegen anfangen – er selbst hat nämlich ganz offensichtlich nicht die Absicht, dies zu tun. Gleiches gilt für die in die Hosentaschen gesteckten Hände.

Abbildung 3.13: a) In Gegenwart von Kunden ist diese Haltung nicht zu empfehlen. Wer so steht, hat offensichtlich nichts zu tun.

b) Verschränkte Arme sind bei Frauen häufiger Ausdruck der Suche nach Schutz, wie zum Beispiel vor Kälte.

a)   b)

Wollen wir aktiv werden, müssen wir zwingend die passive Position unserer Arme und Hände auflösen. Ein Mitarbeiter, der in Gegenwart von Kunden mit den Händen in der Hosentasche auf dem Werksgelände steht, vermittelt allenfalls ein prima Pausengefühl, jedoch nicht den Anschein von Einsatzfreude. Als Empfehlung gilt: In bestimmten Situationen, etwa im Umgang mit Kunden oder Geschäftspartnern, sollte man darauf verzichten, die Hände in die Taschen zu stecken oder die Arme zu verschränken. Schon aufgrund der vorherrschenden Meinung wird Letzteres meist als abweisend eingestuft. Einen kleinen Unterschied gibt es in der Anwendung bei Männern und Frauen: Während Männer es generell häufiger als abweisendes Signal einsetzen, symbolisiert es bei Frauen stärker den Wunsch nach Schutz. Es ist die typische „Frauen-frieren"-Geste. Sie nehmen sich auf diese Weise sozusagen selbst in den Arm.

Wer die Hände in die Hüften stemmt, vergrößert mit seinen nach außen ragenden Ellbogen das beanspruchte Territorium. Diesen „Hüftaufsitzer" setzen wir ein, wenn wir uns über etwas oder jemanden empören. Mit dem erweiterten Platzbedarf verlangen wir, gehört und respektiert zu werden, die verletzlichen Organe liegen frei, der Brustkorb hebt sich an.

Abbildung 3.14: a) Dieser Auftritt fordert ganz selbstverständlich eine Reaktion.
b) Mitunter möchte man sich mit dieser Geste selbst den Rücken stärken. In anderen Situationen ist sie einfach Ausdruck von Bequemlichkeit – ohne besonderen Anlass.

a)   b)

Diese Geste wird jedoch auch genutzt, um Unsicherheit zu kaschieren: Wenn man spürt, dass der Gesprächspartner dominant ist, dies jedoch nicht zu erkennen geben will, begibt man sich in diese Position, um zu zeigen, dass man sich den Raum nimmt, von dem man glaubt, er stehe einem zu. Doch unsere Körpersprache verrät uns auch hier: in einem solchen Fall entweder durch den gleichzeitig zurückgelehnten Oberkörper oder dadurch, dass die Hände weniger in den Hüften als vielmehr im hinteren Lendenbereich aufgesetzt werden, so als wollte man sich selbst den Rücken stärken.

Die Hände

Neben unserer Mimik senden unsere Hände die wohl vielfältigsten und auffälligsten Signale. Im Bedarfsfall ersetzen wir mit ihnen sowohl gedruckte Schrift wie auch die Verbalsprache. Blindenschrift wäre ohne sie nicht les-, Gebärdensprache nicht vorstellbar. Selbst Menschen, die blind, taub und stumm sind, verständigen sich über eine durch Berührung und Tastsinn funktionierende Kommunikation. Unsere Fingerspitzen sind mit unserem Gehirn durch mehr Nervenbahnen verbunden als jedes andere Körperteil. Sie ermöglichen uns, Wärme, Kälte, Strukturen und Materialien allein anhand von Berührungen zu erkennen. Mittels dieser Verbindungen wird natürlich nicht nur die bewusste, sondern es werden auch zahlreiche unbewusste Bewegungen übertragen, anders ausgedrückt: Unsere Gefühle zeigen sich durch unsere Hände. Mit ihnen schützen wir uns, holen heran, weisen von uns, halten fest, wägen ab, bauen Barrieren auf oder reißen sie nieder. Sie verraten, ob wir ehrlich oder unehrlich, wütend oder gut gelaunt, desinteressiert oder aufgeschlossen sind, sie unterstreichen, heben hervor, unterdrücken, halten unten, loben, strafen, drohen, öffnen und verschließen. Sie sind wohl unsere „geschwätzigsten" Körperteile, denn an ihnen erkennt man, ob wir aufgeschlossen, ängstlich, zurückhaltend, skeptisch, befehlend oder bittend auftreten.

Wollen wir uns ein Urteil über jemanden bilden, liefern uns seine Hände mitunter deutlichere Anhaltspunkte als seine Worte. Bei Vorträgen wird dies besonders deutlich: Ungeübte und aufgeregte Redner wissen oft nicht, wohin mit ihren Händen. Nervös und fahrig fuchteln sie entweder mit ihnen herum, verkneten die Finger ineinander, stecken sie vorn oder hinten in die Taschen, reiben die Handinnenflächen aneinander, pressen sie an die Außenseite ihrer Oberschenkel oder klicken mit einem Kugelschreiber.

Nach oben geöffnete Hände wirken tendenziell positiv und aufrichtig, nach unten weisende, bedeckende Handflächen vermitteln einen eher negativen Eindruck. Werden die Gesten dann noch unterhalb der Gürtellinie ausgeführt, wird die negative Wirkung maximal verstärkt, so wie bei der Geste in **Abbildung 3.15 a**, mit der man andeutet, dass man etwas auf unrechtmäßige Weise beiseiteschaffen möchte. Auch **Abbildung 3.15 b** zeigt, dass der Anwender mit seiner wegwerfenden Handbewegung einen für ihn scheinbar bedeutungslosen Vorgang beiseitewischt. Als Gerhard Schröder im Kanzlerduell gegen Edmund Stoiber im September 2002 über die Arbeitslosenquote sprach und dabei diese Handbewegung machte, zeigte er damit vielleicht nicht unbedingt an, dass ihn dieses Thema nicht interessiert; wohl aber, dass er zumindest nicht darüber sprechen wollte. Verständlich, wenn man bedenkt, dass es genau dieses Thema war, an dem er sich bei seiner Wiederwahl hatte messen lassen wollen.

Abbildung 3.15: a) Gesten unterhalb der Gürtellinie sind negativ besetzt.

b) Wer etwas auf diese Weise wegwirft oder beiseite wischt, sollte dabei nicht über ein wichtiges Thema sprechen.

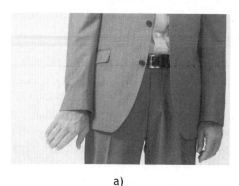 

a) b)

Führt jemand seine Hände auf diese Weise zusammen (siehe **Abbildung 3.16**), sendet er ein ablehnendes Signal und will Gefühle nicht nach außen dringen lassen. In dieser Position bilden die Hände eine Barriere, die wir erst öffnen sollten, bevor wir uns ein „Ja" von unserem Gegenüber erhoffen dürfen. Die Akzeptanz unseres Standpunktes wird sich als schwierig erweisen, solange die Hände ein „Durchkommen" unmöglich machen.

Abbildung 3.16: Möchten wir die hier errichtete Barriere überwinden, müssen wir den Herrn dazu bringen, seine Hände zu öffnen.

Beim Dach hängt die Interpretation von der Richtung ab, in welche die Fingerspitzen weisen, und davon, welche anderen körpersprachlichen Signale im Umfeld auftauchen. Das nach oben gerichtete Dach unterstützt uns meist beim Nachdenken oder Formulieren eigener Ansichten und Meinungen, richten wir es nach unten, hören wir anderen zu, eine Geste, die häufiger bei Frauen als bei Männern zu beobachten ist. Das nach vorn auf das Gegenüber gerichtete Dach kann auf eine Ablehnung des anderen oder dessen Meinung hindeuten oder anzeigen, dass man die Äußerungen des anderen noch nicht ganz verstanden hat.

Abbildung 3.17: a) So kennen wir es von Frau Merkel: Das nach vorn gerichtete Dach.
b) Auf diese Weise denken wir nach oder – mit Blick auf unseren Gesprächspartner – formulieren eigene Gedanken und Ansichten.
c) An den nach außen weisenden Handrücken laufen andere Ansichten an uns vorbei.

a) b) c)

Die meisten Menschen kennen diese Geste als das „Merkel-Dach" unserer Bundeskanzlerin, ebenso wie die „Grenzgeste", die ebenfalls ein häufig bei ihr zu beobachtendes Signal ist, mit dem sie einen klaren Rahmen vorgibt sowie Grenzen und Schlusspunkte setzt (siehe **Abbildung 3.18**). Da Frau Merkel im Licht der Öffentlichkeit steht und weiß, dass sie unter fortwährender „Beobachtung" steht, sollte die Bedeutung des Dachs bei ihr durchaus hinterfragt werden. Natürlich kann sie damit zum Ausdruck bringen, dass sie die Meinung eines Gesprächspartners nicht akzeptieren will; denn mit dem Dach lässt sie diese rechts und links an sich vorbeilaufen. Doch da sie es in zahlreichen Situationen anwendet, kann dies nicht der – ausschließliche – Grund sein. Vielleicht hat jemand sie darauf hingewiesen, dass es sich bei dieser im Stehen ausgeführten Bewegung leichter mit durchgedrücktem Rücken und damit aufrechter stehen lässt? Immerhin ist dies ein Signal, welches in der Politik nicht unangebracht ist, insbesondere, wenn man ein Land führt. Eine andere Möglichkeit ist, dass sie sich auf diese Weise sammelt: Die linke Hand ist die Gefühlshand, die rechte steht für den Verstand. Führt man beide zusammen, ist man ganz bei sich. Oder sie macht diese Geste schlicht deshalb, weil sie dann keine anderen, eventuell nervösen Bewegungen mit ihren Händen machen kann.

Abbildung 3.18: Hier wird der Rahmen beziehungsweise der Spielraum abgesteckt und vorgegeben. „Bis hierhin und nicht weiter, ist das klar?"

Für die Dachgeste gilt, dass sie sowohl positiv als auch negativ wirken kann. Deswegen sollte jemand mit verhandlungsorientiertem Interesse die begleitenden Gesten genau beobachten: Sind diese mehrheitlich positiv, dürfen wir das Dach ebenso bewerten, sind sie tendenziell zurückhaltend und reserviert, sollten wir vorsichtig mit einer positiven Interpretation des Daches sein.

Als Johann Schwenn, der Anwalt von Jörg Kachelmann, in der Sendung „Markus Lanz" am 31. Mai 2011, dem Tag der Urteilsverkündung, auftrat, wechselten seine Hände mehrfach zwischen dem „Dach" und der abwehrenden „Igelposition" mit nach oben weisenden Daumen (Dominanz). Schwenns gesamtes Auftreten war denn auch unzweifelhaft und durchweg eine Mischung aus Abwehr und Selbstüberzeugung. Er brachte diese Ablehnung jeder Kritik an dem Urteil, an seiner und Kachelmanns Person sowie seinem Verhalten während des Prozesses entgegen.

Abbildung 3.19: Der „Igel" wehrt ab, die nach oben gerichteten Daumen zeigen Selbstbewusstsein und Dominanz.

Der Handgruß

Der Handgruß ist innerhalb vieler Kulturen, auch der deutschen, der einzige „erlaubte" Körperkontakt zwischen Menschen außerhalb eines familiären oder freundschaftlichen Kontextes. Auch wenn er zu den Standards im privaten und beruflichen Alltag gehört, sollte man seine Bedeutung dennoch nicht unterschätzen.

Aufgrund der Art, mit der uns unser Gesprächspartner die Hand reicht, bietet er uns damit die Gelegenheit, mehr über ihn zu erfahren. Die Art, wie jemand mit seinen Händen „hantiert", sagt einiges über ihn aus. Ist der Griff fest, locker oder unnatürlich lasch? Wieso sollte man annehmen, es mache keinen Unterschied, ob uns jemand bei der Begrüßung vor lauter Herzlichkeit fast den Arm auskugelt oder ob er die Hand mit einem kurzen und unverbindlichen Nicken einmal auf und ab schüttelt und dann sofort wieder loslässt? Zwei solch unterschiedliche Vorgehensweisen sollten nicht gleichermaßen beurteilt und die Personen nicht auf dieselbe Weise behandelt werden.

Darüber hinaus sammeln wir beim Handgruß weitere Eindrücke über unser Gegenüber. Hat jemand raue Hände oder weiche? Sind die Finger und Fingernägel gepflegt oder rissig? Einen ganz besonders schlechten Eindruck hinterlässt leicht, wer zu feuchten Händen neigt: Nahezu jeder beschreibt den Griff in eine schwitzige Hand vermutlich schlicht als widerlich. Und auch wenn Menschen, die einen feuchten Händedruck haben, natürlich nicht ungepflegter sind als andere, möchte dennoch niemand ein zweites Mal in eine klebrige Hand fassen. Der Gedanke „dem/der möchte ich um Himmels Willen nicht noch mal die Hand geben müssen", schafft ungewollt ein Gefühl der Ablehnung. Wer also weiß, dass er, oft aus Gründen eines niedrigen Blutdrucks oder stoffwechselbedingt, zu feuchten Händen neigt, sollte sich unbedingt die Hände waschen oder abwischen, bevor er jemanden begrüßt, und nicht davon ausgehen, dass man ihn auf das unangenehme Gefühl hinweist.

Der ausgewogene Händedruck

Er räumt beiden Seiten Gleichberechtigung ein: Beide Hände liegen gleichmäßig ineinander, der Druck ist fest und bestimmt, ohne unbeherrscht oder schlaff zu wirken. Begleitet wird er von einem klaren Augenkontakt und einem Lächeln. Er ist eine gute Grundlage für einen auf Fairness und gegenseitiger Wertschätzung basierenden Austausch.

Abbildung 3.20: Ein fairer Händedruck; er bringt Respekt und Ausgewogenheit zum Ausdruck.

Der herzliche Schüttler

Derjenige, der unsere Hand herzlich umgreift, voll in den Händedruck einsteigt und uns mit einem freundlichen, aufrichtigen Lächeln begrüßt, scheint sich wirklich zu freuen, uns zu sehen. Er bewegt seine Hand beim Gruß viele Male hin und her und symbolisiert mit jedem Auf und Ab ein weiteres Argument, das er zu erörtern bereit ist. Mitunter kommt bei dieser Variante eine leichte Berührung des Armes durch die andere Hand hinzu, eine Geste, die zwar einerseits besitzergreifend wirken kann, in Kombination mit aufrichtiger Freude jedoch keinen Grund zur Besorgnis liefert. Lässt er die Hand allerdings gar nicht mehr los, kann sich ein ganz anderer Eindruck breitmachen, nämlich, dass jemand die Kontrolle über uns haben möchte und uns mit seinem „Klebegriff" in unseren Aktionsmöglichkeiten einschränkt.

Der verbindliche, knappe Gruß

Ein fester verbindlicher Griff, ein kurzes Schütteln, verbunden mit einem unverbindlichen Nicken und einem ebensolchen Lächeln; der knappe Gruß deutet auf einen zielgerichteten

Menschen hin, der auf den Punkt kommt. Verkäufer, die auf diese Weise begrüßt werden, sollten im Sinne ihres Gesprächspartners nicht überstürzt, aber zügig auf den Punkt kommen und sich nicht in endlosen Argumentationen verstricken. Der verbindliche, knappe Gruß deutet auf Entschiedenheit und Entschlusskraft hin, ein Informationsüberschuss ist nicht nötig, lediglich bei Bedarf können weitere Angaben zur Verfügung gestellt werden.

Die schlaffe Forelle

Die „schlaffe Forelle" ist ein Handgruß ohne jede Energie. Schlaff und leblos vermittelt sie entweder ein hohes Maß an Desinteresse oder mangelnder Entscheidungsfreude und -fähigkeit. Wie man den Unterschied erkennt? Stellen Sie die betreffende Person vor eine Entscheidung, zum Beispiel, wohin sie sich setzen möchte, und beobachten Sie die Reaktion: Kommt die Antwort zügig und selbstbewusst oder haben Sie das Gefühl, Ihr Gegenüber benötigt Unterstützung bei der Wahl des Platzes? Dann haben Sie es vermutlich mit jemanden zu tun, der dankbar ist, wenn Sie ihm die eine oder andere Entscheidungshilfe an die Hand geben. Üblicherweise wird ein solcher Mensch durch weitere Signale der Unentschlossenheit auffallen, beispielsweise einen unsteten Blick, ein unsicheres Lächeln sowie durch Gesten der Zurückhaltung und Distanz.

Die schlaffe Forelle ist im Geschäftsbereich eher selten, wenn, dann jedoch häufiger bei Frauen anzutreffen.

Abbildung 3.21: Desinteresse oder mangelnde Entscheidungsfreude zeigt die „schlaffe Forelle" (links). Ist die Hand dann auch noch kalt und feucht ...

Der Fingerbrecher

Ungestüme, unbeherrschte Charaktere wenden diesen Handgruß an. Es fehlt ihnen an Feingefühl und Gespür für das Befinden anderer. Der eine oder andere, der sich dieser schmerzhaften Begrüßung jeden Tag ausgesetzt sieht, mag sich fragen, was man dagegen tun kann. Körpersprachlich gibt es jedoch keinen Weg, sich dem Fingerbrecher dauerhaft zu entziehen. Lediglich der direkte, wenn auch diskrete Hinweis mag den einen oder anderen „Rüpel" dazu animieren, in Zukunft etwas rücksichtsvoller zuzugreifen.

Abbildung 3.22: Der „Fingerbrecher" ist besonders unangenehm, wenn Ringe im Spiel sind.

Der gestreckte Arm

Beim normalen Gruß reicht man sich die Hände mit leicht gebeugtem Arm. Der dabei entstehende Abstand entspricht in etwa der üblichen Intimdistanz. Jemand, der die Hand mit weit ausgestrecktem Arm reicht, signalisiert damit, dass er einen größeren als den allgemein üblichen Platzbedarf hat. Lassen Sie ihm diesen und achten Sie darauf, ihn im folgenden Kontakt nicht unnötig zu bedrängen. Aktenkoffer, Mappen, Prospekte – laden Sie diese Dinge nicht auf seinem Tisch ab, wenn er zu Gast in Ihren Räumen ist, zumindest nicht in seinem Territorium, also seiner Hälfte des Tisches. Bieten Sie ihm einen Sitzplatz an, der seinem Bedürfnis nach Raum gerecht wird (nicht gerade in einer Ecke), sprechen Sie zunächst über unverfängliche Themen, sofern es der Zeitrahmen zulässt, und warten Sie ab. Manche Menschen benötigen einen gewissen Vorlauf, um mit neuen Situationen warm zu werden, entspannen jedoch schnell, wenn sie das Gefühl haben, nicht bedrängt zu werden.

Abbildung 3.23: Nehmen Sie das Bedürfnis nach Abstand nicht gleich persönlich;
mancher „Armstrecker" taut nach und nach auf.

Der Politiker-Handgruß

Verschiedene Varianten dieses Handgrußes, der auch Ran- und Runterzieher genannt wird, lassen sich häufig bei Politikern beobachten, die in Fernsehshows, auf öffentlichen Bühnen oder bei Podiumsdiskussionen auftreten und den Talkmaster oder Moderator öffentlichkeitswirksam begrüßen wollen. Kaum hat man die Hand des Gegenübers in die eigene genommen, wird das Gegenüber in die eigene Intimsphäre und zusätzlich gegebenenfalls sogar in eine untergeordnete Position gezogen, als würde es einen Diener machen. Es ist ein Ausdruck von Macht, die man sich anderen gegenüber zuschreibt. In Kombination mit dem Griff an den Unter- oder Oberarm wird klar, wer sich hier für führungsberechtigt hält. Der Politiker-Handgruß ließ sich früher häufig bei Franz Josef Strauß und Helmut Kohl beobachten, zwei nicht nur politischen sondern auch körperlichen Schwergewichten, die ihr Gegenüber allein aufgrund ihrer mächtigen Statur leicht dominieren konnten.

Abbildung 3.24: Hier wird der linke Herr vereinnahmt. Es ist eine Möglichkeit, die im Bild vorn liegende Hand des linken Herrn auszugleichen. In der Politik besonders beliebt.

Der Deckler

Dieser fast ausschließlich männliche Handgruß begegnet uns mit nach unten weisender Handfläche und meist steif ausgestrecktem Arm. Diese Handgrußvariante ist zwar selten, fällt dann jedoch schnell auf und sorgt für Irritationen. Sie ist zudem eine Geste, deren Bedeutung in der Politik nicht dem Zufall überlassen werden sollte. Menschen, die ihre

Hand auf diese Weise zum Gruß reichen, sind es gewohnt, als Respekts-, Autoritäts- oder Führungspersönlichkeit betrachtet zu werden, dies wird durch den nach oben weisenden und damit den anderen bedeckenden Handrücken deutlich. Wer auf den Deckler eingeht, ordnet sich dem Handreichenden körpersprachlich unter, man überlässt diesem sozusagen die Oberhand. Im Zusammenhang mit hochrangigen politischen Treffen oder Staatsbesuchen sind alle Beteiligten daran interessiert, in den zahlreichen, diese Anlässe dokumentierenden Medien gut zu wirken. Bei Staatsempfängen positioniert sich der Gastgeber daher üblicherweise immer auf der aus Kamerasicht linken Seite, wenn er seine Gäste mit Handschlag willkommen heißt; eine Tatsache, die nicht etwa den Räumlichkeiten geschuldet ist, sondern die den Umstand berücksichtigt, dass der Betrachter diese Hand als Ober- und damit Führungshand wahrnimmt.

Abbildung 3.25: Wer die Hand auf diese Weise gibt, ist meist Führungsanspruch gewohnt.

Im Normalfall mag dies nicht von Bedeutung sein, wer jedoch eine ausgewogene Basis für ein Gespräch sicherstellen will, sollte in Betracht ziehen, den Deckler körpersprachlich zu umgehen. Zu diesem Zweck gibt es mehrere Reaktionsmöglichkeiten, allerdings sollte keine davon angewendet werden, wenn man sich im Tiefstatus, also einer dem Gegenüber hierarchisch untergeordneten Position befindet. Die folgenden Vorschläge zeigen, wie sich Körpersprache auch ohne den notwendigen Einsatz von Worten effektiv und wirkungsvoll nutzen lässt. Insbesondere im Hinblick auf die Handgrußvariante des Decklers wird zudem häufig nach Reaktionsmöglichkeiten gefragt.

Decklerreaktion 1: Beidhänder

Man legt seine zweite Hand auf die Hand des Decklers. Ganz klar handelte es sich hierbei eigentlich schon um einen Affront. Eine solche Vertraulichkeit ist in geschäftlichen Zusammenhängen absolut unüblich und nicht zu empfehlen. Ein bereits länger bestehendes, herzliches Verhältnis wäre die Mindestvoraussetzung für eine solche „Umarmung im Kleinen".

Decklerreaktion 2: Griff an Arm

Der Griff an den Arm ist dem Politikerhandgruß (siehe **Abbildung 3.24**) ähnlich und versucht, die unterlegene Handposition durch die „Inbesitznahme" des Gegenübers auszugleichen. Auch hier ist Vorsicht geboten, denn ein Körperkontakt über die Handgeste hinaus ist eine Verletzung der Intimdistanz, die in den meisten westlichen Kulturen zumindest ungewöhnlich ist.

Decklerreaktion 3: Die aufrecht gestellte Hand

Seltsamerweise wird diese Variante häufig als Reaktion auf den Deckler vorgeschlagen, obwohl sie unsinnig und gesellschaftlich vollkommen inakzeptabel ist. Wer seine Hand auf diese demonstrative Weise neben den „Deckler" hielte, um diesen womöglich damit auf seinen „Fehler" hinzuweisen, wäre einfach nur beleidigend.

Abbildung 3.26: a) Im Geschäftsalltag tabu: Diese Berührung ist viel zu vertraulich.
b) Unhöflich und keinesfalls akzeptabel. Dann ordnet man sich besser unter.

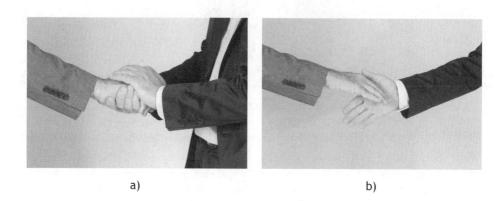

a)   b)

Decklerreaktion 4: Der richtige Dreh

Gehen Sie auf den Deckler ein und schieben Sie Ihre Hand unter die Ihres Gesprächspartners. Von der Position, in der Sie ihm gegenüberstehen, bewegen Sie sich nun mit dem rechten Fuß einen Schritt nach vorn, und zwar so, dass Sie sich aus seiner Sicht in einem Winkel von 90 Grad links von ihm befinden. So schlagen Sie zwei Fliegen mit einer Klappe: Erstens zwingen Sie die Hand Ihres Gegenübers automatisch in eine ausgewogene Position. Zweitens schwächen Sie den Deckler körpersprachlich, da Sie durch die Drehung in den 90-Grad-Winkel in seine Intimdistanz eindringen. Dieses Vorgehen ist zugegebenermaßen zunächst ein wenig knifflig, verletzt jedoch keine körpersprachlichen Regeln und schafft unauffällig ein ausgewogenes Verhältnis.

Abbildung 3.27: Der richtige Dreh: So umgeht man die Unterordnung unter den Deckler.

Daumen und Zeigefinger

Nicht von ungefähr ist der gestreckte Zeigefinger den weniger empfehlenswerten Gesten zuzuordnen. Schon als Kind haben wir gelernt: „Man zeigt nicht mit dem Finger auf ande-re Leute!" Er stellt einen Menschen ungefragt in den Mittelpunkt der Aufmerksamkeit und ist ein dominantes, mitunter sogar aggressives Signal. Ist uns etwas wichtig, betonen wir dies mit dem nach vorn stechenden (auf diese Weise drohenden, hinweisenden oder for-dernden) oder nach unten klopfenden (den eigenen Standpunkt betonenden) Zeigefinger. Natürlich spricht nichts dagegen, bisweilen damit Wichtiges hervorzuheben oder auf et-was Bestimmtes zu zeigen.

Menschen jedoch, die ihre Worte häufig mit dem Zeigefinger unterstreichen oder während des Redens damit in die Luft stechen, wirken leicht selbstgerecht. Zugeben würde das jemand, der den Zeigefinger in dieser Weise häufig einsetzt, natürlich nicht. Doch ein bescheidener oder zurückhaltender Mensch würde sich nicht auf solch dominante Weise in den Vordergrund spielen. Bedenken wir immer: Unsere körpersprachlichen Signale sind stets Ausdruck unserer inneren Einstellung. Nur wer dominant ist oder Dominanz für angebracht hält, wird sich auch mittels solcher Gesten äußern.

Als Ersatz für den Zeigefinger dienen mitunter Stifte, Lineale oder andere Bürogegenstände, mit denen man auf die Tischplatte pocht oder die man zum Zeigen als verlängerten Finger benutzt. Der sogenannte „Punktierer" beispielsweise nutzt bei Geschäftsgesprächen oftmals einen Kugelschreiber und lässt dessen Ende während eines Vortrages oder einer Präsentation wiederholt auf den Tisch fallen. Zwei Gründe können dafür ausschlaggebend sein: Der Punktierer möchte entweder, dass der Redner auf den Punkt kommt oder er ist mit seinen Gedanken woanders und sich seines Verhaltens nicht bewusst. In beiden Fällen sollte der Redner schnellstmöglich versuchen, die Aufmerksamkeit des Punktierers zurückzugewinnen.

Abbildung 3.28: a) und b) Fordern, drohen, mahnen: Der Zeigefinger bringt Dominanz zum Ausdruck. Wertschätzende Kommunikation funktioniert jedoch so nicht.
c) Wem der Finger noch nicht reicht, nutzt Stifte, Lineale oder andere „Verlängerungen".

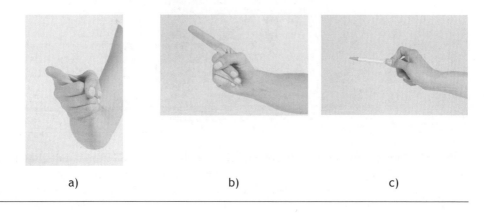

a)   b)   c)

Die Daumen senden ebenfalls dominante Signale, diese wirken jedoch weniger aggressiv. So sendet der Griff ans Revers des eigenen Jacketts, ausgeführt mit beiden Händen und nach oben weisenden Daumen, die Botschaft: „Ich hab's im Griff." Eine gewisse Selbstzufriedenheit geht damit einher, weshalb diese Geste einem Höhergestellten gegenüber unangebracht wäre. Auch die Daumen an der Hose oder im Hosenbund wie in **Abbildung 4.11** sind ein – wieder einmal typisch männliches – Signal: Bei dieser klassischen „Anmachgeste", wird unzweideutig der Bereich des wahren Interesses, nämlich die eigene Potenz und Männlichkeit, umrahmt.

Abbildung 3.29: Wie ein Anwalt vor dem Richter: „Hab´ ich nicht recht?"

Den in Kombination mit dem Zeigefinger zum Kreis geformten Daumen mit abgespreiz-
tem Mittel-, Ring- und kleinem Finger (siehe **Abbildung 1.3 c**) kennen wir als Zeichen für
„o.k.", „super" oder „prima", wohingegen die Position in **Abbildung 3.30 a** ein Hinweis
darauf ist, dass es dem Sprecher ums Detail geht. Setzt jemand erst diese Geste und anschließend den gestreckten Zeigefinger ein, deutet er so zunächst an, dass ihm der genann-
te Inhalt wichtig ist, um diesen dann eingehender zu erläutern.

In der vorab bereits genannten Sendung „Markus Lanz", in der auch die Gerichtsreporte-
rin des Magazins *Spiegel,* Gisela Friedrichsen, anwesend war, entspann sich zwischen ihr
und Kachelmann-Anwalt Schwenn ein Disput. Während sich Schwenn immer wieder
ausführlich und zum Teil sehr kämpferisch äußerte, konnte man beobachten, wie Fried-
richsens Daumen und Zeigefinger zuckten, wie in einem Bemühen um Geltung; ein Signal,
dass darauf hindeutete, dass sie ihre Position als gewichtig anerkannt wissen wollte.

Die Pistole ist ebenfalls eine dominant-aggressive Daumen-Zeigefinger-Kombination. In
einer hitzigen Diskussion wird sie als „Waffe" in Richtung des Gegners gerichtet.

Abbildung 3.30: a) Mit dieser Geste weist der Sprecher auf Details hin ...

b) ... und mit dieser „schießt" er seine Argumente in Richtung seines Gegners.

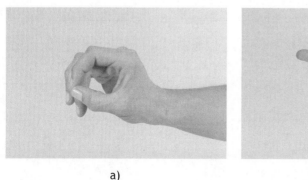
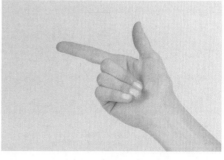

a)   b)

Die Hände im und am Gesicht

Wenn wir die Hände zum Gesicht führen, ist dies meist entweder ein Hinweis auf Skepsis, eigene Unsicherheit oder auf Unwahrheiten und Flunkereien. Verschiedene Selbstberührungen im Gesicht sind nämlich Abwandlungen des kindlichen Hand-vor-den-Mund-Schlagens, ein Zeichen für etwas, das nicht sein darf oder sollte. Menschen mit Lippenspalte oder Überbiss halten sich beim Sprechen oftmals die Hand vor den Mund. Damit wollen sie entweder den Anblick ihres Mundes und/oder ihre mitunter eingeschränkte Aussprache verbergen. Allerdings wird auf diese Weise das Problem, das eigentlich verborgen werden soll, nur noch deutlicher in den Mittelpunkt gerückt.

Hält sich der Zuhörer die ganze Hand vor den Mund, kann dies darauf hindeuten, dass er das Gehörte in Frage stellt oder zumindest ausführlicher darüber nachdenken muss. In diesem Fall deutet die Hand darauf hin, dass man der Ansicht ist, die entsprechenden Inhalte gehörten womöglich nicht in die Öffentlichkeit.

Abbildung 3.31: a) „Ach du meine Güte, das darf doch nicht wahr sein!"
b) Wieder die Hand vor dem Mund. Doch diesmal deutet sie auf
Nachdenken hin.

a)   b)

Kleinere Griffe ins Gesicht, zum Beispiel ein Kratzen an der Nase, das Reiben am Auge oder an der Wange und das Zupfen am Ohr werden oftmals als Signale der Ablenkung genutzt. Wir führen sie aus, wenn wir uns ertappt fühlen, ebenso wie das Kratzen am Hals, das Herumnesteln am Hemd- oder Manschettenknopf oder das Beiseitewischen von nicht vorhandenen Fusseln auf dem Jackett.

Abbildung 3.32: a) und b) Ertappt? Unsicher? Oder juckt´s einfach nur? Oft verrät die
Dauer des Kratzens, was dahintersteckt.

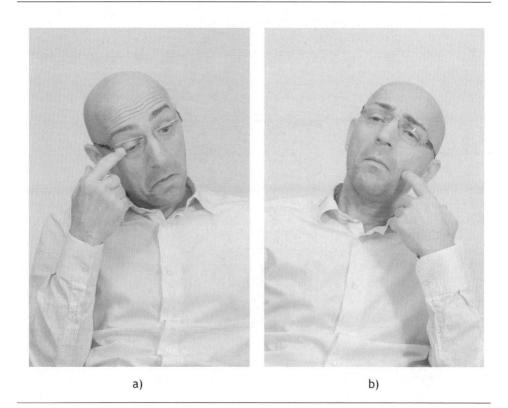

a) b)

Mit beiden Beinen fest im Leben

Gemäß der Körpersprache-Faustregel, dass wir uns umso weniger unserer Bewegungen
bewusst sind, je weiter das entsprechende Körperteil von unserem Gehirn entfernt ist,
dringen die Aktivitäten unserer Beine kaum in unser Bewusstsein. Tatsächlich können wir
mit unserer Mimik relativ leicht gute Miene zum bösen Spiel machen, während unsere
Beine und Füße sich unserer Kontrolle meist entziehen. Ein Blick auf die Bein- und Fußstellung verrät also die eine oder andere Wahrheit.

Standfest ist, wer mit beiden Beinen fest auf dem Boden steht. Frauen stellen ihre Füße
dabei meist hüft-, Männer schulterbreit auseinander. Je raumgreifender die Position der
Beine und Füße, umso selbstsicherer oder selbstgerechter wirkt man. Tatsächlich steht man
umso weniger sicher und standfest, je näher die Füße beieinander stehen. Bekämen wir in
einer solchen Position ein Stoß, könnten wir uns nur schwer auf den Beinen halten.

Abbildung 3.33: Selbstbewusst sind beide. Doch Frauen benötigen dazu nicht so viel
Platz wie Männer.

Männer neigen dazu, sich mehr auszubreiten und ihren Genitalbereich deutlicher zu präsentieren. Alle diesbezüglichen Sitz- und Standpositionen fallen daher ins männliche Repertoire. Beispiele dafür sind die aus dem klassischen Western bekannte „Duellposition",
bei der die Beine besonders weit auseinander stehen, das Bein über der Stuhllehne oder
der „Sofafläzer", der entweder im heimischen Wohnzimmer vorkommt oder in einer Umgebung, in der man glaubt, es an Respekt fehlen lassen zu können. Da die geöffneten Beine
den Genitalbereich ausdrücklich betonen, gehört diese Position keinesfalls zum guten
Benehmen. Das gilt genau genommen nicht nur im öffentlichen, sondern ebenso im privaten Umfeld.

Abbildung 3.34: a) „Hier ist mein Reich, und das darf auch jeder wissen!" Wieder ein
typisch männliches, den Genitalbereich betonendes Signal.
b) Zu Hause bei einem Kumpel ist diese Haltung kein Problem;
in Gegenwart des Chefs jedoch gefährdet sie vermutlich den Job.

a)   b)

Neben Selbstgefälligkeit signalisieren die geöffneten Beine, dass man keinen Angriff fürchten muss, weswegen man den verletzlichen Genitalbereich ungeschützt präsentieren kann.
In Kombination mit einem zurückgelehnten Oberkörper und der entsprechenden Mimik
wirkt diese Geste provozierend oder sogar aggressiv.

Etwas weniger dramatisch, im geschäftlichen Kontext allerdings trotzdem unangebracht
ist das über die Stuhllehne geschwungene Bein (siehe Seite 163). Führt ein Vorgesetzter in
seinem Büro ein Gespräch mit einem Mitarbeiter und legt dabei sein Bein locker über die
Stuhllehne, zeigt er damit, dass er sein Territorium nach Belieben über seinen Stuhl hinaus
ausdehnen kann. Sein höhergestellter Status erlaubt ihm diese Geste. Verhielte sich derselbe Vorgesetzte auf diese Weise jedoch im privaten Raum seines Untergebenen, zum Beispiel in dessen Wohnung, würde dieser ein solches Verhalten zu Recht als respektlos betrachten. Beim Gespräch unter Freunden wiederum deutet diese Geste auf Entspanntheit

im Status Gleichberechtigter hin. Wie so oft entscheiden Ort und Status der Personen über die Wirkung und Interpretation von Körpersprache.

Charlie Chaplin gilt als einer der größten Komiker der Filmgeschichte und überdies als außerordentlich perfektionistischer Schauspieler. Es scheint insofern nur recht und billig, eine körpersprachliche Position nach ihm zu benennen. Insbesondere von seiner Figur des „Tramps" kennt man die Position der nach außen abstehenden Füße, die noch dazu in übergroßen Schuhen steckten. Beim „halben Chaplin" ist diese Geste auf einen Fuß reduziert. Bei der in **Abbildung 3.35** gezeigten Stellung unterscheidet man zwischen Stand- und Spielbein: Auf dem Standbein ruht das Gewicht, das andere Bein bleibt unbelastet, weshalb es auch Spielbein genannt wird.

Abbildung 3.35: Beim „halben Chaplin" deutet das Spielbein (links im Bild) an,
dass derjenige das Gespräch verlassen möchte.

In einem interessierten Austausch wendet man sich seinem Gesprächspartner mit der gesamten Körpervorderseite zu, inklusive der Beine und Füße. Setzt jemand ein Gespräch allerdings lediglich aus Höflichkeit fort, obwohl er lieber gehen würde, kann sich dies auf unterschiedliche Weise andeuten, beispielsweise mit den Raum absuchenden Blicken (siehe **Abbildung 3.1 b**), einer Abwendung des Ober- oder des gesamten Körpers oder schnellem, wiederholtem Zustimmen und Nicken (in der Hoffnung, dass man zum Ende kommt).

All diese Signale lassen sich jedoch meist einfacher kontrollieren, sodass wir darauf verzichten, um den Eindruck von Interesse zu wahren. Da sich jedoch die Aufmerksamkeit auf unsere Körperteile mit zunehmender Entfernung vom Gehirn verflüchtigt, wird die Wahrheit offenbar, je weiter wir nach unten blicken: Beim „halben Chaplin" zeigt der Fuß des Spielbeins an, das man eine Situation gern verlassen würde. Dies muss jedoch nicht zwangsläufig als Ablehnung interpretiert werden.

Eine weitere, häufige und überall anzutreffende Körperhaltung sind die im Sitzen übereinandergeschlagenen Beine. Ebenso wie bei den verschränkten Armen, besteht diesbezüglich die oft irrige Annahme, die Richtung des Übereinanderschlagens deute auf Ablehnung und Distanzsuche hin. Auch hier gilt: Manchmal ja, manchmal nein. Nicht immer steckt ein nennenswert interpretierbarer Grund dahinter. Generell schlagen mehr als die Hälfte der Menschen zunächst das linke Bein über das rechte, wechseln die Richtung dann jedoch alle paar Minuten. Ein Grund dafür ist unter anderem die Blutzirkulation, die spürbar beeinflusst wird, wenn man diese Position zu lange beibehält. In bestimmten Situationen ist die Richtung natürlich bedeutsam: Setzt sich jemand neben uns, den wir nicht kennen, schlagen wir das ihm zugewandte Bein von ihm weg über das andere und schaffen auf diese Weise eine Barriere. Würde man stattdessen aufstehen und sich woanders hinsetzen, würde der andere dies als Ablehnung seiner Person wahrnehmen. Haben wir Interesse an einer Person, wenden wir uns dieser zu und werden dies auch durch unsere Beinhaltung unterstützen. In beiden Fällen begleiten wir diese Position meist durch eine zusätzliche Hin- oder Abwendung unseres Oberkörpers.

Abbildung 3.36: a) Sowohl Beine als auch Oberkörper der Dame deuten hier an, dass sie einen gewissen Abstand halten will.
b) Wer sich angeregt unterhält, sieht sich nicht nur an, sondern wendet sich mit dem ganzen Körper einander zu.

a)   b)

Grundsätzlich spricht nichts gegen das Übereinanderschlagen der Beine, solange man darauf achtet, dass das Knie dabei nicht die Tischkante überragt. Eine Variante der übereinandergeschlagenen Beine ist die, bei der der Knöchel des einen Beines auf dem Knie des anderen abgelegt wird. Abgesehen davon, dass sie bei Frauen so gut wie nicht vorkommt, deutet sie auf Dominanzverhalten hin und offenbart einen selbstbewussten, durchaus streitbereiten Charakter. Verstärkt wird diese Haltung durch die Hände, die das Bein durch ihren Griff an den Knöchel in seiner Position festhalten.

Abbildung 3.37: a) Wieder wird der Genitalbereich betont – typisch Mann.
b) „Ich halte an meiner Position fest." Das gilt nicht nur für seine Körpersprache, sondern vermutlich auch für seine Argumente.

a)   b)

Im Stehen überkreuzte Beine können gänzlich gegensätzliche Emotionen zum Ausdruck bringen. Eine vorwiegend bei Frauen vorkommende, Unsicherheit ausdrückende Variante ist die, bei der die Beine scherenartig überkreuzt sind (siehe Seite 97).

Abbildung 3.38: Die Beinschere ist typisch Frau. Hier ist jemand unsicher.

Wieder anders kann die Variante des locker vor dem anderen Bein aufgestellten Fußes gedeutet werden: Auf diese Weise wartend an die Wand gelehnt kann es Ausdruck entspannter Selbstsicherheit sein, in einem unbekannten Umfeld, zum Beispiel auf einer Party, auf der man niemanden kennt, zeigt sie den Wunsch nach Distanz zur fremden Umgebung an.

3.1.3   Weitere Alltagsgesten und -signale

Wie wir sitzen und stehen

Es gibt zahllose Gestenkombinationen, die abhängig von den Beteiligten und der Gesprächssituation interpretiert werden müssen. Schon die Sitzposition kann Einfluss nehmen auf den Verlauf einer Unterhaltung. Sitzen wir mit dem Rücken zu einer Tür, die sich fortwährend öffnet? Dann fühlen wir uns vermutlich unwohl, denn wir müssen ständig damit rechnen, dass man uns „in den Rücken fällt". Sitzt der Ansprechpartner uns gegenüber, über Eck oder direkt neben uns? Letzteres wäre eher ungewöhnlich, wenngleich das Gespräch auf diese Weise sehr vertraulich verlaufen könnte. Allerdings ist es auf Dauer ermüdend und unbequem, wenn man sich fortwährend zur Seite wenden muss.

Eine gute Alternative ist das Sitzen über Eck in der „Doppel-P-Position": Dabei sitzt man im 90-Grad-Winkel zu seinem Gesprächspartner. Der Name „Doppel-P" steht für den **p**artnerschaftlichen und **p**ragmatischen Effekt: Partnerschaftlich, weil diese Sitzposition, anders als das Gegenübersitzen, ein konstruktiveres Zusammenarbeiten fördert. Im Wort „gegenüber" ist nämlich das Wort „Gegner" verborgen. Da sich zudem üblicherweise ein Tisch zwischen beiden Parteien befindet, werden Differenzen, Gegensätzlichkeiten und Trennendes auf diese Weise unnötig hervorgehoben.

Abbildung 3.39: Diese Sitzposition lässt Partnerschaftlichkeit zu ...

Pragmatisch deshalb, weil es wesentlich leichter ist, gemeinsam in Unterlagen zu schauen. Erfordert das Gespräch oder das Wohlbefinden eines der Beteiligten, sich wieder einander gegenüber zu setzen, erlaubt diese Position das durch ein kurzes Verrücken des Stuhles, ohne den Tisch als Barriere zwischen sich zu bringen.

Abbildung 3.40: ... und ermöglicht dennoch ein Gespräch von Angesicht zu Angesicht.

Auch andere Gegenstände können als Barriere wahrgenommen werden: So sind Aktenkoffer zwar ein normales Utensil in Verkaufsgesprächen, trotzdem sind sie hervorragend geeignet, buchstäblich eine Mauer zwischen Verkäufer und Kunde zu errichten, wenn man den Deckel in Richtung des Letzteren öffnet und so den Eindruck vermittelt, man habe etwas vor ihm zu verbergen.

Abbildung 3.41: Der Kofferdeckel errichtet eine Mauer zwischen beiden.

Zudem kann es unangebracht sein, Koffer und mitgebrachte Unterlagen ohne zu fragen auf dem Schreib- oder Konferenztisch des Gastgebers abzuladen. Immerhin handelt es sich um dessen Territorium, das wir auf diese Weise förmlich beschlagnahmen. Fragen kostet nichts und wird in keinem Fall als unnötig betrachtet werden. Und einen Aktenkoffer kann man auch so öffnen, dass auch der andere einen Blick hineinwerfen kann. Auch für diesen Fall bietet sich übrigens die Doppel-P-Position an.

Abbildung 3.42: Auf diese Weise wird Offenheit signalisiert.

Eine andere aufschlussreiche Sitzposition ist die des „Stuhlreiters". Stuhlreiter sitzen verkehrt herum auf einem Stuhl, die Lehne schützt ihre verletzlichen Körperteile – Organe, Herz, Genitalien – wie ein Schild. Da auch diese Position den Genitalbereich exponiert, sind es wieder einmal fast nur Männer, die diese Position wählen. Sie möchten eine Situation dominieren oder betont gelassen, entspannt und cool wirken, wie jemand, der die Dinge überblickt und im Griff hat. Achten Sie mal darauf, ob diese Position auch in Gegenwart einer hierarchisch übergeordneten Person eingenommen wird; üblicherweise ist dies nämlich nicht der Fall, weil der Stuhlreiter intuitiv weiß, dass es sich gegenüber einer hierarchisch übergeordneten Person nicht gehört.

Mit einem leichten auszuführenden Trick kann man den Stuhlreiter schnell seines Überlegenheitsgefühls berauben: Stellen Sie sich hinter ihn.

Da Menschen eine natürliche Abneigung dagegen haben, von hinten angegangen zu werden, wird sich der bis eben noch selbstsicher agierende Stuhlreiter nun genötigt sehen, sich entweder in Ihre Richtung umzuwenden (was Sie dadurch, dass Sie fortwährend um ihn herumlaufen, beeinflussen können) oder aufzustehen.

Abbildung 3.43: a) Wieder ein Mann, der seinen Genitalbereich öffnet, weil er von sich
  überzeugt ist, allerdings: Für alle Fälle schützt ihn die Stuhllehne.
  b) Da nützt die Stuhllehne wenig: Wer sich hinter den Stuhlreiter
  stellt, nimmt ihm die Selbstgefälligkeit.

a)   b)

Verschiedene Positionen, Kombinationen und Signale

Ein Rückbeugen des Oberkörpers in Kombination mit dem Verschränken der Arme ist ein
schlechter Zeitpunkt für die Frage nach einem Verkaufsabschluss. Wollen wir in diesem
Gespräch überhaupt noch die Chance auf eine Unterschrift haben, müssen wir den Kunden zunächst „öffnen".

Abbildung 3.44: Rückzug! In dieser Position wird der Kunde (rechts) nicht „Ja" sagen.

Zu diesem Zweck können wir ihm etwas in die Hand geben, ihm etwas an unserem Laptop zeigen („Schauen Sie mal hier") oder ihn auf irgendeine andere Weise dazu bringen, körpersprachlich wieder aufgeschlossener zu werden. Dies gilt auch, wenn Ihnen der Kunde oder Einkäufer in der Katapult-Position gegenübersitzt. Dabei handelt es sich um eine raumgreifende Geste, bei der sich der Betreffende durch die nach außen ragenden Ellbogen ausdehnt.

Abbildung 3.45: Ablehnung und/oder Selbstsicherheit: Beides ist für den Verkäufer (links) nicht optimal.

Mitunter wendet man sie, zusammen mit den nach vorn ausgestreckten Beinen an, um sich nach vielen Stunden der Schreibtischarbeit ein wenig zu strecken, im Allgemeinen jedoch ist diese Position ein Ausdruck der Zufriedenheit mit sich selbst beziehungsweise mit dem Verlauf eines Gespräches oder Projektes.

Abbildung 3.46: „Ich darf mich hier ausbreiten, denn ich habe einen guten Job gemacht."

Betritt ein Höhergestellter den Raum, während man diese Position einnimmt, tut man gut daran, sich schnellstens wieder normal hinzusetzen, denn ein Untergebener sollte nach Möglichkeit nicht mehr Raum einnehmen als ein Vorgesetzter.

Natürlich nimmt nicht zuletzt auch das Geschlecht Einfluss auf das Verhalten und gibt über die Bedeutung Aufschluss. **Abbildung 3.47** zeigt zwei Herren, die beide an der Dame im Bild interessiert sind. Ihre Körperhaltung verrät, dass sie, obwohl sie offensichtlich zu dritt miteinander reden, mit ihrem gesamten Körper auf die Dame fokussiert sind. Deutlich zeigen die Füße beider Herren in ihre Richtung. Das Becken des rechten Herrn ist in Richtung der Dame nach vorn gewölbt, es handelt sich dabei um ein Signal sexuellen Interesses, das Gesicht tut ein Übriges. Die Dame selbst hält ihre Hände schützend vor ihre Körpermitte, hat ihren Oberkörper zurückgebeugt und einen Fuß nach vorn vor den anderen gestellt; so ganz wohl ist ihr offensichtlich nicht in dieser umworbenen Position.

Abbildung 3.47: Das vorgeschobene Becken der Herren betont recht deutlich ihr Interesse. Sie ist jedoch nicht begeistert, ihre Arme und Beine zeigen es.

Das Schulterklopfen

Umarmt Sie jemand zur Begrüßung, drückt Sie an sich und klopft Ihnen dann in Höhe des Schulterblattes mehrere Male auf den Rücken, wissen Sie: Jetzt können sie loslassen! Das Klopfen ist nichts anderes als das Signal dazu. So, wie ein Ringer auf den Boden klopft, um seine Niederlage einzugestehen, bedeutet auch das Schulterklopfen, dass der Betreffende Sie nun lange genug an sich gedrückt hat. Wenn Sie die Umarmung nach diesem Signal weiterhin aufrecht erhalten, werden Sie spüren, das sich die Intensität der Umarmung seitens ihres Gegenübers verändert: Er schaltet jetzt unbewusst in „Wartestellung", so lange, bis Sie ihn freigeben, ein Aufrechterhalten aus Höflichkeit, weil Sie offenbar noch nicht genug haben.

Auch beim Schulterklopfen gibt es eine abweichende Version: Bei dieser klopft uns der andere nur einmal auf die Schulter, um uns dann womöglich noch fester an sich zu ziehen. Es ist sozusagen ein Schwungholen für eine noch engere Umarmung. Dies kommt bei Menschen vor, die einem sehr nahe stehen und die man lange nicht gesehen hat oder die man für längere Zeit verabschiedet.

Abbildung 3.48: Wie der Ringer auf den Boden klopft, um aufzugeben, deutet das Klopfen auch hier das Ende der Umarmung an.

Gesten „am Rande"

Auch wenn größere Signale leichter erkennbar sind; oftmals sind es gerade die begleitenden, beiläufigen, unscheinbareren Gesten, die uns interessante Hinweise liefern. Wenn der Kunde im Verkaufsgespräch sagt: „Ich bin sicher, dass wir ihr Angebot annehmen. Ich muss nur noch mit meinem Kollegen Rücksprache halten", sich dabei zurücklehnt und seine Hände vor sich mit dem Handrücken nach oben auf den Schreibtisch legt, haben Sie berechtigten Grund zu der Annahme, dass Sie soeben eine Absage erhalten haben. Entscheidend sind hierbei der sich (vom Angebot) zurückziehende Oberkörper sowie die die Wahrheit bedeckenden oder entscheidende Informationen zurückhaltenden Hände.

Abbildung 3.49: Zurückgelehnter Oberkörper, Hände, die nach unten auf dem Schreibtisch abgelegt werden: Ob dieser Herr kauft, ist fraglich.

Beispiel 10: Die Gehaltserhöhung

Mitarbeiter Bauer betritt das Büro seines Vorgesetzten Landwehr zu einem terminierten Gespräch. Sein Antrag auf Gehaltserhöhung soll abschließend erörtert werden. Bauer klopft an, Landwehr bittet ihn herein. Als Bauer das Büro betritt, sitzt sein Vorgesetzter lässig auf der Vorderkante seines Schreibtischs und legt gerade den Telefonhörer auf. „Ah, Herr Bauer, ja richtig, wir haben ja unseren Termin." Während er das sagt, steht er auf, schiebt einen auf seinem Schreibtisch liegenden Prospekt beiseite, geht dann um den Tisch herum, setzt sich auf seinen dahinter stehenden Stuhl und führt die Hände in Igelposition mit nach oben weisenden Daumen zusammen. An Bauer gewandt sagt er: „Bitte, nehmen Sie Platz." Gespannt setzt Bauer sich hin ...

Aller Wahrscheinlichkeit nach stehen die Chancen auf eine Gehaltserhöhung für Bauer schlecht. Die Kombination mehrerer Signale deutet darauf hin:

1. Durch das Platznehmen hinter seinem Schreibtisch verdeutlicht Landwehr seine Machtposition und schafft Distanz zwischen sich und seinem Mitarbeiter Bauer. Offenbar scheint ihm das joviale, Entspanntheit vermittelnde Sitzen auf der Schreibtischkante für das bevorstehende Gespräch als unangebracht.

2. Das Wegschieben des Prospektes kann sinnbildlich für das Beiseiteschieben von Bauers Anliegen stehen. Es besteht allerdings auch die Möglichkeit, dass dieser Vorgang gleichsam signalisiert, dass Landwehr das Thema, das ihn bis zu diesem Augenblick beschäftigt hat, zum Beispiel das soeben geführte Telefonat, damit innerlich abgeschlossen hat. In diesem Fall hätte es hinsichtlich der Entscheidung über Bauers Antrag keine Relevanz.

Abbildung 3.50:   Mit dem Prospekt schiebt er auch einen Gedanken beiseite. Wir wissen nur nicht, welchen.

3. Die Igelposition (siehe **Abbildung 3.19**) ist ein Abwehrzeichen. Dieses mag sich auf den Mitarbeiter Bauer beziehen oder auf dessen Antrag auf mehr Geld.

4. Die die Igelposition begleitenden aufrechten Daumen betonen die dominante Position Landwehrs. Offenbar scheint ihm dies im Zusammenhang mit der vermutlich gleich zu überbringenden Nachricht (Ablehnung der Gehaltserhöhung) wichtig zu sein. Dabei ist es durchaus möglich, dass er diese Position einsetzt, um sich selbst für die zu erwartende unangenehme Situation zu stärken.

So unscheinbar, wie hier möglicherweise das Wegschieben des Prospektes sein mag, kann es, zusammen mit verschiedenen anderen Gesten, doch ein Hinweis auf die Entscheidung sein. Ob Bauer dieses Wissen in der hier beschriebenen Situation noch helfen mag, ist fraglich. Doch oftmals lassen sich durch genaues Beobachten unscheinbarer Details auch Entwicklungen erkennen, denen man durch eine entsprechende Reaktion vorbeugen kann.

Mitunter wird die Wirkung von Körpersprache nur im direkten Vergleich deutlich. Dann allerdings lässt sich auch bei scheinbar banalen Unterschieden feststellen, wie sehr eine zusätzliche, eine fehlende oder eine variierte Bewegung unsere Aussagen unterstützen oder sie Lügen strafen können. In **Abbildung 3.51 a** sehen wir einen Herrn, der begleitend zu seiner Handgeste seiner Gesprächspartnerin sagt: „Sie haben Recht. Ich bin ja der Meinung …" Seine Handfläche weist dabei nach unten.

Diese Geste, die wie ein Stoppsignal wirkt, deutet jedoch weniger auf seine tatsächliche Zustimmung hin als vielmehr auf die Absicht, seiner Gesprächspartnerin nun das Wort abzunehmen, um seine eigene Sicht der Dinge zu erläutern. Gegebenenfalls kann sie sogar ein Zeichen dafür sein, dass er im Grunde gar nichts von der Meinung seines Gegenübers hält, weshalb er sie mit seiner Hand bedecken beziehungsweise unten halten will. Im Vergleich dazu sehen wir **Abbildung 3.51 b**, auf der die Hand des Herrn nun seine Aussage unterstützt. Die nach oben weisende, offene Handfläche ist ein Signal der Bereitschaft, (die Ansicht der Dame) anzunehmen beziehungsweise seine eigene Zustimmung (zu ihrer Äußerung) zu geben. Unterstützend neigt er zudem seinen Kopf leicht zur Seite, was in dieser Situation ebenfalls ein Hinweis auf Aufgeschlossenheit und Gesprächsbereitschaft ist.

Abbildung 3.51: a) Seine Handgeste unterbricht eher oder hält unten, statt zuzustimmen.

b) Die hier geöffnete Hand des Herrn zeigt an – er setzt sich aufrichtig mit ihrer Sichtweise auseinander.

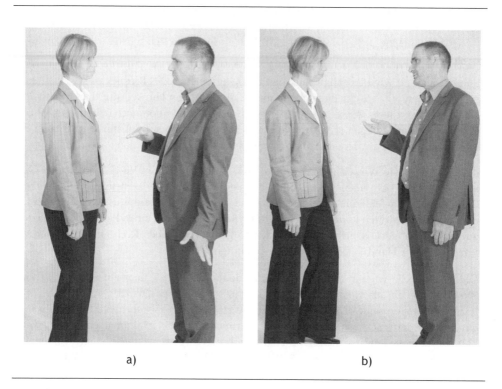

a)   b)

Einen weiteren Unterschied zeigen **Abbildung 3.52 a** und **b**: Der Satz: „Greifen Sie zu, das ist *die* Gelegenheit!" wirkt in Variante eins wenig motivierend. Ob er wirklich meint, dass es sich um eine gute Gelegenheit handelt? Falls ja, scheint es ihm zumindest egal zu sein, ob sie zugreift oder nicht. Seine Handhaltung wirkt eher, als wolle er etwas beiseitelegen. So jedenfalls packt man keine Gelegenheit beim Schopf.

Variante zwei unterstreicht die Aussage: Die zupackende Hand zeigt, was er meint: Zupacken, und zwar kraftvoll und mit Energie! Es sind diese kleinen, aber dennoch spür- und sichtbaren Unterschiede, die uns in Gesprächen überzeugen und uns ein Gefühl dafür vermitteln, ob das, was Menschen sagen, ernst gemeint ist oder nicht.

Abbildung 3.52: a) Worüber auch immer er hier gerade spricht: Eine Chance zum
Zupacken gibt er uns auf diese Weise nicht.
b) „Greifen Sie zu! Diese Möglichkeit kommt so schnell nicht wieder!"

a)   b)

3.1.4   Manipulation durch Körpersprache

Da Körpersprache intuitiv verstanden wird, lässt sie sich auch manipulativ einsetzen. Bei
vielen Menschen stößt jedoch bereits das Wort Manipulation auf starke Ablehnung. Manche sagen, da sie selbst nicht manipuliert werden wollten, möchten sie auch nichts erlernen, mit dem sie andere manipulieren könnten. Das ist naiv.

Aus dem Lateinischen stammend bedeutet das Wort „Manipulus" eine „Handvoll", seine
Bedeutung wird mit Handgriff oder Handhabung definiert, der Duden gibt ebenfalls verschiedene Lesarten, unter anderem „geschickt handhaben, mit etwas kunstgerecht umgehen" oder „bestimmte Handgriffe an jemandem, etwas ausführen, hantieren" oder „durch
bewusste Beeinflussung in eine bestimmte Richtung lenken, drängen".[10] Letztere Definiti-

---

[10] www.duden.de

on entspricht wohl am ehesten unserem umgangssprachlichen Verständnis, und da sie negativ behaftet ist, will man damit nichts zu tun haben. Tatsache jedoch ist, dass ein Zusammenleben ohne Manipulation gar nicht denkbar ist. Jeder von uns wendet ständig Hand- oder Kunstgriffe an, um andere Menschen in unterschiedliche Richtungen zu beeinflussen. Dies muss allerdings nicht notwendigerweise negativ sein.

Jemand, der sich von einem Bekannten zehn Euro leihen will, wird diesen möglicherweise so ansprechen: „Ich brauche zehn Euro! Los, her damit!" Aller Wahrscheinlichkeit nach wird der Gefragte auf die so vorgebrachte Frage negativ reagieren. Derselbe Inhalt, auf folgende Weise vorgetragen, wäre vermutlich aussichtsreicher: „Kannst Du mir mal bitte zehn Euro leihen? Ich habe mein Portmonee im Auto liegen lassen. Wenn wir nachher wieder dort sind, gebe ich es Dir sofort zurück."Et voilà: Manipulation! (Und, nebenbei bemerkt, wieder einmal ein Beispiel dafür, dass der Inhalt, abgesehen von der rein sachlichen Information, weit weniger über die Reaktion des Gegenübers entscheidet als die Art der Übermittlung.)

Manipulation ist eine wie auch immer geartete Einflussnahme auf andere Personen, um ein Ziel schneller oder besser zu erreichen. Entweder ist das Ziel formal von diesen Personen abhängig oder wir stehen anderweitig mit ihnen in einer Beziehung, aufgrund derer ihre Ansicht bedeutsam für uns ist. Solange Manipulation jedoch der Erreichung dieses Zieles dient, ohne dabei dem Gegenüber zu schaden, handelt es sich eher um Motivation.

Ein Verkäufer ist darauf angewiesen, potenzielle Kunden zum Kauf eines Produktes zu motivieren. Handelt es sich um ein faires Geschäft, von dem er selbst überzeugt ist, muss er all sein Wissen, seine rhetorischen und körpersprachlichen Kenntnisse einsetzen, da er sein Ziel sonst nicht erreicht. Der Einsatz der Körpersprache in der Kommunikation ist daher vergleichbar mit dem Einsatz von Gesprächstechniken, die letztlich alle das Ziel haben sollten, ein Gespräch oder eine Verhandlung zum Vorteil aller Beteiligten zu führen.

Generell nimmt natürlich jede Form des körpersprachlichen Ausdrucks Einfluss auf unsere Umwelt und erzeugt diese oder jene Reaktion. Die folgenden Beispiele zeigen lediglich, wie bestimmte Muster wirken und sich in konkreten Situationen anwenden lassen.

Diskreter Hinweis auf den Handgruß

Im Zusammenhang mit der richtigen Reihenfolge beim Handgruß (Wer gibt wem die Hand zuerst?) ist eine häufig gestellte Frage, wie man sich am besten verhalten soll, wenn man zwar selbst regelsicher ist, jedoch nicht weiß, ob dies auch für das Gegenüber gilt. Der Handgruß ist eine formelle Geste, der man sich, unabhängig vom Status, normalerweise nicht entziehen kann, ohne unhöflich zu sein. Treffen Personen mit unterschiedlichem Status aufeinander, sollte sie deshalb stets von der Person ausgehen, die sich situativ im Hochstatus befindet, da man dieser im umgekehrten Fall den Zeitpunkt aufnötigen würde, wann die Begrüßung stattzufinden hat. Für einen Bewerber, der ein Vorstellungsgespräch beim Personalchef gleich mit diesem Fehler eröffnet, könnte sich die Hoffnung auf Einstellung möglicherweise bereits in Wohlgefallen aufgelöst haben, noch bevor er überhaupt angefangen hat, von sich zu erzählen. Die Entscheidung, ob und wann ein Handgruß stattzufinden hat, kommt also immer dem Höherrangigen zu. Wie also sollte man sich verhalten, wenn man sich nicht sicher ist, ob der Andere diese Regel ebenfalls kennt? Hier gibt es einen einfachen Trick: Tritt man dem Betreffenden gegenüber, hebt man dabei die rechte Hand bis auf Höhe des Bauchnabels, so, als wollte man sie zum Gruß ausstrecken, hält sie jedoch vor dem Körper. Man darf relativ sicher davon ausgehen, dass das Gegenüber diese Geste intuitiv als Hinweis versteht, ohne sie jedoch als unmittelbare Aufforderung zu verstehen. Entweder erfolgt nun eine Reaktion oder eben nicht.

Abbildung 3.53: So weist man nonverbal auf den Handgruß hin.

Die Augen des Gegenübers lenken

In Kundengesprächen ist Zuhören meist wichtiger, als selbst zu reden. Leider sind die diesbezüglichen Fähigkeiten nur bei wenigen Verkäufern wirklich gut ausgeprägt. Oft fällt man anderen ins Wort, weil man entweder zu wissen glaubt, was sie sagen wollen, oder man voller Ungeduld nur sein eigenes Anliegen im Sinn hat und befürchtet, den richtigen Moment dafür zu verpassen. Hilfestellung geben uns hier die Augen: Jemand, der uns gerade etwas erzählt, unterstützt dies, indem er seine Augen bewegt: Sie huschen von rechts oben nach links unten, blicken uns kurz an, huschen dann wieder weg und so weiter. Solange die Augen derart in Bewegung sind, ist der Redner nicht fertig und daher nicht bereit, sich unseren Argumenten zu widmen. Ruht sein Blick dann wieder auf uns, dürfen wir davon ausgehen, dass seine Ausführungen beendet sind.

Wollen wir die Aufmerksamkeit unserer Gesprächspartner auf eine bestimmte Stelle lenken, hilft folgender Trick: Blicken Sie während der Unterhaltung immer wieder einmal zu der entsprechenden Stelle hin. Je häufiger Sie dies tun, desto eher werden andere Anwesende es Ihnen gleichtun.

Dies ist übrigens auch hilfreich, wenn manche Menschen schweigend in einer Runde sitzen und sich aus Gründen der Schüchternheit nicht selbst einbringen. Je mehr man sie mit Blicken einlädt, desto stärker wird ihre Motivation, sich am Gespräch zu beteiligen. Außerdem bringt man so auch andere Anwesende dazu, diese Person mehr in den Fokus zu nehmen.

Sympathie schaffen

Nähe macht sympathisch. In einem Versuch der University of Minnesota stellte man fest, dass Menschen, die bei der Frage, ob sie eine Münze von einer Ablage genommen hatten, deutlich weniger logen, wenn sie dabei leicht am Ellbogen berührt wurden. In den Fällen, in denen eine Berührung nicht erfolgte, war der Anteil der Lügner mehr als drei Mal so hoch. Ganz besonders interessant war die Tatsache, dass kaum einer der Probanden sich an die Berührung, die nur etwa eine Sekunde gedauert hatte, erinnern konnte.

Der Grund für die unterschiedlichen Ergebnisse liegt in der Tatsache, dass sich durch die Berührung zwischen zwei einander bis dahin vollkommen fremden Menschen eine Nähe entwickelt hatte, die es dem Finder der Münze moralisch erschwerte, den Fragenden anzulügen.

Viele Mitarbeiter aus der Gastronomie bestätigen zudem, dass ihr Trinkgeld höher ausfällt, wenn sie den Gast im Verlauf des Besuches im Zusammenhang mit einer Bestellung leicht und unaufdringlich am Arm oder an der Schulter berührt hatten. Wie immer muss natürlich berücksichtigt werden: Nichts gilt zu 100 Prozent. Hin und wieder trifft man auf Menschen, die bezüglich der Verletzung ihrer Intimdistanz so empfindlich sind, dass sie sich der Berührung nicht nur bewusst werden, sondern diese so stark ablehnen, dass die Reaktion ins Gegenteil kippt.

Bewegung in die Schlange bringen

Wer sich schon einmal an einer Supermarktkasse vorgedrängelt hat, weiß, dass man sich auf diese Weise keine Freunde macht. Nicht verboten, jedoch ungewöhnlich und daher irritierend ist es bereits, wenn man sich an einer Schlange zwar nicht vordrängelt, sich jedoch ohne erkennbaren Grund *vorn* anstellt. Probiert man dies einmal aus, stellt man fest, dass man sich dabei relativ unwohl fühlt. Vermutlich zu Recht geht man nämlich davon aus, dass die nun geschärfte Aufmerksamkeit sich auf uns und das genaue Einhalten der Reihenfolge richtet.

Was man auf diese Weise bei einigen der Wartenden erreicht, ist, dass sie scheinbar zufällig ihren Fuß einen Schritt nach vorn setzen. Sie senden damit unausgesprochen das Signal: „Ich bin vorher dran!" Natürlich ist sich üblicherweise niemand dieses Bewegungsablaufes bewusst. Und selbst wenn, wäre jeder der Ansicht, es handelte sich dabei um eine freiwillige Entscheidung. Besser weiß es jedoch derjenige, der sich kurz zuvor vorn angestellt hat – denn er war es, der diesen Schritt verursacht hat.

Spiegeln

Aus Verkaufsschulungen kennen manche Außendienstler das Spiegeln als Methode, sich besser auf ihr Gegenüber einzustellen. Unter dem Namen „Pacing" wird das Spiegeln im NLP, dem Neurolinguistischen Programmieren, gelehrt. Es dient dem Aufbau von Vertrauen und soll für eine gute Chemie zwischen einander fremden Menschen sorgen.

Der dahinter stehende Gedanke „Wer so ist wie ich, den mag ich" ist nachvollziehbar. Wer auf einer großen Veranstaltung zu Gast ist, bei der man zunächst niemanden kennt, nutzt vielleicht die Möglichkeit, im Vorbeigehen Gesprächsfetzen aufzuschnappen und sich bei einem passenden Thema einem Grüppchen hinzuzugesellen. Das hier funktionierende Prinzip „Ähnlichkeit erzeugt Sympathie" steckt auch hinter der Idee des Spiegelns: Dabei orientiert man sich hinsichtlich der eigenen Körpersprache an der des Gegenübers. Von diesem ausgeführte Körperhaltungen werden im Wesentlichen nachgeahmt, es entsteht ein ähnlicher Rhythmus, der beide „auf einer Welle schwimmen" lässt.

In diesem Zusammenhang wird häufig die Kritik geäußert, dass das Gegenüber die Nachahmung bemerke und sich veralbert fühle. Dies ist nur sehr selten der Fall und hängt natürlich von der Art des Spiegelns ab. Für die meisten Menschen ist es ausreichend, die groben Körpersignale (Beine, Arme, Sitzposition) zu spiegeln.

Abbildung 3.54: Wer spiegelt hier wen?

Individuelle und situationsbedingte Bewegungen wie das Hochziehen der Ärmel, das Kratzen an der Nase, weit ausholendes Untermalen von Gesagtem oder negative Gesten der Ablehnung und des Rückzuges sowie statusbedingte Signale, die einem Verkäufer in den Räumen eines Kunden nicht zukommen, dürfen natürlich nicht gespiegelt werden.

Abbildung 3.55: Die Sitzposition des linken Herrn zu spiegeln wäre hier kontra-produktiv.

Lügen

Die bekannteste Form der Manipulation ist die Lüge. In körpersprachlicher Hinsicht handelt es sich dabei genau genommen auch um die Schwierigste, da man Verbal- und Körpersprache aufeinander abstimmen muss, um keine verräterischen Signale auszusenden. Das allerdings ist für die meisten Menschen nahezu unmöglich. Viele Lügen bleiben dennoch unerkannt, weil die Abweichungen zwischen Gesagtem und körperlich Kommuniziertem nur schwer zu erkennen sind, wenn man nicht weiß, worauf man achten muss. Womit wir zu einem weiteren, außerordentlich interessanten Bereich der Körpersprache kommen.

3.2   Mikroausdrücke

Die wohl bekanntesten Untersuchungen zu Mikroausdrücken (engl.: Microexpressions) stammen von dem amerikanischen Anthropologen und Psychologen Paul Ekman. Zusammen mit seinem Kollegen Wallace Friesen entwickelte er das Facial Action Coding System (FACS). Es handelt sich dabei um eine Methode, mittels derer emotional bedingte Gesichtsausdrücke erfasst werden können. Ekman unterscheidet dabei zwischen sieben menschlichen Grundemotionen: Freude, Trauer, Verachtung, Ekel, Wut, Überraschung und Angst. Die seinen Forschungen zugrunde liegende Fragestellung, ob menschliche Mimik angeboren und universell oder kultur- und umweltabhängig ist, beantwortet er nach 40 Jahren, von denen er einige bei Eingeborenenvölkern, beispielsweise in Papua-

Neuguinea, verbrachte, denn auch ganz klar: Menschliche Mimik ist genetisch bedingt und daher kulturübergreifend gültig. Dieses Wissen machte Ekman nicht nur zu einem der bedeutendsten Wissenschaftler des 20. Jahrhunderts, wie ihn die American Psychological Association nannte, sondern auch zu einem Experten für Lügenerkennung.

Abbildung 3.56: a) (von l. o. nach r. u.): Freude, Trauer, Verachtung, Ekel, Wut, Überraschung
b) Angst

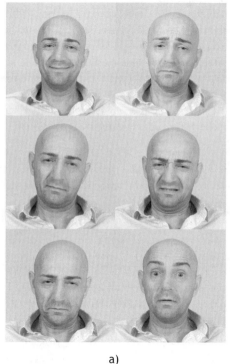

a)   b)

Wie schon erläutert, ist Körpersprache die äußere Darstellung unserer inneren Haltung. Microexpressions gehören ebenfalls zur Sprache unseres Körpers, und auch sie drücken unser inneres Empfinden aus, wenngleich sie ungleich feiner, schwerer erkennbar und zudem nicht kontrollierbar sind. So sind ein stechender Blick, zusammengepresste Lippen sowie in die Mitte und nach unten gezogene Augenbrauen Komponenten, mittels derer wir die Emotion Wut ausdrücken. Würde man nun versuchen, diese Emotion – beispielsweise im Zusammenhang mit einer Lüge – zu unterdrücken, oder handelte es sich um unbewusste, vielleicht unterdrückte Gefühle, würden diese Signale dennoch für Sekundenbruchteile unbewusst in unserem Gesicht angedeutet. Diesen Vorgang, ebenso wie weitere Mikroausdrücke, zu denen etwa verengte oder geweitete Pupillen, ein beschleunigter Lidschlag oder eine zitternde oder im Klang erhöhte Stimme gehören, lassen sich nicht kontrollieren, sind aber sehr wohl erkennbar. Fairerweise muss man einräumen, dass die Arbeit mit Filmaufnahmen und einer Zeitlupeneinstellung die Erkennung solcher Signale um einiges erleichtert.

Die Deutung von Mikroausdrücken ist nicht nur im Zusammenhang mit Lügen interessant. Generell können sie uns Hinweise auf das Befinden unserer Mitmenschen geben und dem aufmerksamen Beobachter verraten, welches Thema unser Gegenüber besonders interessiert, welches ihn ärgerlich macht oder worüber er eher nicht sprechen möchte. Im Gegenzug gelingt es mitunter auch geübten Schauspielern nicht immer, die richtige Emotion auf Abruf zur Verfügung zu stellen beziehungsweise diese stimmig in ihre (Mikro-) Mimik zu übertragen. So liegen zum Beispiel die Microexpressions für Trauer und Schmerz nah beieinander, eine Verwechslung durch den Schauspieler wie auch durch den Betrachter ist daher durchaus möglich. Im echten Leben, in dem die Emotionen real sind, müssen wir uns nicht um die passenden Signale bemühen, im Gegenteil: Wir können rein gar nichts dagegen tun, sie zu senden. Dennoch: Nur die wenigsten erkennen sie. Im Hinblick auf Lügen schätzt Ekman, dass nur etwa vier Prozent aller Menschen so gute Lügner sind, dass ihr Körper gar nicht erst verräterische Mikrosignale aussendet – weil sie ihre Lügen selbst glauben.

Anhand folgender Übung lässt sich der Blick für Mikrosignale recht gut trainieren. Die Erfahrung zeigt, dass sie, richtig und in Ruhe ausgeführt, schon beim ersten Mal erstaunliche Beobachtungen ermöglicht.

Übung 5: Kalibrieren

Im Zusammenhang mit Mikroausdrücken bedeutet Kalibrieren, individuelle Veränderungen an einem Menschen wahrzunehmen, die auf bestimmte Zustände und Emotionen hindeuten. Es ist sozusagen eine Feinabstimmung auf sonst eher unauffällige körpersprachliche Merkmale. Man benötigt mindestens einen Partner, interessanter ist es jedoch, diese Übung in einer größeren Gruppe durchzuführen.

1. Eine Person (P) setzt sich bequem vor die Gruppe auf einen Stuhl, sodass sie gut zu sehen ist, und während des Übungsverlaufes soll sie sich auch nicht anders hinsetzen. Nun bittet der Übungsleiter (L) sie, an jemanden zu denken, der ihr ausgesprochen sympathisch ist. Alle anderen Teilnehmer beobachten P sehr genau: Atmung, Lidschlag, Mimik, kleinste Bewegungen der Finger, Füße usw. Wichtig ist, sich dabei Zeit zu lassen.

2. L bittet P nun, an jemanden zu denken, der ihr ausgesprochen unsympathisch ist. Wieder beobachten alle anderen Ps (Mikro-)Signale sehr genau. Im Gegensatz zu vorher werden sich Unterschiede feststellen lassen.

3. Nun wird P von L aufgefordert, an *eine* der beiden Personen zu denken, wobei L und die Teilnehmer nicht wissen, um welche es sich handelt. Hierzu verwendet L Sätze wie: „Denke an diejenige der beiden Personen, die du schon länger kennst"

oder „Denke an denjenigen, der das teurere Auto fährt". Die Gruppe beobachtet P und schätzt dann ein, ob es sich um die sympathische oder um die unsympathische Person handelt. L wiederholt diese Aufforderung mit verschiedenen Fragestellungen, (etwa sechs bis zehn Mal). Sollte P eine der gefragten Unterscheidungen nicht treffen können, weist P darauf hin. L stellt dann einfach eine andere Frage.

4. Im Regelfall – und wenn man sich ausreichend Zeit gelassen hat – wird sich in der Mehrheit der Fälle ein deutlicher Unterschied in Ps (Mikro-)Signalen erkennen lassen. Anschließend kann der/die Nächste nach vorn.

L sollte P nach jeder Phase einige neutralisierende Fragen stellen (zum Beispiel: „Was hattest Du heute zum Frühstück?"), um eventuell vorhandene Mikrosignale zu löschen.

3.2.1   Lie to me[11] - Lüg mich an!

> „Jeder Mensch lügt."
>
> *Hugh Laurie als Dr. House*
> *in der gleichnamigen US-Fernsehserie*

Jeder Mensch lügt!

Professor Dr. Jochen Mecke, Sprach- und Kulturwissenschaftler der Universität Regensburg, schätzt, dass man täglich bis zu 200 Mal lügt.[12] Allerdings entfällt ein nicht unwesentlicher Teil davon auf die sogenannten weißen Lügen. Zu den wohl am häufigsten benutzten weißen Lügen (engl.: white lies, was im Englischen gleichzeitig der Begriff für Notlügen ist) gehören ein freundliches Lächeln an unser Gegenüber, das uns im Grunde vielleicht sogar unsympathisch ist, ein Lob an die Kollegin bezüglich deren neuer Frisur, obwohl uns diese in keiner Weise gefällt, oder die Antwort „Danke, gut." Die dieser Antwort vorausgehende Frage „Wie geht's?" ist ohnehin meist rein rhetorisch; eine ausführliche Antwort wird gar nicht erwartet. Umso interessanter ist mitunter die Reaktion, wenn der Befragte plötzlich beginnt, ausschweifend von seiner aktuellen Situation zu berichten. Man kann förmlich sehen, wie sehr sich der Fragende stattdessen über eine Lüge gefreut hätte. Manch einer würde die weißen Lügen denn wohl auch eher als kleine Unwahrheit, Flunkerei oder sogar als Höflichkeit betrachten. Auch Mitleid kann ein Grund für eine solche Lüge sein.

Während es sich bei weißen Lügen um Aussagen handelt, die üblicherweise niemandem schaden und meist sogar notwendig sind, um mit anderen Menschen gesellschaftlich umgehen zu können, sieht dies bei den „dunklen" oder „schwarzen" Lügen anders aus: Sie begründen sich in einer weniger sympathischen oder harmlosen Täuschungsabsicht. Sie

---

[11] „Lie to me" ist der Titel einer US-amerikanischen Krimiserie, in der Verbrechen durch die Erkennung von Microexpressions aufgedeckt werden. Sie basiert auf den Forschungen von Paul Ekman.

[12] „Weshalb der Mensch täglich 200 Mal lügt", in: Ost Bayern extra, 27.03.2008.

werden von Straftätern, Betrügern, Hochstaplern oder von missgünstigen oder bei einem Fehltritt ertappten Personen eingesetzt, um entweder sich selbst als schuldlos hinzustellen oder andere in ein schlechtes Licht zu rücken. Dabei wird der Verstoß gegen Recht, Anstand und Moral wissentlich in Kauf genommen.

Diese Lügen sind es, die zu erkennen wesentlich interessanter und reizvoller ist, als es bei weißen Lügen der Fall ist. Zumal der Gebrauch von Höflichkeitsfloskeln ohnehin bekannt ist und uns oft schon in der Kindheit als erforderliches Instrument gelungener Kommunikation beigebracht wird.

Eindeutige und allgemeingültige Antworten auf Fragen wie „Woran erkennt man einen Lügner?", „Welche Gesten sind typisch?" oder „Sind Lügensignale bei jedem gleich?" sind kaum möglich. Selbst Ekman stünde laut eigener Aussage im Zusammenhang mit der möglichen Verurteilung eines Straftäters nicht als Experte zur Verfügung.

Selbst bei bester Interpretationsfähigkeit liegt die Trefferquote nämlich kaum über 70 Prozent, bei den wenigen von Natur aus dafür außerordentlich begabten Menschen bei etwa 80 Prozent. Ekman hält die Möglichkeit, Täuschungsversuche anhand von Körpersprache und Gesichtsausdrücken aufzudecken, nicht für genau genug, um auch in Gerichtsverhandlungen zweifelsfrei verwertbar zu sein.

Auch Polygrafen, umgangssprachlich als Lügendetektoren bekannt, erreichen keine bessere Erfolgsrate. Sie messen die körperlichen Signale, bei denen – so die Hoffnung und Beteuerung der Befürworter – beim Lügen Veränderungen auftauchen: Atembewegungen von Brustkorb und Bauch, Herzrhythmus und -geschwindigkeit sowie die Aktivität der Schweißdrüsen. Abgesehen davon, dass Polygrafen eine Lüge nicht von der Wahrheit unterscheiden, sondern lediglich Signale messen können, die auf Unwahrheiten hindeuten, kann eine Menge Faktoren das Ergebnis beeinflussen, zum Beispiel: Wer führt die Befragung durch? Handelt es sich um einen 50-jährigen, durchschnittlich attraktiven Mann oder um eine 28-jährige Blondine, die eben erst einem Modejournal entstiegen zu sein scheint? Hat der Verhörte Angst, zu Unrecht verdächtigt zu werden? Hat er wirklich etwas zu verheimlichen, was zwar mit der eigentlichen Anschuldigung nichts zu tun hat, von dem er jedoch befürchtet, es könne im Zusammenhang mit der Befragung herauskommen und an ganz anderer Stelle für Schwierigkeiten sorgen? Ist der Verhörte ein geübter Lügner? Hat er Angst vor Institutionen? Verfügt er über einschlägige Vorerfahrungen?

Jeder Mensch hat individuelle Gewohnheiten und Eigenarten, weshalb man Lügen umso leichter erkennen könnte, je besser man mit dem Lügenden bekannt beziehungsweise vertraut ist. *Könnte!* Tatsächlich ist es nämlich so, dass auch Paare, die sich gegenseitig belügen, es nicht häufiger bemerken als bei weniger nahestehenden Personen, zumindest solange kein begründeter Anfangsverdacht besteht. Ist dies jedoch der Fall, sind Frauen wesentlich besser darin, Lügen bei ihren Partnern zu erkennen, als Männer. Die Begründung liegt in der höheren Sozialkompetenz der Frauen, die sich auch in der weiblichen Körpersprache ausdrückt. Solange kein Grund für einen Verdacht vorliegt, sind sie mehr an der Botschaft und der Befindlichkeit ihres Gesprächspartners interessiert als an dem, was dieser ihnen möglicherweise verheimlichen will. Gibt es jedoch einen Grund, misstrauisch zu sein, hat kaum ein Mann eine Chance, seiner Frau eine Lüge aufzutischen. Sie registriert kleinste Veränderungen des Tonfalls, des Blickverhaltens, der Mimik und der Gestik.

Abweichungen von der sogenannten Baseline, einem einmal erkannten Grundverhaltensmuster einer Person, fallen Frauen besonders auf. Dieses Grundverhalten ist es, das uns bei der Erkennung von Lügen wichtige Anhaltspunkte gibt.

Grundverhalten

Das Grundverhalten eines Menschen, also das an den Tag gelegte Verhalten, wenn er *nicht* lügt, lernt man – theoretisch – umso leichter kennen, je näher man ihm steht und je länger man ihn kennt. Hier muss allerdings vor einem häufigen Fehler gewarnt werden: Insbesondere von Paaren oder Eltern hört man oft Aussagen wie: „Ich kenne ihn/sie ganz genau", „Er/sie würde nie ....", oder „Ich merke sofort, wenn mein Kind mir etwas verheimlicht". Täuschen Sie sich nicht! Unser Vertrauen und unser Wunsch, dass nicht sein kann, was nicht sein darf, trüben unseren Blick.

Ebenso, wie wir Menschen, die wir nicht besonders mögen, ohne konkreten Grund misstrauisch begegnen, bringen wir uns nahestehenden Personen automatisch einen Vertrauensvorschuss entgegen, der uns für manches Signal blind macht; bis eines Tages womöglich eine große Enttäuschung unseren Blick freigibt und uns nachträglich Dinge einfallen, die schon viel früher unser Misstrauen hätten wecken können. Zukünftiges Vertrauen wird dadurch verhindert oder zumindest schwer gemacht. Mitunter tritt sogar der gegenteilige Effekt ein und bedeutungslose Signale werden plötzlich überbewertet.

Das Grundverhalten einer Person lässt sich am besten in einer entspannten Situation feststellen: In einem Gespräch in gelöster Atmosphäre, bei einem Essen in einem Restaurant oder – bei Familienmitgliedern und Kollegen – bei ganz normalen Alltagsaufgaben.

Beispiel 11: Bewerbungsgespräch

Ein Inhaber eines Einzelhandelsunternehmens ist auf der Suche nach einer neuen Geschäftsführerin für eine seiner Filialen. Vor einer Festanstellung will er möglichst genaue Informationen über seine potenzielle neue Mitarbeiterin haben, ist sich jedoch auch nach dem persönlichen Vorstellungsgespräch mit drei Kandidatinnen noch nicht sicher. Er entscheidet sich für folgendes Vorgehen: In Begleitung seiner Frau lädt er jede der drei Damen nacheinander zum Essen in ein Restaurant ein. Sein Ziel ist es, „in einem lockeren, entspannten Rahmen mehr über das tatsächliche Verhalten, vorhandene Absichten, Wünsche und Ziele der jeweiligen Bewerberinnen zu erfahren". Sein durchaus schlüssiger dahinterstehender Gedanke ist, dass sich Menschen in einer Bewerbungssituation für die Dauer eines zwanzig- bis dreißigminütigen Gespräches möglicherweise noch einigermaßen zusammennehmen und verstellen können. Im Verlauf eines etwa dreistündigen Restaurantbesuches jedoch lässt die Anspannung auf Seiten der Bewerberinnen langsam nach, die Atmosphäre wird gelöst. Da verschiedene Themen aus ganz unterschiedlichen Bereichen besprochen werden, werden Vorbehalte auf Seiten der Bewerberinnen früher oder später fallen und das Grundverhalten setzt sich durch. Auf diese Weise erhält der Geschäftsmann vermutlich die ihm bis dahin fehlenden Informationen, um zu einer Entscheidung zu gelangen.

Das beschriebene Vorgehen ermöglicht es, ein zunächst für das Vorstellungsgespräch oberflächlich aufgesetztes Verhalten im Laufe des längeren Beisammenseins zu durchschauen und nach und nach einen klareren Blick auf das normale Grundverhalten werfen zu können.

Will man jemanden, den man bereits kennt, einer Lüge überführen, muss man den umgekehrten Weg nehmen: Man beobachtet, wann, wo und wie der Betreffende von seinem uns bereits bekannten Verhalten abweicht und etwas auftritt, das wir bislang noch nicht beobachtet haben. Dabei müssen wir allerdings beachten, dass beispielsweise eine andere als die sonst gewohnte Sitzhaltung noch keine auf eine Lüge hinweisende Abweichung vom Grundverhalten darstellt; vielleicht ist der Stuhl einfach nur unbequem oder Rückenschmerzen nötigen den Betreffenden, sich häufiger als sonst umzupositionieren. Entscheidend ist nicht jede einzelne Veränderung für sich, sondern eine – gegebenenfalls gehäufte – Kombination mehrerer Abweichungen. So, wie die generelle Interpretation von Körpersprache stets abhängig ist vom jeweiligen Kontext, in dem sie stattfindet, setzt auch ein als Lüge interpretierbares Abweichen vom Grundverhalten mehrere Auffälligkeiten voraus. Bevor man jemanden zu Unrecht verdächtigt, sollte man zudem bedenken, dass weitere Gründe ursächlich sein können. Der Betreffende könnte

- Hunger oder Durst haben,

- müde sein,

- allgemein erschöpft sein,

- auf Toilette müssen,

- unter Zeitdruck stehen,

- unter einem anderen (zum Beispiel beruflichen) Druck stehen,

- aus anderen Gründen nervös sein,

- kein Interesse am aktuellen Thema haben (Langeweile).

Natürlich können wir uns außer dem Grundverhalten auch direkt das Verhalten eines Menschen während einer Lüge einprägen. Wir können dann gegebenenfalls zu einem späteren Zeitpunkt erkennen, ob man uns anlügt. Dazu bitten wir die betreffende Person darum, in einer entsprechenden Situation für uns zu lügen, beispielsweise indem wir uns am Telefon verleugnen lassen. Während unser Kollege uns nun freundlicherweise diesen Gefallen tut und dem als unangenehm und äußerst redselig bekannten Kunden vermittelt, dass wir „leider gerade zu Tisch" sind, beobachten wir ihn dabei ganz genau: Tritt er von einem Bein auf das andere? Klingt seine Stimme anders? Reibt er sich die Nase oder fasst er sich wiederholt an andere Stellen im Gesicht? Zieht er eine Augenbraue hoch? Welches Signal auch immer er sendet: Wir prägen es uns – optimalerweise in mehreren auf diese

Weise konstruierten Situationen – ein und haben so zu einem späteren Zeitpunkt die Möglichkeit, unsere Erfahrungen gegeneinander abzugleichen, um einer eventuellen Unwahrheit auf die Spur zu kommen. Zugegebenermaßen handelt es sich hierbei um ein recht
mühevolles Vorgehen. Überdies sollte, wer diesen Aufwand dennoch als notwendig erachtet, sich daher zumindest fragen, ob die notwendige Vertrauensbasis, die für eine Zusammenarbeit im Normalfall sinnvoll und erforderlich ist, generell noch gegeben ist.

3.2.2 Lügen haben kurze Beine

Asymmetrie und Inkongruenz

Lügen ist anstrengend. Wer lügt, muss sich auf seine Aussagen konzentrieren und verringert dadurch die Aufmerksamkeit, die für körperliche Abläufe zur Verfügung steht. Letztere werden von unserem limbischen System gesteuert, welches unseren Körper dazu
veranlasst, sich intuitiv stets angemessen, sozusagen wahrheitsgemäß zu verhalten. Im
Gegensatz dazu wird unsere Sprache von unserem Neocortex gesteuert, dem Teil unseres
Gehirns, der für das bewusste Denken zuständig ist. Machen wir also wissentlich eine
falsche Aussage, muss unser Neocortex nicht nur deren inhaltliche Information entwickeln
und dabei beachten, möglichst glaubwürdig zu sein und keine Fehler zu machen; es muss
zudem gegen das sofort anspringende, intuitiv der Wahrheit entsprechen wollende limbische System arbeiten und zusätzlich die Körpersprache der Lüge anpassen. Dies führt bei
fast allen Menschen, insbesondere bei Ungeübten, zur Überforderung. Versuchen Sie beispielsweise einmal, mit dem Kopf zu nicken, während sie Nein sagen, beziehungsweise
ihn zu schütteln, während sie Ja sagen; Sie werden feststellen, wie schwer es Ihnen fällt. Sie
müssen sich richtiggehend darauf konzentrieren. Auch wenn es sich beim Kopfnicken
oder -schütteln nicht um ein angeborenes, sondern um ein kulturell erlerntes Signal handelt: Da uns die Bedeutung dieser Signale von Kindesbeinen an in Fleisch und Blut über-
gegangen ist, fällt uns die Kombination der jeweils gegenläufigen Signale schwer.

Als Beispiel bietet sich Bill Clintons Lewinsky-Affäre aus dem Jahr 1998 an: Bei seiner viel
zitierten Aussage, bei der er versicherte, „keinen Sex mit dieser Frau" (Monica Lewinsky)
gehabt zu haben, schüttelte er *nicht* mit dem Kopf. Das Ausbleiben dieses Merkmals war
es, dass – neben einer Reihe anderer Auffälligkeiten – die Aufmerksamkeit zahlreicher
„Körpersprachler" erregte: Die Glaubwürdigkeit einer Aussage, von der man annehmen
darf, dass sie durchaus nennenswerte Folgen für Clintons politische Zukunft haben würde,
hatte gewiss einen hohen Stellenwert für ihn. Es wäre daher anzunehmen gewesen, dass
Clinton die Feststellung, er habe keinen Sex mit Frau Lewinsky gehabt, instinktiv mit einem Kopfschütteln untermauert hätte – wenn sie denn der Wahrheit entsprochen hätte!
Das Fehlen des Kopfschüttelns jedoch legte die Vermutung nahe, dass sich Clinton zwar so
weit kontrollierte, nicht noch zusätzlich zu nicken; dass die Kontrolle jedoch für ein – ge-
logenes – Schütteln nicht mehr ausreichte.

Wollte uns jemand eindringlich versichern, etwas *nicht* gestohlen zu haben, und nickte
dabei mit dem Kopf, gäbe er uns einen sehr deutlichen Hinweis auf seine Unehrlichkeit.
Ebenso sollten wir uns, wenn man uns sagt, man habe großen Spaß an unserer Feier ge-

habt, dabei aber mit dem Kopf schüttelt, die Frage stellen, woran es wohl gelegen haben mag, dass unsere Party bei ihm nicht gut ankam. Betont jemand eine wahre Aussage mit dem Zeigefinger, wird dabei sein Blick üblicherweise in dieselbe Richtung weisen wie sein Finger, (es sei denn, man beschreibt uns gerade den Weg zur nächsten Tankstelle). Dieser Automatismus wird beim Lügen außer Kraft gesetzt: Der Zeigefinger des Lügners, der sein Gegenüber mit klarem Blick ansieht, um so die eigene Aufrichtigkeit zu beteuern, wird dem Blick nicht folgen, sondern eine andere Richtung einschlagen. Auch dieses Verhalten war übrigens bei Bill Clintons genannter Aussage zu beobachten.

Asymmetrische und inkongruente Signale können Hinweise auf Lügen sein. Durch sie werden Unstimmigkeiten deutlich, die unser Körper auf diese Weise zum Ausdruck bringt. Dazu gehört beispielsweise das sarkastische Lächeln, bei dem die Mundwinkel in unterschiedliche Richtungen gezogen werden, während beim echten Lächeln, mit dem aufrichtige Freundlichkeit oder Freude ausgedrückt werden, die Mundwinkel gleichmäßig nach oben deuten. Dies ist auch beim unechten Lächeln der Fall: Beide Mundwinkel werden nach oben gezogen, es handelt sich dabei meist um ein formales Lächeln, das eingesetzt wird, um geltenden Höflichkeitsregeln oder Erwartungen der Öffentlichkeit, zum Beispiel bei Prominenten, zu entsprechen. Im Gegensatz zum echten Lächeln fehlen hierbei jedoch die Fältchen um die Augen oder sind nur schwach erkennbar.

Abbildung 3.57: a) Sarkasmus. Man erkennt es an den in unterschiedliche Richtungen weisenden Mundwinkeln.
b) Ein echtes Lächeln. Der geneigte Kopf unterstreicht die Zuwendung.
c) Beim unechten Lächeln sind die Augen nicht beteiligt.

a)   b)   c)

Das Hochziehen der Schulter kann ebenso nonverbal auf eine Lüge hinweisen. Damit ist nicht das beidseitige Schulterzucken gemeint, das gemeinhin ein Ausdruck von Ahnungslosigkeit ist, sondern das einseitige Hochziehen der Schulter, welches die Lüge begleitet. Auf diese Weise zeigt der Körper, dass er das eben Gesagte selbst nicht glaubt. Weitere asymmetrische Zeichen sind das Hochziehen nur einer Augenbraue und der seitwärts gestellte Fuß, wobei dieser natürlich nicht als typisches Lügensignal zu betrachten ist (siehe Seite 94).

Inkongruent ist es, wenn zum Beispiel jemand Überraschung zum Ausdruck bringen will, dabei jedoch seine Augenbrauen zu lange hochzieht; dann scheint die Überraschung nur gespielt zu sein. Bei echter Überraschung sind die Augenbrauen nämlich maximal eine Sekunde hochgezogen, zusammen mit weit aufgerissenen Augen und geöffnetem Mund.

Auch fehlende Signale können ein Hinweis auf Unwahrheit sein: Berichtet uns beispielsweise jemand von einem schrecklichen Erlebnis, bei dem er furchtbare Angst hatte, und spiegelt sich diese Angst dann nicht auf seinem Gesicht wider, können wir den Wahrheitsgehalt seiner Geschichte berechtigt in Zweifel ziehen, es sei denn, jemand hat ein Erlebnis aus Gründen des Selbstschutzes verdrängt und sich damit emotional übermäßig stark davon distanziert. Gleiches gilt für andere Ereignisse, bei denen man neben Überraschung oder Angst entweder Freude, Trauer, Wut, Verachtung oder Ekel empfunden hat und die im Normalfall in einer Erzählung erneut zum Ausdruck kommen sollten. Diese sieben von Ekman bestätigten Grundemotionen sind es, die bereits Charles Darwin als universell und damit als rund um den Globus gültig betrachtete.

Handelt es sich nicht gerade um professionelle Betrüger mit jahrelanger Übung, können die meisten Lügner aufgrund des durch die Lüge erzeugten Stresses ihre Körpersprache kaum fehlerfrei ihren Aussagen anpassen. Natürlich ist dieser Umstand den meisten Menschen nicht bewusst, was auch der Grund dafür ist, dass zahllose Lügen unentdeckt bleiben: Der Lügner kommt meist nur deshalb mit seiner Geschichte durch, weil niemand diese Abweichungen kennt oder es für nötig hält, auf sie zu achten. Tauchen derlei körpersprachliche Unstimmigkeiten häufiger auf und handelt es sich darüber hinaus bei diesen um Abweichungen vom normalen Verhalten einer Person, kann der Verdacht einer Lüge durchaus begründet sein.

Lüge, Wahrheit und NLP

Im Neurolinguistischen Programmieren (NLP) wird gelehrt, dass man Lügner an den Bewegungen ihrer Augen erkennen könne. Beim NLP handelt es sich um ein umfassendes Konzept, das aus zahlreichen Modellen und Methoden besteht, deren theoretische Wurzeln unter anderem in der Verhaltens- und Neurophysiologie, den Sprachwissenschaften sowie der Hypnose und der Philosophie liegen. Die Wortkonstruktion verweist auf die Wechselbeziehung zwischen

- neurophysiologischen Prozessen (Neuro),

- unserer Sprache (linguistisch) sowie

- strukturierenden Programmen für unsere Erfahrungen (Programmieren).

Diese Aspekte sowie deren Wechselwirkungen beeinflussen entscheidend unser Wahr-nehmen, Denken, Empfinden und Handeln. Als komplexes Kommunikationsmodell und Trainingsprogramm versucht NLP, Denkprozesse und emotionale Zusammenhänge zu entschlüsseln. Anwendung findet es mittlerweile in den unterschiedlichsten Arbeitsberei-chen der Psychologie, Therapie, Pädagogik und dem Business.

Jeder gesunde Mensch nimmt seine Umwelt mit fünf Sinnen wahr: Sehen (visuell), Hören (auditiv), Fühlen (kinästhetisch), Riechen (olfaktorisch) und Schmecken (gustatorisch). Im NLP glaubte man lange Zeit, entdeckt zu haben, dass sich diese sogenannten Repräsenta-tionssysteme in festgelegten Augenbewegungsmustern niederschlügen:

Abbildung 3.58: (von l. o. nach r. u., aus Betrachtersicht): visuelle Konstruktion, (was sie sich vorstellt, ohne es gesehen zu haben), visuelle Erinnerung, (was sie gesehen hat), auditive Konstruktion, (was sie sich akustisch vorstellt, ohne es gehört zu haben), auditive Erinnerung, (was sie ge-hört hat), sonstige Erinnerungen und Konstruktionen (Gefühl, Geruch, Geschmack), innerer Dialog, (was sie zu sich selbst sagt).

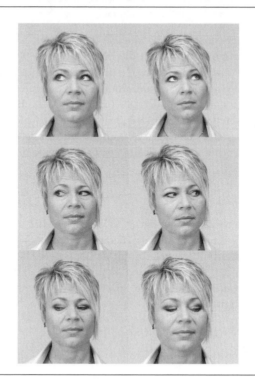

Augenbewegungen

Die meisten Informationen nehmen wir im Allgemeinen über unsere Augen und Ohren auf. Laut NLP kann man zwischen Lüge und Wahrheit folgendermaßen unterscheiden: Eine Person, die eine tatsächlich vorhandene visuelle Erinnerung abruft, beispielsweise bei der Frage: „Wie viele Fenster hat Ihr Haus?", sucht diese Erinnerung mit ihren Augen links oben, jener Gehirnhälfte, die tendenziell eher für das rationale Denken zuständig ist. Um eine nicht real vorhandene Information, wie es bei einer fiktiven Vorgabe („Wie sähe Angela Merkel in einem violetten Schlafanzug mit gelben Punkten aus?") oder einer Lüge der Fall ist („Beschreiben Sie den Ort, an dem sie sich zur Tatzeit angeblich aufgehalten haben!"), beantworten zu können, müsste der Betreffende dieses Bild zunächst konstruieren, um die Frage anschließend beantworten zu können. Dies jedoch täte er gemäß dem NLP im rechten oberen Bereich. Trefflich ist, dass die rechte Hirnhälfte tatsächlich vorrangig für Kreativleistungen zuständig ist. Auditive Erinnerungen wiederum („Wie klang die erste Geige beim Konzert?") riefe man links in der Mitte, entsprechende Konstruktionen („Wie klänge Bon Jovi mit schwäbischem Akzent?") rechts in der Mitte ab. Anhand dieser Augenbewegungen könne man also erkennen, ob der Befragte lüge oder nicht.

Um es kurz zu machen: Dem ist nicht so. Keine aktuell wissenschaftlich bestätigte Untersuchung konnte Zusammenhänge zwischen der Richtung der Augenbewegungen sowie Wahrheit und Lüge belegen. Erschwerend kommt hinzu, dass die Aufgabenbereiche der Hirnhälften bei einigen Menschen vertauscht sind; Kreativleistungen werden bei diesen eher links-, rationale Überlegungen eher rechtsseitig erbracht. Die bisweilen anzutreffende Aussage, bei diesen Menschen handele es sich um Linkshänder, was sie wiederum erkennbar mache, ist ebenfalls nicht haltbar.

Was jedoch auch bei Augenbewegungen gilt, ist die Regel, dass Abweichungen vom individuellen Grundverhalten einen Hinweis auf eine Lüge sein können.

Ebenso wie sich die Werbung unser kaum beherrschbares Blickverhalten zunutze macht (siehe Seite 142), können uns Kenntnisse über Augenbewegungen auch helfen, manchem Lügner auf die Schliche zu kommen.

Beispiel 12: Abweichende Augenbewegungen

Zur Erstellung dieses Buches wurde eine Reihe verschiedener Videoaufzeichnungen erstellt. Unter anderem wurden die Probanden aufgefordert, wahre und unwahre Ereignisse wiederzugeben, natürlich ohne vorab darüber zu informieren, welche Beschreibung wahr und welche gelogen ist. Auf die Ermittlung des Grundverhaltens wurde bei dieser Testvariante verzichtet. Lediglich beide Verhaltensmuster – das des Lügens und das des Die-Wahrheit-Sagens – wurden einander gegenübergestellt.

Viele der Probanden verrieten sich durch ihr Blickverhalten: Während Ereignisse, die tatsächlich stattgefunden hatten, von deutlich mehr Augenbewegungen begleitet wurden, waren diese bei der gelogenen Variante erheblich seltener; bei Letzterer richtete sich der Blick häufiger auf den Betrachter beziehungsweise in die Kamera. Unabhängig vom – nicht ermittelten – individuellen Blickverhalten, dessen Abweichungen ebenfalls

Hinweise auf Wahrheit oder Unwahrheit geben können, ließ sich feststellen, dass die Erinnerung an ein reales Ereignis oder reale Orte deutlich mehr Augenbewegungen erfordert. Es ist, als suchten wir in unserem riesigen Gedächtnisspeicher nach entsprechenden Bildern, Personen, Gefühlen und Geschehnissen und holten sie damit aus ihren verschiedenen Ecken zurück in unser Bewusstsein.

Die unwahren Ereignisse, die im genannten Versuch erst kurz vor deren Erzählung von den Probanden erfunden worden waren, waren noch so präsent, dass diese Suche nicht notwendig war und sich der Blick daher häufiger auf die Kamera richtete.

Details und Abschweifungen

Sicherlich hat jeder von uns in einem Krimi oder in den Nachrichten schon den Satz „Der Verdächtige verwickelte sich in Widersprüche" gehört. Um derlei Verwicklungen zu verhindern, vermeiden es Lügner im Allgemeinen, zu viele Details zu erzählen. Sie beschränken sich auf das Wesentliche einer Geschichte. Je mehr man eine Lüge nämlich ausbaut, umso mehr muss man darauf achten, alle Details und die sich daraus ergebenden Konsequenzen und Schlussfolgerungen zu berücksichtigen. Dabei unterlaufen einem irgendwann unweigerlich Fehler oder Versprecher. Es kommt zu den besagten Widersprüchen, welche dann die erfundene Geschichte auffliegen lassen. Solange es also nicht um kriminelle Delikte oder gar schwere Verbrechen geht, machen Lügner es sich so leicht wie möglich. Lügt jemand zum Beispiel hinsichtlich eines Ereignisses, bei dem er jemanden getroffen haben will, könnte sich das so anhören:

„Ich war gerade vor dem Geschäft angekommen, es war 16.00 Uhr, da kam er mir von der anderen Straßenseite entgegen. Wir unterhielten uns etwa zehn Minuten, dann ging ich in den Laden. Er fuhr dann wieder weg."

Diese Erzählung beschränkt sich auf eine bestimmte Begegnung und macht diesbezüglich genaue Zeitangaben. Solange es um nichts Wichtiges geht, kommt ein Lügner meist damit durch. Begänne man nun, nach Details zu fragen, geriete er wahrscheinlich schnell in Bedrängnis oder würde ausweichend reagieren. Bei einer wahren Geschichte würde der Erzähler wahrscheinlich schon von Vornherein viele – wenngleich für das entscheidende Ereignis meist unwichtige – Details erwähnen:

„Ich war gerade vor dem Geschäft angekommen – ich hatte Glück, da wurde gerade ein Parkplatz frei – es war, denke ich, 16.00 Uhr, ja, es war sogar ziemlich genau 16.00 Uhr. Gerade, als ich ausstieg, hörte ich nämlich im Autoradio, dass die Nachrichten anfingen. Ich wollte gerade noch in den Kofferraum gucken, da war nämlich während der Fahrt etwas hin und her gerollt, da gucke ich gerade so auf die andere Straßenseite, weil ich das Geschäft gesucht habe, von dem mir mein Bruder erzählt hat – der ist übrigens jetzt für zwei Wochen wieder hier – und da sehe ich ihn plötzlich, wie er über die Straße geht. Ich kann Dir sagen, ich war vielleicht überrascht. Im ersten Moment war ich mir gar nicht richtig sicher, ob ..."

Lügner wollen ihre Geschichte schnell und möglichst unaufwändig loswerden. Deshalb verzichten sie meist auf Abschweifungen und Details. Je knapper, schneller und uninteressanter eine Geschichte erzählt ist, umso schneller, so die Hoffnung, wird sie geschluckt. Wer also argwöhnisch ist, sollte die eine oder andere Detailfrage stellen. Doch wie so oft gibt es auch hiervon Ausnahmen. Im Rahmen der genannten Videoaufzeichnungen, bei denen die Probanden gebeten wurden, wahre und erfundene Ereignisse zu erzählen, fand folgender Dialog statt:

> **Beispiel 13: Der ertappte Lügner**
>
> Versuchsleiter (V): Welche Farbe hatte denn das Fahrrad?
>
> Proband (P): Rot.
>
> V: War es ein Rennrad?
>
> P: Nein, es war ein ganz normales Herrenrad.
>
> V: War ein Gepäckträger dran?
>
> P: Nein. Es war ein Mountainbike.
>
> V: Wie alt war der Mann?
>
> P: Er war Mitte dreißig, hatte einen grünen Helm auf und eine normale Jeans an.

Dem hier gekürzt wiedergegebenen Dialog ging eine ca. einminütige freie Erzählung des Probanden voraus. Dabei handelte es sich um den Hauptteil, für den vom Versuchsleiter einige Minuten Zeit gegeben worden waren, um entweder eine Geschichte zu erfinden oder ein reales Ereignis in der Erinnerung zu rekonstruieren. Die aufgeführten Fragen wurden vom Versuchsleiter anschließend gestellt, um weitere Details abzufragen und das diesbezügliche Verhalten des Probanden zu überprüfen. Dieser beantwortete die Fragen schnell und scheinbar ohne Nachdenken zu müssen. Nach Auswertung des Filmmaterials wurde er zutreffend der Lüge überführt. Folgende Gründe führten zu dieser Annahme:

- Im Vergleich zur wahren Version fehlte in dieser Variante die begleitende Gestik und Mimik.

- Die Augenbewegungen waren deutlich reduziert und richteten sich vorwiegend auf die Kamera. Dies wurde als Hinweis darauf interpretiert, dass keine realen Erinnerungen, sondern eine erst kürzlich konstruierte Realität abgerufen wurde. Viele Menschen gehen davon aus, dass Lügner den direkten Blick in die Augen des Belogenen meiden, um nicht ertappt zu werden. Genau aus diesem Grund jedoch neigen nicht wenige Schwindler dazu, eben diesen Blickkontakt zu suchen, um auf diese Weise ihre angebliche Ehrlichkeit hervorzuheben.

- Die Detailfragen wurden auffallend schnell beantwortet. Es ist jedoch unwahrscheinlich, dass man sich bei einem realen Ereignis an all diese Fakten erinnern könnte, zumindest nicht, ohne einen Moment darüber nachzudenken. Auch die am Ende ungefragt gelieferten Informationen (grüner Helm, normale Jeans) wirkten irritierend. Sie waren der Versuch, durch scheinbares Detailwissen glaubhafter zu wirken.

Die Beschreibung eines Raumes einer weiteren Mitwirkenden der Versuchsreihe wurde zutreffend als Lüge enttarnt, weil sie ebenfalls auffallend viele Details zu beschreiben wusste, auf die man auch als aufmerksamer Mensch normalerweise nicht achtet. Bei der wahren Variante hingegen musste sie länger nachdenken und unterstützte diesen Prozess ebenfalls deutlich mit den Augen.

Detaillierte Beschreibungen sind also nicht immer ein Hinweis auf Wahrheit. Da es sich jedoch im Fall einer Lüge üblicherweise um bewusst konstruierte Details handelt, existiert nach wie vor kein reales Detailwissen. Weitere Fragen werden den Lügner also vermutlich trotzdem unter Druck setzen. Zudem lohnt es sich, darauf zu achten, wie schnell, sicher und selbstverständlich diese beantwortet werden. Ein Mensch, der sich wirklich erinnert, wird sich einen Moment zum Nachdenken nehmen – warum sollte er auch nicht? Immerhin steht er im Gegensatz zum Lügner nicht unter Druck. Er darf sich auch Fehler oder Versprecher erlauben und eine eben gemachte Aussage korrigieren: „Also, am Samstagabend haben wir – nein, Entschuldigung, es war schon am Freitagabend – also, am Freitagabend haben wir …"

Sagen wir die Wahrheit, nutzen wir meist universelle Gesten und körpersprachliche Signale, um unsere Aussagen zu unterstreichen. Bejahungen und Verneinungen werden mit einem Nicken beziehungsweise mit dem Schütteln des Kopfes verstärkt, Situationen, in denen man Angst hatte, mit hochgezogenen Augenbrauen beschrieben, erregt etwas unseren Zorn, atmen wir tief ein, ballen die Faust und sprechen lauter. Wir senden sowohl körpersprachliche wie auch Mikrosignale. Ebenso verändert sich unser Tonfall. So hat man festgestellt, dass Lügner am Ende eines Satzes oftmals die Stimme anheben. Eine Aussage wie: „Ich war aber um diese Zeit noch gar nicht da!" erhält mit am Ende abfallender, also tiefer werdender Stimme eine glaubwürdigere Einfärbung als mit ansteigender.

Eine Vielzahl weiterer, mehr oder weniger auffälliger Gesten kann auf (durch Lügen bedingte) Nervosität hindeuten: Das Spielen mit dem eigenen Schmuck, der Griff in den Nacken, häufiges Zucken der Augenlider, so als versuchte der Körper die Augen vor der Lüge zu verschließen, das Reiben mit der Handfläche auf den Oberschenkeln sowie häufige Griffe ins Gesicht oder an die Nase. Der Grund für letztgenanntes Signal: Beim Lügen wird Blut in die Nase gepumpt. Dies führt zu einem leichten, für das Auge nicht erkennbaren Anschwellen, was in der Folge bisweilen ein leichtes Kribbeln verursacht. Dieses führt dann zu dem „Pinocchio-Effekt", zurückgehend auf die beim Lügen immer länger werdende Nase der bekannten Romanfigur.

Der Wunsch, Lügen erkennen zu können, ist vermutlich so alt wie die Lüge selbst. Dennoch muss zur Vorsicht geraten werden: Einen Schaden zu beheben, der durch eine unbewiesene Vermutung oder Äußerung angerichtet werden kann, ist schwierig. Die Fehlerquote ist insbesondere bei ungeübten Beobachtern sehr hoch, und je nach Intention kann sich unsere Wahrnehmung leicht in eine Richtung verändern, die dem gewünschten Ergebnis am nächsten liegt. Mit anderen Worten: Wenn wir eine Lüge sehen wollen, werden wir sie auch entdecken. Wir sind eben nur Menschen.

4 Männliche und weibliche Körpersprache

4.1 Gleichberechtigt heißt nicht gleich behandelt

> „Wir Frauen haben jahrhundertelang gelitten
> unter dem Etikett des schwächeren Geschlechts."[13]
>
> *Michelle Hunziker,*
> *Moderatorin und Model*

Männer und Frauen sind unterschiedlich. Da sich dieser Umstand erwartungsgemäß nicht ändern wird, könnten wir uns eigentlich damit abfinden. Dennoch wird wohl kein Thema seit Jahren so ausschweifend und hingebungsvoll diskutiert wie es bei diesem der Fall ist. Zahllose Medien, Psychologen, Wissenschaftler, Frauengruppen, Wirtschaftsunternehmen, Politiker und nicht zuletzt Comedians haben sich insbesondere in den letzten Jahren diesem Thema gewidmet und tun es noch – zum Teil enorm erfolgreich. Es ist ein Quell nie enden wollender Missverständnisse, nicht immer falscher Vorurteile, witziger Eigenheiten, unfassbarer Dummheit, schrecklicher Gewalttaten, unsäglicher Arroganz und tiefer Gefühle, der letztlich wohl immer zu der nicht zu leugnenden Erkenntnis führt, dass beide Geschlechter sich ebenso sehr einander auf die Nerven gehen, wie sie sich brauchen – und sei es nur, um zu überleben.

4.1.1 Geschlechterkampf und Machtverhältnisse

Über Jahrhunderte hinweg war die Mehrheit der Frauen in vielen Ländern der Welt männlicher Willkür nahezu vollkommen ausgeliefert. Weder durften sie nennenswerte Entscheidungen treffen noch war es gern gesehen, wenn Frauen sich durch Bücher und Studien Wissen aneigneten, welches über das Notwendige eines gesellschaftlich akzeptierten Geplänkels hinausging. Verfügten sie dennoch über einige Kenntnisse, etwa in der Heilkunst, endeten viele, zumindest in Mitteleuropa, auf dem Scheiterhaufen. Zwar unterschieden sich die Konsequenzen je nach Standesherkunft, doch gab es nur selten Fälle, in denen eine Frau *keine* Folgen zu fürchten hatte, selbst wenn es sich bloß um den Ausstoß aus dem sozialen Gefüge, der Familie oder Gemeinde handelte. Aussagen einer Frau waren per se falsch, eben weil sie von einer Frau kamen. Es soll an dieser Stelle nicht näher auf die unfassbare Selbstgerechtigkeit der Männer und ihre törichten und dummen Ansichten eingegangen werden. Es ist jedoch eine Tatsache, dass nahezu alle Schrecklichkei-

---

[13] *„Wir müssen einander nicht verstehen", Interview von Stefan Ruzas mit Michelle Hunziker*, in: Focus, Nr. 28/2011, S. 79

ten, die in der Welt geschehen sind – und, nebenbei bemerkt, immer noch geschehen –, auf männliche Entscheidungen und Verhaltensweisen zurückzuführen sind.

Die Unterschiede zwischen männlicher und weiblicher Körpersprache sollten also nicht nur vor dem Hintergrund ihrer Effektivität innerhalb bestimmter Situationen betrachtet werden, sondern auch im Hinblick auf den sie bedingenden kulturellen und gesellschaftlichen Ursprung. Dieser nämlich ist bei Frauen eindeutig sozialerer Natur als der der männlichen Körpersprache.

Jahrhundertelang galt die Regel, dass Frauen sich „züchtig" zu betragen hatten. Meist wurde dies religiös begründet, ein Umstand, der in nicht wenigen Ländern der Welt auch heute noch an der Tagesordnung ist. Unter anderem war es der Frau nicht erlaubt, den Mann beim Reden zu unterbrechen, sie mussten sich in Gegenwart anderer Männer in jeder Weise zurückhalten und körperliche Reize vor anderen verbergen, diese allerdings dem eigenen Mann jederzeit bedingungslos und gemäß dessen Wünschen zur Verfügung zu stellen. Frauen trugen die Verantwortung für die drei Ks: Küche, Kinder, Kirche. Letzterer Begriff beinhaltete auch die Unterwerfung unter den – natürlich ebenfalls von Männern bestimmten und durchgesetzten – religiösen Glauben, gemäß dem die Frau dem Mann zu dienen hatte.

Körpersprachlich ergaben sich aus dieser täglich praktizierten Selbsterhöhung des Mannes im gegengeschlechtlichen Kontext kaum Einschränkungen. Sicherlich, es war verboten, sich verheirateten Frauen in sexueller Absicht zu nähern oder gar Ehebruch zu begehen. Doch im Zweifelsfall war es zunächst einmal die Frau, bei der die Schuld lag. Sie war es, die sich um die Einhaltung der ihr vorgegebenen Verhaltensvorschriften zu kümmern hatte. Dazu gehörte, sich von fremden Männern fernzuhalten. Gleichzeitig jedoch war ihr keinerlei Möglichkeit gegeben, diese Vorschrift durchzusetzen, wenn ein Mann beschloss, sie zu ignorieren. Ein aktives Vorgehen gegen einen sie bedrängenden Mann wäre dem verlangten weiblichen Verhaltenskodex – Zurückhaltung, Duldsamkeit, Unterwürfigkeit – zuwidergelaufen. Ganz gleich also, was die Frau tat oder unterließ: Stets war sie in der unterlegenen Position.

Diese jahrhundertelang propagierte und praktizierte Rollenverteilung macht es Frauen auch heute noch schwer, neben der formalen Gleichberechtigung auch Anspruch auf die gleiche Akzeptanz zu erheben, die Männern entgegengebracht wird. Die altbekannte und auch heute noch genutzte Argumentation des Mannes im Hinblick auf seine berufliche Selbstverwirklichung „Ich tue all das doch bloß für Dich und die Kinder" ist per Überlieferung nicht erklärungsbedürftig. Wollte eine Frau diesem klassischen Ausspruch folgen, müsste sie gemäß der ihr geschichtlich vorgegebenen Funktion in der Rolle der Hausfrau und Mutter bleiben. Diese Muster machen es dem Mann leicht: Obwohl er tut, was ihm gefällt, gerät er nicht in Erklärungszwang, denn er bleibt in seinem Bereich. Die Frau jedoch, die das gleiche Recht für sich beansprucht, verlässt das ihr jahrhundertelang zugedachte Rollenbild und gerät damit in den Verdacht, eigennützig und rücksichtslos die Familie zu vernachlässigen; wenn sie denn überhaupt noch bereit dafür ist und die Zeit findet, eine zu gründen.

Dies führt noch immer viel zu oft dazu, dass sie entweder hierarchisch unter dem Mann steht oder sich entscheiden muss, eine Karrierefrau zu werden, in der Hoffnung, eine vergleichbare Akzeptanz zu erfahren wie der Mann. Allein der Begriff Karrierefrau zeigt allerdings die offensichtliche Notwendigkeit der Definition einer beruflich erfolgreichen Frau. Anders als bei Männern, in deren Welt es schließlich keinen Karrieremann gibt, entfernt sich die Karrierefrau aus der Welt der normalen, der Nicht-Karrierefrauen, in die männliche Welt, in der sie ihren Platz erst finden und dann fortwährend darum kämpfen muss. Immerhin: Im Duden ist der Begriff „Karrieremann" aufgeführt. Er wird definiert als „Mann, der Karriere gemacht hat oder dabei ist, Karriere zu machen".

Für „Karrierefrau" bietet der Duden gleich zwei Definitionen an: Neben Variante eins: „Frau, die dabei ist, Karriere zu machen, bzw. die eine wichtige berufliche Stellung errungen hat" zielt Variante zwei auf die im Alltag weitaus gebräuchlichere Deutung dieses Begriffes ab: „(oft abwertend) Frau, die ohne Rücksicht auf ihr Privatleben, ihre Familie ihren Aufstieg erkämpft [hat]".

Umgangssprachlich begegnet uns der Begriff Karrieremann kaum, so als handele es sich bei „Karriere" und „Mann" um eine Art Pleonasmus, (zum Beispiel „weißer Schimmel" oder „seltene Rarität"), den es daher nicht lohnt, extra zu erwähnen. Gleiches gilt für die – zum Zeitpunkt des Verfassens dieses Buches – wieder einmal aktuelle Fußballweltmeisterschaft der Frauen, die im Gegensatz zur WM der Männer geschlechtlich definiert werden muss. Fußball ist per se also männlich, während man Frauen in diesem Sport extra erwähnen muss. Streng genommen ist das zumindest seit 2007 schon insofern nicht fair, als noch keine deutsche männliche Fußballmannschaft jemals zuvor zweimal in Folge Weltmeister wurde. Und auch bei den anderen Nationen war dies bislang erst bei Brasilien (1958, 1962) und Italien (1934, 1938) der Fall.

Um in diesem Zusammenhang noch einmal auf den Duden zurückzukommen: Dort gibt es zwar den Begriff Frauenfußball, das männliche Pendant dagegen fehlt, ebenso wie der Begriff Männerquote.

Die weibliche und die männliche Kultur

Körpersprachliche Unterschiede zwischen den Geschlechtern gehören im Allgemeinen nicht zu den Kriterien, denen wir im Alltag besondere Bedeutung beimessen – zumindest nicht bewusst. Das schmälert jedoch nicht ihre Relevanz. Körpersprache ist nicht allein die äußere Darstellung der inneren Haltung eines Individuums; mit ihrer Hilfe erhält man auch übergreifende Informationen über es, über dessen Sozialisation, sein Umfeld und seine Kultur. Einen Bulgaren kann man unter anderem daran erkennen, dass er seinen Kopf beim Verneinen leicht auf und ab bewegt. Angehörige fast aller anderen Kulturen wird dies zunächst irritieren, es sei denn, sie wissen, dass Zu- und Abstimmung in Bulgarien durch kulturelles Erlernen dem sonst üblichen Kopfnicken und -schütteln gegenläufig ist. Ein Hip-Hopper wird sich ebenfalls durch das Anwenden bestimmter, oft aggressiver Gesten und Signale seiner Szene zugehörig zeigen. Ebenso gibt sich ein Wirtschaftsboss oder Politiker in seiner Gestik oft zurückhaltend, um wenig Raum für (falsche) Interpretationen zu geben.

Alle Menschen folgen den Grundlagen und Regeln ihres jeweiligen Kulturkreises und Umfeldes. Und wer könnte sich kulturell stärker unterscheiden als Männer und Frauen? Eine Frau folgt daher den „Regeln" weiblicher Körpersprache, eben weil sie eine Frau ist, und der Mann tut dies entsprechend der kulturellen Entwicklung seines Geschlechtes ebenso. Dabei ist es zwar erlaubt – vielleicht sogar empfehlenswert – die Ursachen dieser Entwicklung in Frage zu stellen – allerdings darf sich daraus nicht automatisch eine Verurteilung des Einzelnen, quasi Angehörigen des jeweiligen Kulturkreises ergeben.

Durch ihre außerordentlich gegensätzlichen Rollen, Aufgaben und Funktionen im Lauf der Jahrtausende haben sich bei Männern und Frauen gänzlich andere Verhaltensmuster entwickelt. Vor diesem Hintergrund scheint es nur logisch, dass die Zugehörigkeit zum weiblichen oder männlichen Geschlecht ebenfalls durch spezifische Gesten zum Ausdruck kommt und sich dadurch vom anderen unterscheidet.

Inwieweit dies durch Nachahmung erlernt wurde oder ob wir schlicht und ergreifend unserem evolutionären Erbe folgen, kann und soll an dieser Stelle nicht geklärt werden. Mit ziemlicher Sicherheit darf jedoch davon ausgegangen werden, dass viele Verhaltensweisen unter anderem bei den Eltern abgeschaut und imitiert werden.

Beispiel 14: Pullover ausziehen

Frauen und Männer wenden unterschiedliche Vorgehen an, um sich einen Pullover auszuziehen: Die Mehrheit der Frauen tut dies, indem sie ihre Arme vor dem Bauch kreuzt, mit der linken Hand an den rechten und mit der rechten Hand an den linken unteren Rand des Pullovers greift und ihn dann über den Kopf auszieht. Dabei wird das Kleidungsstück „auf links" gezogen und muss anschließend wieder zurückgedreht werden. Anders die Männer: Hier genügt ein Griff mit beiden Händen hinter den Kopf an den hinteren Halsausschnitt des Pullovers; von dort wird er dann mit einem Rutsch nach vorn über den Kopf gezogen. Dass sich Söhne und Töchter dies von ihren Eltern abgucken, ist eine nahe liegende Vermutung. Doch man darf sich fragen, wieso die Imitation in einer derartigen Häufigkeit nur von Mutter zu Tochter beziehungsweise von Vater zu Sohn erfolgt. Könnte es nicht viel häufiger vorkommen, dass sich die Tochter diesbezüglich an ihrem Vater orientiert? Und der Sohn an seiner Mutter?

Es gibt verschiedene andere Erklärungsversuche: Eine lautet, dass Männer, selbst bei einer doch eher banalen Tätigkeit wie dem Ausziehen eines Pullovers, zielgerichteter vorgehen wollen. Der Griff mit beiden Händen an *eine* Stelle des Pullovers (hinterer Halsausschnitt) kommt mehr „auf den Punkt", als der Griff an die rechte *und* die linke Seite. Zudem hat die weibliche Variante etwas von Selbstberührung, ein Umstand, der dem klassischen Männerbild ohnehin zuwiderläuft. Doch vielleicht geht es auch um Schutz? Ein Mann, der mit beiden Händen hinter seinen Kopf fasst, gibt nicht nur seinen Brustkorb frei, sondern wölbt ihn dabei sogar noch einen Moment lang nach vorn. Eine Frau wiederum zieht ihre Brust nach hinten, um den Pullover auf ihre Weise auszuziehen und schützt sie auf diese Weise.

Der männliche Weg ist vermutlich zeitsparender: Den Pullover nach dem Ausziehen wieder umzukrempeln, dauert immerhin einige weitere Sekunden. Sowohl im Sinne der

Frisurpflege als auch im Hinblick auf die Haltbarkeit des Kleidungsstückes ist jedoch die weibliche Variante zweifellos die empfehlenswertere.

Es wäre müßig, den Gedanken weiterzuverfolgen, ob männliche und weibliche Körpersprache nun auf Imitation und Sozialisation oder auf ererbten beziehungsweise genetischen Gegebenheiten basiert. Beides spielt eine Rolle und abgesehen davon: Es ist nun mal einfach so.

Damit zu kämpfen haben Frauen nach wie vor in beruflichen Zusammenhängen, insbesondere auf Führungsebene. Dort sind sie in der deutlichen Minderheit. Laut „Führungskräfte Monitor 2010" lag der Anteil weiblicher Führungskräfte in Deutschland zum Erhebungszeitraum bei nur 27 Prozent. Im Top-Management der 100 umsatzstärksten Firmen lag er 2009 gar bei weniger als einem Prozent.[14] Und obwohl sie ihren männlichen Kollegen in Sachen Entscheidungsfähigkeit in nichts nachstehen, müssen sie um die ihnen entgegengebrachte Akzeptanz in einem männlich dominierten Umfeld noch immer kämpfen. Man machte es sich zu einfach, gäbe man ausschließlich dem körpersprachlichen Auftreten beider Geschlechter dafür die Verantwortung. Da Körpersprache jedoch die äußere Darstellung der inneren Haltung ist, darf man durchaus annehmen, dass sie eine wichtige Komponente darstellt, deren Veränderung unmittelbaren Einfluss auf das Verhalten eines Gegenübers nimmt.

Wie schon beschrieben wurde, ist das Distanzverhalten eine wesentliche Grundlage für die Interpretation von Körpersprache. Ein Mensch, der bescheiden oder zurückhaltend auftritt, wird für seine Bewegungen eher wenig Raum in Anspruch nehmen. Umgekehrt erweckt jemand, der große Gesten und ausladende Bewegungen macht, nicht eben introvertiert oder unauffällig. Hier liegt ein ganz entscheidender Unterschied in der Körpersprache von Mann und Frau: Während Männer sich unverblümt ausbreiten, geben sich Frauen mit weitaus weniger Raum zufrieden. Dieses Raumverhalten durchzieht nahezu alle alltäglichen Bewegungsabläufe. Fast ausschließlich Frauen stellen die Frage, wie sie sich einem Mann gegenüber verhalten sollen, der ihnen unangenehm dicht auf die Pelle rückt. Dabei muss es sich gar nicht explizit um einen sexuellen Übergriff handeln; schon die Missachtung der in unserer Kultur üblichen Intimdistanz ist ein von Männern – nicht selten aus Versehen – angewandtes Verhalten. Jenseits aller Fragwürdigkeit und in jeder Weise abstoßend hingegen sind Übergriffe auf die Frau nach dem Motto „Nun haben Sie sich doch nicht so". Auch selbstbewusste Frauen, die privat wie beruflich erfolgreich sind, berichten über Männer, die entweder anzügliche Bemerkungen machen oder sogar handgreiflich werden. Dies geschieht bisweilen mit einer derartigen Selbstverständlichkeit, dass die eine oder andere Frau tatsächlich unsicher wird und sich fragt, ob sie sich nicht wirklich unangemessen anstellt.

Mitte der neunziger Jahre führte der amerikanische Sozialpsychologe John Bargh mit seinem Team ein Experiment durch, in dem er Männer in eine Situation versetzte, in denen sie Macht über andere hatten. Dabei stellte er fest, dass mit zunehmender Macht auch die Bereitschaft wuchs, die Befriedigung sexueller Bedürfnisse ganz nach Belieben einzufor-

---

[14] Führungskräfte Monitor 2010, Deutsches Institut für Wirtschaftsforschung, Berlin

dern. Die Überzeugung, ein Recht darauf zu haben, wuchs. Bei manchen Männern, so seine Schlussfolgerung, besteht also im Gehirn offenbar eine direkte Verbindung zwischen dem Gefühl von Macht und dem Bedürfnis nach Sex. Fazit des Experiments: Wer Macht hat, hat weniger Hemmungen und handelt rücksichtsloser, aggressiver, skrupelloser. Es ist kein Zufall, dass es oftmals genau diese Eigenschaften sind, die Menschen erst in hohe Ämter und Positionen führen.

Bedenkt man, welch hohen Anteil die Körpersprache an unserer Außenwirkung hat, wäre es naiv zu glauben, die meisten Frauen würden ebenso wahrgenommen und behandelt wie Männer. Dies ist deshalb nicht möglich, weil ihre Körpersprache weitaus defensiver ist. Und obwohl Frauen seit vielen Jahren die Gleichberechtigung als gesetzliche Grundlage zugesichert wird; eine Gleich*behandlung* hat diese Gesetzesvorgabe deswegen nicht automatisch zur Folge. Das ist jedoch nicht grundsätzlich verkehrt: Ebenso, wie ein Patient das Recht hat, hinsichtlich seines gesundheitlichen Zustandes ebenso ernst genommen zu werden wie ein anderer, könnte es doch katastrophale Folgen haben, beide gleich zu behandeln. Problematisch wird es, wenn einer der beiden, unabhängig von der Diagnose, qualitativ deutlich schlechter behandelt wird, nur weil er sich physisch anders verhält.

Ausnahme

Keine Regel ohne Ausnahme, die diese bestätigt: Obwohl Männer im Alltag körpersprachlich weitaus mehr Raum einnehmen als Frauen, reduziert sich dieser schlagartig, wenn es um die Äußerung von Gefühlen geht. Ausnahmen hiervon bilden allenfalls aggressive Emotionen. Selbst ohne visuelle, sondern mittels rein akustischer Wahrnehmung merkt man dies beispielsweise bei Radiosendungen, in denen Gewinnspiele veranstaltet werden.

Ein Mann, der gewinnt, drückt seine Freude meist mit einem eher gebremsten „super", „klasse" oder „das ist ja toll" aus, während man sich bei den oft laut juchzenden Jubelschreien der Frauen ihre in diesem Augenblick extrovertierte Körpersprache vermutlich gut vor Augen führen kann. Ein noch besseres Anschauungsfeld sind Jahrmärkte und Rummelplätze: Wer die Mitfahrenden aller Altersgruppen beobachtet, wird feststellen, dass die in den turbulenten, sich überschlagenden und in Höchstgeschwindigkeit vor- und rückwärts drehenden Fahrgeschäften hochgerissenen Arme zu den quietschenden und schreienden Mädchen und Frauen gehören, die ihrer Freude, ihrem Vergnügen oder auch ihrer Gänsehaut auf diese Weise deutlich hör- und sichtbar Ausdruck verleihen. Männer und noch mehr männliche Jugendliche hingegen scheinen es in der Mehrheit für angebrachter zu halten, sowohl ihre Mimik als auch ihre Gestik mitunter bis hin zur Lächerlichkeit einzufrieren und selbst nach einem noch so schwindelerregenden Ritt in einer Hochgeschwindigkeitsachterbahn scheinbar unberührt und gelassen wieder auszusteigen. Dies mutet insofern in den meisten Fällen umso komischer an, als man trotz aller scheinbaren Selbstbeherrschung nichts dagegen tun kann, dass der Gleichgewichtssinn in mehr oder weniger starkem Maße in Mitleidenschaft gezogen wird und sich dies durch ungewolltes Schwanken nach dem Ausstieg auch gegen unseren Willen bemerkbar macht. Steigern lässt sich dieser Augenschmaus für den amüsierten Beobachter, wenn man diese „Helden der Selbstbeherrschung" dann noch sagen hört: „Das war ja harmlos."

Die körperliche Ausbreitung des Mannes im Zusammenhang mit Emotionen ist keinesfalls eine Selbstverständlichkeit und begründet sich in der immer noch nicht selbstverständlichen Kombination von Mann und Gefühl in unserer Gesellschaft. Während zum Beispiel Frauen schon vor dem Weg ins Kino, in dem sie einen Liebesfilm anschauen, ausreichend Taschentücher in ihre Handtasche stecken, machen Männer darüber ihre Witze und erklären ihren Kumpels entschuldigend, dass sie sich „diesen Schmalz" nur ihrer Partnerin zuliebe anschauen. Erwischen sie sich dann doch dabei, dass ihnen die Kombination aus Romantik, Gefühl, aufwühlender Musik und die im Kinosaal um sie herum drückende, hier und da nur von Schluck- und Schniefgeräuschen unterbrochene Stille emotional nähergeht, als erwartet und gewünscht, husten sie entweder, machen, als Steigerung, einen blöden Witz oder gehen, wenn gar nichts anderes mehr hilft, auf die Toilette. Hör- und sichtbar zu weinen, gestatten sich nur die wenigsten. Überdies laufen sie dann Gefahr, als Weichei betrachtet oder betitelt zu werden.

Der sparsame Ausdruck bestimmter Emotionen wird bei Männern nach wie vor als normal angesehen, und sogar männliche Aggressivität wird weitaus selbstverständlicher akzeptiert und toleriert. Dr. rer. soc. Anna Maria Möller-Leimkühler von der psychiatrischen Klinik der Ludwig-Maximilians-Universität in München schreibt im Hinblick auf männliche Verhaltensweisen: „Macht und Dominanz, Kontrolle, Mut, Leistungs- und Wettbewerbsorientierung, Unabhängigkeit, Autonomie, Rationalität, Aktivität und Unverletzlichkeit sind Wertvorstellungen und Handlungsleitlinien (…) Die Erreichung dieser Idealnormen ist jedoch nur auf Kosten der Kontrolle von als weiblich definierter Emotionen wie Angst, Unsicherheit, Schwäche, Traurigkeit und Hilflosigkeit möglich."[15]

Das unter anderem auch im unterschiedlichen Umgang mit Emotionen begründete, voneinander abweichende Körperverhalten bei Mann und Frau zeigt sich auch in der Fernsehwerbung. Bei genauer Betrachtung sind diese Unterschiede dort ebenfalls deutlich erkennbar.

4.1.2   Weibliche vs. männliche Verhaltensmuster

Männer und Frauen in der Werbung

Wer die täglichen Werbespots im Fernsehen einmal nicht als Angehöriger der umworbenen Zielgruppe, als Konsument oder potenzieller Käufer betrachtet, sondern den Blick auf die geschlechtsspezifische Darstellung von Frauen und Männern richtet, wird schnell erkennen, dass wir von einer Gleichbehandlung im Sinne einer vergleichbaren Darstellung der Geschlechter weit entfernt sind. Da ist zunächst einmal die Tatsache, dass Werbemodels, gleich ob männlich oder weiblich, im Hinblick auf ihre Attraktivität keinen realen Bezug zur Lebenswirklichkeit von geschätzten 98 Prozent der umworbenen Zielgruppen darstellen.

---

[15] *Möller-Leimkühler, Anna Maria: „Risikofaktoren, Symptomatik, Diagnostik"*, in: Journal für Gynäkologie und Geburtshilfe, Ausg. 10/2010, S. 30 – 33

Dies ist zwar kein geschriebenes, jedoch ein nahezu unverzichtbares Gesetz für einen Werbespot. Da Werbung beim Betrachter eine Identifikation erreichen muss, ist die visuelle Information ein außerordentlich entscheidender Bestandteil. Da sich jeder selbst vorzugsweise mit positiven Dingen in Verbindung bringen möchte, bietet ein Werbespot mit nur durchschnittlich gekleideten, durchschnittlich attraktiven und durchschnittlich glücklichen oder erfolgreichen Menschen keinen Anreiz, sich näher mit einem Produkt zu befassen, geschweige denn es zu kaufen.

Alle Komponenten – die Musik, die Farben, die Location, also der Ort, an dem der Spot spielt – sollen positive Emotionen wecken und die Identifikation unterstützen. Trotz allem liegt der Fokus des Spots – natürlich neben dem Produkt selbst – auf den Protagonisten, die stellvertretend für die Zuschauer den Nutzen des Produktes erleben und die daraus resultierende Zufriedenheit präsentieren. Wenn es jedoch schon nicht das Aussehen der Darsteller ist, das der Zuschauer auf sich übertragen kann, so muss es doch zumindest deren Körpersprache sein, an der sich Mann und Frau erkennen können. Und auch wenn diese ebenfalls nicht realistisch, sondern stilisiert ist: Solange die Grundmuster männlicher und weiblicher Körpersprache berücksichtigt, den Protagonisten also eindeutige geschlechtsspezifische Attribute zugeordnet werden, steht einer Identifikation nichts im Wege. Am Beispiel eines Duschgels oder Haarshampoos sollen die körpersprachlichen Unterschiede einmal verdeutlicht werden.

Je nachdem, ob das Produkt einer männlichen oder einer weiblichen Zielgruppe vorgestellt wird, ist der Protagonist im Spot, der gleichzeitig die Identifikationsfigur für den Zuschauer darstellt, männlich oder weiblich. Die Handlung vollzieht sich bei den genannten Produkten sinnvollerweise über deren Nutzung unter einer Dusche beziehungsweise im Badezimmer. Mitunter wird stattdessen ein Wasserfall bemüht, der das Gefühl von Frische noch verstärken soll. Die folgende Beschreibung basiert nicht auf einem einzelnen in dieser Weise inszenierten Spot; sie ist die Essenz verschiedener, im Grundmuster immer ähnlicher Produktwerbungen. Schauen wir uns diese Muster einmal in einzelnen Schritten im Geschlechtervergleich an:

Frau, Schritt 1

Öffnet die Flasche mit einer sanften Bewegung und lässt sich das Gel langsam und aus geringer Entfernung auf die Hand gleiten. Sofern der Gesichtsausdruck gezeigt wird, vermittelt dieser ein fast zärtliches Empfinden in Vorfreude auf das zu erwartende Reinigungsvergnügen.

Mann, Schritt 1

Öffnet die Flasche schnell und ruckartig und lässt sich das Gel aus einigem Abstand von oben auf die andere Hand laufen. Das Gesicht zeigt eine Mischung aus Triumph und Zufriedenheit.

Frau, Schritt 2

Mit zärtlichen Hand- und Armbewegungen verteilt sie das Duschpräparat auf ihrem Körper. Dieser bewegt sich hingebungsvoll und weckt beim Betrachter erotische Assoziationen.

Mann, Schritt 2

Der Körper muss gereinigt werden – das ist der Job: Mit kräftigen, ruckartigen Bewegungen wird das Duschgel auf der Haut einmassiert. Dabei wird der gut ausgeleuchtete, muskulöse Körperbau von der Kamera entsprechend hervorgehoben. Der Gesichtsausdruck vermittelt puren Genuss; so muss das Leben sein.

Frau, Schritt 3

Nach dem Duschen wird sie, eingehüllt in ein schützendes Handtuch, gezeigt. Ein Ausdruck wohliger Entspanntheit liegt auf ihrem Gesicht, sie wirft sich im Spiegel einen tiefen Blick zu oder fährt sich leicht durch das lange Haar – eine fast dankbare, belohnende Geste für die eben erfolgte Verwöhnung des eigenen Körpers.

Mann, Schritt 3

Mit entschiedenem Schritt entsteigt der Adonis der Duschkabine und bindet sich flink ein Handtuch um die Hüfte. Wahlweise sieht man ihn sich mit einem kräftigen Rubbeln die kurzen Haare abtrocknen. Freude liegt auf seinem Gesicht, er hat seine Sache gut gemacht.

Frau, Schritt 4

Im Abspann wird das Produkt in Großaufnahme gezeigt. Die Flasche steht, umrahmt von Schaum, mit geöffnetem Deckel auf einer hintergrundfreien Fläche. Eine Frauenhand, von oben kommend, drückt mit zwei Fingern sachte den Deckel zu.

Mann, Schritt 4

Nahezu aggressiv kommt eine Männerhand ins Bild, die das Produkt mit Schwung ins Bild stellt, ja, förmlich „knallt". Wasser spritzt beiseite, die Hand verschwindet sofort wieder. Der Fokus liegt allein auf dem Produkt.

Weitere Details

- Während die Frau vor dem Anziehen das sie eben noch einhüllende Handtuch im Vorbeigehen langsam auf einen Sessel oder Hocker gleiten lässt, wirft der Mann es mit einer beiläufigen Bewegung lässig beiseite.

- Die zum Ausgehen – dank des Produktes – außerordentlich attraktiv gestylten Protagonisten stehen kurz vor Verlassen der Wohnung noch einmal kurz vor dem Spiegel. Während sie ein letztes Mal Hand an ihr Gesicht legt und sich mit ihrem Blick versichert, auch wirklich gut auszusehen (Gesichtsausdruck: „Bin ich nicht schön?"), fährt er sich burschikos durch's Haar, lächelt sich siegesgewiss zu und vermittelt dem Betrachter, dass *er* weiß, wie man bei Frauen landet.

- Die Off-Stimme unterstützt die jeweilige Form der Ansprache. Sie ist entweder weiblich oder männlich und hebt die in den Bildern geweckten Assoziationen durch entsprechenden Text und Tonfall hervor.

Ähnliche Unterschiede gibt es bei der Werbung für Rasierer. Abgesehen davon, dass deren „Einsatzgebiete" sich bei Männern und Frauen deutlich unterscheiden – Männer rasieren sich das Gesicht, Frauen die Achseln und die Beine – unterscheidet sich auch hier das Verhalten der Werbemodels deutlich voneinander:

Der sich nass rasierende Mann geht zielorientiert vor, mit zügigem, schnellem Strich. Bei der Elektrorasur umschließt er das Gerät fest mit der Faust. In beiden Fällen streicht er sich abschließend mit der ganzen Hand kontrollierend um Kinn und Hals. Die sich nass rasierende Frau bewegt sich deutlich langsamer, auch wenn sie einen Epilierer benutzt. Diesen hält sie sanft zwischen den Fingern. Anschließend fährt sie sich mit deren Spitzen zärtlich über die rasierte Stelle – mehr wie zur Belohnung als zur Kontrolle.

Ob Spots für Haarshampoo, Duschgel, Pflegelotion oder andere kosmetische Produkte, eines haben sie alle gemeinsam: Ein wesentlicher Teil der Werbebotschaft wird durch das körpersprachliche Auftreten der Protagonisten transportiert. Auf andere Weise wäre ein erfolgreicher Marktauftritt natürlich auch nicht vorstellbar. Ein Produkt für Frauen, das nicht mit – nicht nur scheinbar typisch – weiblichen Attributen und Eigenschaften beworben wird, bietet keine Fläche zur Identifikation; dies jedoch ist es, was Werbung benötigt, will sie erfolgreich sein. Gleiches gilt für Männerprodukte. Dabei gelten Zartheit und Zärtlichkeit, ebenso wie Selbstberührung und -belohnung als weiblich. Zu den männlichen Mustern zählen Zielorientierung, Schnelligkeit, Klarheit und Erfolgskontrolle.

Natürlich ist die Darstellung von Männern und Frauen in der Werbung längst nicht mehr mit der der sechziger und siebziger Jahre vergleichbar. Hier waren die Rollen größtenteils noch klar verteilt: Die Frau kümmerte sich um den Haushalt, der Mann war der Ernährer und musste raus in die Welt. Vermutlich sind körpersprachliche Verhaltensmuster weit älter als gesellschaftlich bestimmte Meinungen und Gewohnheiten, weshalb sie sich auch nicht so schnell ändern. Doch natürlich nehmen auch politische und kulturelle Bedingungen Einfluss auf die Körpersprache.

Mal abgesehen von der Überlegung, dass einzelne Bewegungsabläufe zu einer bestimmten Zeit der menschlichen Entwicklung in ihrer Ausprägung möglicherweise von der Natur als sinnvoll erachtet wurden; den heute nach wie vor zu beobachtenden unterschiedlichen Bewegungsmustern liegen viele Jahrhunderte weiblicher Unterdrückung und Erziehung zugrunde. Noch schlimmer ist, dass dies selbst heute noch in vielen Ländern der Erde als Selbstverständlichkeit betrieben, sogar gelehrt wird.

4.2 Schulterblick und Stöckelschuh – körpersprachliche Unterschiede

> „Wenn Frauen depressiv sind,
> gehen sie entweder essen oder einkaufen.
> Männer fallen in andere Länder ein."
>
> *Elayne Boosler, amerik. Comedian*

Man begibt sich aufs Glatteis, wenn man die Behauptung aufstellt, dieses oder jenes sei typisch Frau oder typisch Mann. Insbesondere selbstbewusste Frauen haben es oft nicht gern, wenn man ihnen typisch weibliches Verhalten unterstellt. An dieser Stelle sei nochmals daran erinnert, was bereits eingangs erwähnt wurde: Nichts gilt zu hundert Prozent. Doch es gibt nun einmal Verhaltensweisen und Bewegungsmuster, die man deutlich häufiger bei Frauen beziehungsweise bei Männern sieht.

Eine häufige Frage in diesem Zusammenhang ist, ob bestimmte Gesten bei Männern und Frauen unterschiedlich gedeutet werden müssen. Die Antwort darauf ist: mitunter schon, jedoch seltener, als gemeinhin angenommen wird. Der größere Unterschied liegt in der *Art* der Gesten, die zum Einsatz kommen. Weibliche Gesten werden von Männern nicht genutzt, eben deshalb, weil sie *typisch weiblich* sind. Gleiches gilt für typisch männliche Gesten; diese kommen bei Frauen ebenfalls kaum zum Einsatz, und wenn doch, dann ist das Urteil über solch eine „burschikose Matrone" oft nicht fern. Positionen, die bei einem Mann selbstverständlich – wenngleich längst nicht immer angebracht – sind, würde man als Frau schlichtweg nicht einnehmen, beispielsweise jene, bei denen der Genitalbereich offen präsentiert wird.

4.2.1 Weibliche Gesten – offen und weich

Ihren im Vergleich zu Männern sozialeren Charakter offenbaren Frauen in vielen verschiedenen Verhaltensweisen. Die geringere Inanspruchnahme des Raumes gehört dazu, ebenso wie viele kleine Gesten, die mehr Offenheit beinhalten als bei Männern. Damit zeigen sie ihre Aufgeschlossenheit und ihre Bereitschaft, andere und anderes neben sich und ihren persönlichen Ansichten gelten zu lassen und zu akzeptieren. In Kommunikations- und Körpersprachetrainings lässt sich immer wieder feststellen, um wie viel mehr Frauen bereit sind, ihren eigenen Standpunkt zu verlassen und sich anderen Sichtweisen zu öffnen. Das heißt nicht, dass sie unkritisch und fraglos fremde Meinungen übernehmen. Doch es beinhaltet eine Bereitschaft zur Selbstkritik, die in diesem Umfang bei Männern seltener zu finden ist.

Referieren Frauen vor einer Gruppe, setzen sie – mehr als Männer – die nach oben geöffneten Hände ein. Selbst wenn sie dies auf eine Weise tun, die zeigt, dass sie nervös sind, (indem sie zum Beispiel mit den Händen „ringen"), bleibt es dennoch ein grundsätzlich positiveres Signal als beispielsweise eine geballte Faust. Diese ist nicht nur verschlossener, sondern auch aggressiver, und auch dazu neigen Männer stärker als Frauen.

Sitzen zwei Frauen im Gespräch beieinander, ohne dass ein Tisch zwischen ihnen steht, kann man oft beobachten, dass sie ihre Hände mit nach oben geöffneten Handflächen ineinanderlegen; eine eher unmännliche Geste. Von dort aus können sie das Gesagte kommentieren und untermalen, was ein weiteres Signal ist, mit dem man auf sein Gegenüber eingeht. Zudem signalisieren nach oben geöffnete Hände generell Offenheit und Aufgeschlossenheit.

Abbildung 4.1: Nach oben geöffnete Hände sind bereit, andere Ansichten anzunehmen.

Beispiel 15: „Bitte erledigen Sie das bis morgen!"

Die Projektmanagerin einer Spedition, die derzeit im Zusammenhang mit der Messeplanung bis über beide Ohren in Arbeit steckt, bekommt von ihrem Vorgesetzten eine zusätzliche Arbeitsaufgabe: Sie muss den Abschlussbericht der letzten Vertriebsleitertagung eine Woche früher als geplant vorlegen. Da sie bereits überlastet ist, will sie diese Aufgabe an einen ihrer Mitarbeiter delegieren. Sie legt ihm die Akte auf den Schreibtisch, weist mit geöffneter Hand in deren Richtung und sagt, an ihren Mitarbeiter gewandt: „Könnten Sie das bitte bis morgen noch erledigen?" Ihr Mitarbeiter antwortet: „Klar, legen Sie's einfach da hin, ich kümmere mich drum."

Am Nachmittag des nächsten Tages liegt die Akte noch immer unbearbeitet auf seinem Schreibtisch. Als sie ihn darauf anspricht, antwortet er: „Ach, war das so wichtig? Ich dachte, ich sollte es irgendwo einbauen, wenn es zeitlich passt." Die Projektmanagerin klärt die Situation, und ihr Mitarbeiter macht sich gleich an den Abschlussbericht.

Trotzdem versteht sie nicht, weshalb sie auch in anderen Zusammenhängen häufig das Gefühl hat, dass man ihre Anweisungen nicht mit der Ernsthaftigkeit betrachtet, die sie im Grunde erwartet. Einerseits, weil es sich tatsächlich um dringliche Angelegenheiten handelt, andererseits aber auch, weil sie als Führungskraft den Anspruch an ihr Team stellt, sie in dieser Funktion zu respektieren.

Im Normalfall haben wir keine alltags- oder berufsspezifische Körpersprache. Sie ist zwar von Mensch zu Mensch individuell, jedoch unabhängig von Zeit und Ort dieselbe. Wollen wir im beruflichen Kontext eine Entscheidung durchsetzen, werden wir dabei nicht von unserer persönlichen Kommunikationsform abweichen – warum auch? Ganz selbstverständlich gehen wir davon aus, dass man unseren Status und unsere Kompetenz akzeptiert.

Da Frauen generell eher bereit sind, anderen Menschen Spielräume zu lassen, setzen sie automatisch weichere Bewegungen und eine entsprechende Gestik ein (im Beispiel die nach oben geöffnete Hand, mit der die Projektmanagerin auf die Akte weist).

Wie wäre nun ein Mann vorgegangen? Vermutlich hätte er zwar einen vergleichbaren Wortlaut, jedoch eine andere Handgeste eingesetzt: Den gestreckten Zeigefinger. Mit diesem auf die zu bearbeitenden Unterlagen weisend, vermittelte er nicht nur die Dringlichkeit der Aufgabe, sondern sendete gleichzeitig ein dominantes Signal, das unausgesprochen auch den Status zwischen Vorgesetztem und Untergebenem betont. Insbesondere ein männliches Gegenüber wird diesen Hinweis schneller als klare Order verstehen. Bei der weiblichen Geste der geöffneten Hand hingegen kann schon mal das Gefühl entstehen, es wurde soeben ein Vorschlag unterbreitet, dem man ja mal nachgehen könnte – oder auch nicht.

Abbildung 4.2:   a) Der Hinweis auf eine Extra-Arbeit: Einmal auf weibliche Art ...
                              b) ... und einmal auf die männliche.

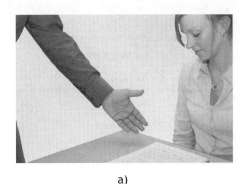 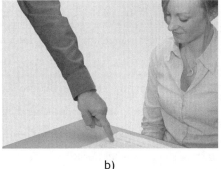

a)   b)

Die Wahrheit hinter der bereits genannten Faustregel, nach der es umso schwieriger ist, ein Körperteil unter Kontrolle zu behalten, je weiter es vom Gehirn entfernt ist, bringt insbesondere Frauen zum Schmunzeln. In den Bewegungen unserer Beine und Füße wird ebenfalls deutlich, dass die Kontrolle über unsere Extremitäten nachlässt, je größer ihr Abstand zu unserem Gehirn ist. Am besten können wir gemeinhin unsere Mimik kontrollieren. Mehrmals täglich machen wir „gute Miene zum bösen Spiel", wenn wir beispielsweise jemandem aus Höflichkeit zulächeln oder versuchen, Schmerzen zu verbergen. Private Probleme wollen wir vor Kollegen ebenso geheim halten wie berufliche Ängste vor Freunden und Bekannten, und unsere schlechte Laune soll auf keinen Fall zum öffentlichen Thema werden. Doch wie fast überall gibt es auch von dieser Regel eine Ausnahme.

4.2.2   Der männliche und der weibliche Blick

Von unseren erkennbar beweglichen Körperteilen liegen die Augen unserem Gehirn am nächsten. Genau genommen sind sie sogar Teil unseres Nervensystems und unseres Gehirns (Netzhaut). Zudem ist unser Auge über den Sehnerv direkt mit dem Gehirn verbunden. Eben deshalb ist es außerordentlich schwierig, sie zu kontrollieren.

Der Schauspieler Al Pacino, der den durch einen Unfall erblindeten Colonel Frank Slade in dem Film „Der Duft der Frauen" spielte, überzeugte neben der charakterlich herausragenden Darstellung des Protagonisten auch durch seine eindrucksvolle und glaubwürdige Vermittlung von dessen Blindheit. Vollkommen zu Recht wurde er für diese Leistung mit einem Oscar belohnt. Man benötigt ein hohes Maß an Konzentration, um seine Augen bewusst zu lenken, noch dazu über einen längeren Zeitraum.

Übrigens gilt dies nicht nur, wie gern behauptet wird, für Männer, sondern auch für Frauen. Die Aussage, Männer hätten ihre Augen nicht im Griff, ist zwar richtig; nicht jedoch der daraus fälschlich resultierende Umkehrschluss, bei Frauen wäre dies anders. Frauenblicke lassen sich ebenso lenken wie männliche. In welcher Weise dies geschieht, weiß man aus zahlreichen Versuchen mit der Augenkamera, den sogenannten Eye-Tracking-Untersuchungen. Diese Messungen, bei denen die Bewegungen der Augen mittels einer auf einem Helm oder einem Stirnband montierten Kamera aufgezeichnet und sichtbar gemacht werden, haben aufschlussreiche Informationen über menschliches Blickverhalten erbracht. Sie zeigen, auf welche Weise Prospekte, Kataloge, Mailings, Anzeigen oder Internetseiten betrachtet werden. Insbesondere Werbung treibende Unternehmen, etwa Versandhäuser, nutzen derlei Erkenntnisse, um ihre Werbematerialien möglichst wirkungsoptimal zu gestalten. Dabei geht es unter anderem um Fragestellungen wie:

- Wie wird ein Prospekt/Katalog/eine Internetseite wahrgenommen?

- Ist das Verhältnis zwischen Bildern, Überschriften und Texten ausgewogen?

- Werden Menüpunkte entsprechend ihrer Wichtigkeit wahrgenommen?

- Wie häufig springt das Auge auf bestimmte Elemente?

- Wie lange verweilt der Blick auf einer Seite oder einem Absatz?

- Welche Bereiche werden stärker oder mehrfach beachtet?

- Welche Bereiche werden zu wenig beachtet?

Innerhalb der ersten zwei Zehntelsekunden haben wir keine Entscheidungsfreiheit, wohin unser Auge blickt. Es handelt sich dabei um einen Impuls, der von unserem limbischen System gesteuert wird. Die bewusste Entscheidung, etwas – gegebenenfalls auch eingehender – zu betrachten, trifft unser Neocortex, unser denkendes Gehirn, erst danach. Diese ausgesprochen kurze Zeit des ersten Impulses mag unwesentlich erscheinen; für die Werbung ist dieser kurze Augenblick dennoch von Bedeutung. Der Impuls, dem unser Auge folgt, ist bei Männern und Frauen gleich. So fällt bei etwa 85 bis 90 Prozent der Menschen der Blick automatisch und bei vergleichbarer Größe eher auf ein Bild oder ein grafisches Element denn auf einen Text. Achten Sie mal darauf, worauf Ihr Auge auf der nächsten Seite zuerst springt.

Wenn Sie auf dieses Textfeld zuerst geschaut haben, also bevor Sie auf das nebenstehende Bildelement blickten, dann sind Sie eine Ausnahme und gehören zu den wenigen Menschen, die *nicht* erst auf ein Bild oder grafisches Element achten. Die Wahrscheinlichkeit dagegen, dass Sie zu den 85 bis 90 Prozent gehören, deren Augen zunächst auf Bildelemente springen, ist relativ hoch.

Die Position sowie unser gewohntes Leseverhalten (von links nach rechts und von oben nach unten) spielen keine Rolle; das Bildelement wirkt stärker. Dieses Verhalten zeigt sich etwa in den ersten zwei Zehntel Sekunden. Innerhalb dieser Zeit sind wir nicht in der Lage, bewusst zu entscheiden, wohin unser Auge blickt. Dies mag unwesentlich erscheinen, ist jedoch etwa für die Werbung, beispielsweise bei der Gestaltung von Katalogen und Prospekten, immens wichtig.

Beispiel 16: Schuhprospekt

Im Prospekt einer Schuhfirma zeigten die auf einer einzelnen der *rechten* Katalogseiten abgebildeten Schuhe mit ihren Spitzen nach rechts außen, also aus dem Prospekt *heraus*. Die Folge: Die Schuhe auf der dieser speziellen Seite gegenüberliegenden *linken* Prospektseite wurden auffallend weniger verkauft! Zuerst dachte man, es läge am Design der Schuhe, doch nach einigen Eye-Tracking-Untersuchungen fand man den wahren Grund:

Die aufgrund eines Versehens bei der Gestaltung allesamt nach außen weisenden Schuhspitzen vermittelten dem Gehirn des Betrachters die Nachricht, die rechte Seite – auf die man gemeinhin ohnehin zuerst blickt – schnell wieder zu verlassen. Die Schuhspitzen wiesen sozusagen den Weg nach außen. Dies führte zu einem schnelleren Umblättern, wobei die auf der linken Seite abgebildeten Schuhmodelle deutlich weniger beachtet – und damit auch weniger verkauft – wurden. Eine Änderung der Schuhposition im nächsten Prospekt führte dazu, dass sich die Verkaufszahlen der entsprechenden Schuhe denen der anderen anglichen.

Da wir gerade bei Schuhen sind, sei nochmals daran erinnert: Das hier beschriebene Blickverhalten gilt für Männer und Frauen gleichermaßen, es ist also geschlechtsunabhängig!

Auch nach dem ersten Impuls bleibt es schwierig, unsere Augen unter Kontrolle zu halten. Auf unserer permanenten Suche nach Informationen, beim Scannen unseres direkten Umfeldes nach Bedrohungen und während der allgemeinen Orientierung werden die Bewegungen der Augen vom Gehirn weitgehend unbewusst gesteuert. Schon kleinste Störungen, zum Beispiel eine Bewegung, die wir im Augenwinkel wahrnehmen, lenken uns ab.

Überdies gibt es innerhalb der Bilderwelten unterschiedlich stark wirkende Motive, die unser Auge mehr oder weniger stark in ihren Bann ziehen. So gelten beispielsweise folgende weitere Regeln für die Reihenfolge des Blickverlaufs:

- Große Bilder wirken stärker als kleine Bilder.
- Farbe wirkt stärker als Schwarzweiß.
- Runde Formen wirken stärker als eckige.
- Senkrecht wirkt stärker als Waagerecht.
- Menschen wirken stärker als Gegenstände.
- Eine Porträtaufnahme wirkt stärker als eine Ganzkörperaufnahme.
- Das Bild eines Auges wirkt stärker als ein Porträt.

Abbildung 4.3: Dieses Bild löst einen Warnreflex aus: Achtung, da steht jemand unmittelbar vor uns.

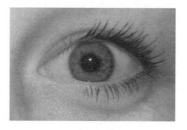

Das stärkste Bildelement ist das Auge. Die Begründung hierfür ist vermutlich in der frühen menschlichen Entwicklung zu finden und spiegelt sich auch in unserem körpersprachlichen Distanzverhalten wider. In der Realität würde die Person, deren Auge man wie auf **Abbildung 4.3** gezeigt sähe, direkt vor uns stehen, förmlich Nase an Nase. Da eine solche Nähe jedoch als Bedrohung empfunden würde, fokussiert sich die Aufmerksamkeit hierauf am stärksten. Für unser Gehirn spielt es keine Rolle, ob es sich um eine reale Situation, ein Foto oder um eine 50 Meter entfernt stehende Plakatwand handelt: Es reagiert bei der Wahrnehmung eines Auges oder Augenpaares automatisch auf diese Weise, denn bei einer solchen Nähe wird unsere Intimdistanz verletzt. Schon in der menschlichen Frühgeschichte erforderte alles, was uns zu nahe kam, eine größere Aufmerksamkeit: feindliche Krieger, Raubtiere, Mammuts – je mehr sich eine potenzielle Bedrohung näherte, umso stärker richtet sich seit jeher der Blick darauf.

Informationsaufnahme und Entscheidungsfindung lassen sich also mit Kenntnis über unser Blickverhalten beeinflussen. Auch wenn diese Regel gleichermaßen für Männer wie für Frauen gilt, gibt es einige Unterschiede: Das weibliche Blickfeld, also der Radius, den wir mit einem Blick erfassen, unterscheidet sich vom männlichen nämlich ganz erheblich. Während Männer beispielsweise im Kühlschrank im oberen Fach die Butter suchen und sie nicht finden, weil sie ein Fach weiter unten steht, erfassen Frauen den gesamten Inhalt des Kühlschranks mit einem Blick und verstehen deshalb die scheinbare Unfähigkeit der Männer nicht. „Meine Güte, bist Du blind?", fragen sie ihren Mann dann vorwurfsvoll, und der arme Tropf weiß gar nicht, wie ihm geschieht; schließlich hat er da, wo er hinge-schaut hat, die Butter doch eindeutig nicht finden können. Der Grund hierfür ist physiolo-gischer Natur: Männer haben einen Tunnelblick, das heißt, sie fokussieren ihren Blick auf einen relativ kleinen Punkt. Frauen hingegen verfügen über ein weitaus größeres Blickfeld und erfassen so mit einem einzigen Blick, wozu Männer ihre Augen auf und ab bewegen müssen. Evolutionär ist dieser Umstand nachvollziehbar:

Der dem Mammut oder anderen Tieren hinterherjagende Mann musste seinen Blick sehr genau fokussieren, bevor er den Speer in Richtung seiner Beute schleuderte. Frauen hinge-gen mussten, während sie auf die Rückkehr ihres jagenden Genossen warteten, in ihrer Unterkunft ihre Augen überall haben: Geht es dem Nachwuchs gut, brennt das Feuer noch, nähert sich dem Eingang auch wirklich keine Gefahr? Ebenfalls aus diesen Gründen sind Frauen vermutlich auch in der Lage, sich auf verschiedene Handlungen oder Abläufe gleichzeitig zu konzentrieren, wohingegen Männer an dieser Stelle ebenfalls meist ver-sagen.

Kontaktaufnahme

Im Allgemeinen wirkt ein offener, direkter Blick in die Augen sympathisch und entschie-den und ist zudem ein Ausdruck von Wertschätzung, Respekt und Höflichkeit. Natürlich kommt es auch hier auf den Kontext, die beteiligten Personen und die vielen Details an, die das Gesamtbild ergeben. Der Augenkontakt beim Gespräch unter Geschäftspartnern ist etwas anderes als die Kontaktaufnahme durch Blicke zwischen Mann und Frau in einer Bar. Abgesehen davon, dass die Unterschiede zwischen Mann und Frau stets für einen Witz gut sind (Mario Barth hat es geschafft, 70.000 Menschen dafür in ein Stadion zu lo-cken), ist insbesondere letztere Situation ein Klassiker unter Körpersprachlern.

Bei der dem Flirten vorausgehenden Kontaktaufnahme trennt sich nicht nur das männli-che deutlich vom weiblichen Blickverhalten, sondern – zumindest bei den Männern – auch die Spreu vom Weizen. Bescheidenheit, Rücksichtnahme und Zurückhaltung sind nicht gerade Eigenschaften, die man spontan mit Männern in Verbindung bringt. Entsprechend äußert sich dies in ihrem Blickverhalten.

Sieht ein Mann eine Frau, die er attraktiv findet, guckt er hin. „Warum auch nicht?" möch-te man fragen, allerdings: Was sich der Mann mit Blicken einfach nimmt, möchte die Frau vielleicht gar nicht hergeben; zumindest nicht, ohne Einfluss darauf nehmen zu können. Natürlich kann der Mann von einem schönen Anblick gar nicht genug bekommen. Und so schaut er und schaut und schaut noch immer und hört einfach nicht auf. Es ist eine typisch männliche Eigenschaft, die da körpersprachlich zum Ausdruck gebracht wird: Männer nehmen sich mit den Augen, so oft und so viel sie wollen. Zudem glauben sie, viel helfe viel: Je mehr man sich auf die Frau des Interesses konzentriere und diese Aufmerksamkeit mit Blicken zum Ausdruck bringe, desto eher, so die Hoffnung, verstehe die Angebetete sein Ansinnen. Dabei bleibt das Gespür für ihre Befindlichkeiten auf der Strecke.

Glotzen ist weder interessant noch reizvoll oder aufmerksam, sondern einfach nur dämlich oder gar unverschämt.

Abbildung 4.4: Ein häufiger Irrtum bei der Kontaktaufnahme: Ein Mann, der glaubt viel helfe viel, hört nicht mehr auf zu Glotzen.

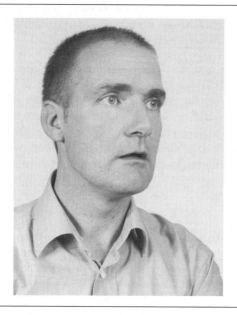

Unabhängig von der Entfernung dringt ein starrender Blick in die Intimdistanz eines Menschen ein. Dies kann bei einer Frau sogar bis zum körperlichen Unwohlsein führen. Mit der Auslegung des eigenen Distanzverhaltens sind Männer ohnehin weitaus großzügiger, wenn es um sie selbst beziehungsweise ihr eigenes Interesse geht. Frauen benötigen zwar einen längeren Augenkontakt, um Vertrauen zu fassen; erfolgt dieser jedoch zum falschen Zeitpunkt – und um einen solchen handelt es sich, wenn man noch keinerlei Kontakt hatte, sich sozusagen wildfremd ist – führt er leicht zur Ablehnung. Niemand möchte schließlich, dass eine fremde Person in die eigene Intimsphäre eindringt.

Die Unterschiede zwischen Mann und Frau treten bei der Art, wie wir unsere Augen einsetzen, oft sehr deutlich zutage. Natürlich gibt es noch mehr körpersprachliche Signale, hinsichtlich derer sich die Geschlechter unterscheiden.

4.2.3 Typisch Frau – typisch Mann?

Der Griff an die Drosselrinne

Die Drosselrinne (auch Drosselgrube genannt) ist die Stelle zwischen Kehlkopf und oberem Brustbein. Ist eine Frau nervös, angst- oder sorgenvoll, fasst sie sich häufig mit der Hand an diese Stelle. Alternativ spielt sie mit ihrer Halskette, indem sie diese von einer Halsseite zur anderen zieht beziehungsweise zwischen ihren Fingern hin- und hergleiten lässt.

Abbildung 4.5: Unsicher, unentschlossen und typisch weiblich:
Der Griff an die Drosselrinne.

Ellbogen bleiben nah am Körper

Frauen nehmen weniger Raum ein, wenn sie sich körpersprachlich ausdrücken. Obwohl uns unsere Arme die Möglichkeit geben, uns rund um unseren Körper auszubreiten, halten Frauen ihre Ellbogen deutlich näher am Körper. Dies gilt beim Einsatz der Hände und Arme, zum Beispiel bei der gestischen Untermalung eines Gespräches und auch beim Handgruß, es sei denn, die Frau möchte sich die Person, die sie begrüßt, ein wenig vom Leibe halten. Männer agieren häufiger aus dem Schultergelenk, strecken also den Arm weiter vom Körper weg.

Bei Angela Merkel ließ sich im Laufe ihrer Tätigkeit als Kanzlerin diesbezüglich eine Entwicklung beobachten: Zu Anfang sah man sie deutlich häufiger mit am Körper gehaltenen
Ellbogen, unter anderem, wenn sie ihre bekannte „Grenzgeste" (siehe **Abbildung 3.18**)
ausführte, bei der sie mit ihren flach nach vorn ausgestreckten Händen vor ihrem Oberkörper zwei Mauern bildete. Diese Geste setzt sie insbesondere dann ein, wenn sie eine
sehr bestimmende oder fordernde Aussage trifft, mit der sie die Wichtigkeit des Themas
unterstreicht. Die Mauern beschreiben dann einen klar abgegrenzten Bereich, innerhalb
dessen sie bereit ist, sich zu bewegen – allerdings auch nicht darüber hinaus!

Verschränkte Arme

Die verschränkten Arme (siehe Seite 59) werden von Frauen und Männern gleichermaßen
eingesetzt.

Abbildung 4.6:   a) Die Arme verschränkt, die Schultern hochgezogen, ein Fuß vor den
                       anderen: So sucht eine Frau Schutz vor Kälte.
                       b) Auch er friert. Doch nimmt er sich natürlich nicht selbst in den Arm,
                       sondern steckt die Hände einfach in die Hosentaschen.

a)   b)

Allerdings lässt sich die Bedeutung unterscheiden. Mal abgesehen von den Situationen, in denen diese Position eingenommen wird, weil man nichts zu tun hat, setzen Männer sie in anderen Zusammenhängen wesentlich häufiger zur Abgrenzung von Personen, Situationen oder Ansichten ein. Damit schaffen sie eine Barriere zwischen sich und dem, was sie ablehnen. Frauen nutzen sie weit häufiger als Schutzsignal und deuten auf diese Weise eine Selbstumarmung an. Dies kann beispielsweise auch der Schutz vor der Kälte sein: Es ist die klassische „Frauen-frieren"-Geste, mit der sie sich ein weiteres Mal klar von Männern unterscheiden, die man auf diese Weise kaum der Kälte trotzen sieht. Männer bevorzugen dazu die in **Abbildung 4.6 b** gezeigte Position.

Der „halbe Verschränker"

Mit dem „halben Verschränker" variiert die Frau die Geste der verschränkten Arme. Dabei liegt ein Arm fest am Körper an, an diesen greift sie mit dem anderen über ihre Brust hinweg. Auf der Suche nach Sicherheit und Geborgenheit hält sie sich an sich selbst fest.

Abbildung 4.7:   Der halbe Verschränker

Armumklammerung

Die Umklammerung des eigenen Arms hinter dem Rücken fühlt sich schon allein beim Betrachten unbequem an. Durch sie wird eine hohe innere Unbequemlichkeit zum Ausdruck gebracht. So verkrampft, wie sie wirkt, ist auch die Person. Das weibliche daran ist die diese Geste begründende starke Zurückhaltung: Die Vorstufe zur Armumklammerung hinter dem Rücken, die auch von Männern angewandt wird, ist das Umfassen des eigenen Handgelenks, bei dem die eine Hand die andere symbolisch davon abhält, einzugreifen (siehe **Abbildung 3.11 a** und **b**). Würde diese Anspannung jedoch stärker, käme es beim Mann vermutlich zur Entladung; sei es, dass er verbal oder körperlich einschreitet, oder aber – falls die Situation dies nicht erlaubt –, dass er sich eine andere Handlung sucht, auf die er seine bis dahin gebremste Energie richten kann.

Es ist typisch für Frauen, sich länger als Männer zurückzuhalten und so zu versuchen, den Schein zu wahren. Die Situation kann dabei variieren: Angst kann ebenso der Grund für ein solches Verharren sein wie die Beobachtung einer Ungerechtigkeit, wenn man nicht eingreifen kann. Vermutlich, weil der Körper versucht, eine solch starke Emotion so lange wie möglich zu verstecken, findet die Umklammerung *hinter* dem Rücken statt.

Arme und Hände beim Spaziergang

Achten Sie mal darauf: Wenn Mann und Frau spazieren gehen, gibt es verschiedene klassische Varianten, wie sie sich miteinander „verbinden"; entweder gehen sie Hand in Hand, mit ineinander eingehakten Armen oder Arm in Arm. In allen drei Fällen allerdings ordnet sich üblicherweise die Frau unter:

Beim Händchenhalten ist es fast immer die Hand des Mannes, die vorn liegt. Ausnahmen gibt es in den Partnerschaften, in denen die Frau den dominanteren Part in der Beziehung innehat. Ebenso können hierarchische Positionen Einfluss nehmen: Als Prinzessin Victoria von Schweden mit ihrem Mann Daniel im Mai 2011 München besuchte, sah man die beiden oft Hand in Hand durch die Menge gehen. Auf den Aufnahmen ist deutlich erkennbar, dass es ihre Hand ist, die dabei meist vorn liegt. Bedenkt man, dass Victoria aus adeligem, ihr Mann Daniel jedoch aus bürgerlichem Hause stammt, findet dieser Status – unabhängig von einer eventuell auch persönlichen Dominanz – in diesem körpersprachlichen Signal Ausdruck.

Abbildung 4.8:   a) Die Regel: Die männliche Hand liegt vorn.
b) Die Ausnahme: Bei Paaren, bei denen ihre Hand vorn liegt,
hat sie meist auch die Hosen an.

a)   b)

Das Einhaken ist nur auf den ersten Blick ausgeglichen: Denn während der Mann seinen Arm einfach seitlich abwinkelt und seiner Partnerin anbietet, schlüpft diese sozusagen von hinten mit ihrem Arm in seine Armbeuge und übergibt wieder einmal ihm die Führung.

Die dritte, vorzugsweise bei Jugendlichen und jungen Erwachsenen zu beobachtende Variante ist die, bei der der Arm des Mannes um die Schultern der Frau und ihr Arm um die Taille des Mannes gelegt werden. Wieder stellt man fest, dass auch diese Position die Führung eindeutig dem Mann zuordnet. Eine Schulterumarmung kann unseren Bewegungsspielraum bei Bedarf gehörig einschränken und ermöglicht darüber hinaus, die betreffende Person in eine bestimmte Richtung zu lenken oder zu drängen. Mit einem Griff um die Taille hat man kaum Einfluss auf die Bewegungsfreiheit.

Abbildung 4.9:   a) Er führt, sie folgt.
                  b) Auch dies ist eine Standardposition bei Paaren:
                     Der Arm um ihre Schulter gibt sie ihm fest in den Griff.

 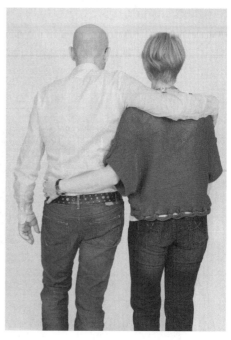

a)   b)

Auch, wenn diese seitliche Umarmung aufgrund der Unterschiede hinsichtlich der Körpergröße von Mann und Frau nachvollziehbarer erscheinen mag: Wieder einmal lässt sich feststellen: Der Mann ist oben (Schulter), die Frau unten (Taille). Er führt, sie folgt.

Frauenboxen

Eine Frau albert mit ihrem Mann herum; sie scherzen, ziehen sich auf, necken sich. Im Verlauf dieser Tändelei sagt sie zum ihm: „Sei vorsichtig, sonst box ich dich!" Dabei hält sie die zur Faust geschlossenen Hände auf Brusthöhe vor sich und boxt in seine Richtung in die Luft.

Das Bild zeigt zwei typisch weibliche Signale: Die nah am Körper gehaltenen Ellbogen und die zwar zur Faust geschlossenen, jedoch nach oben weisenden Hände. Natürlich: Sie albert nur und hat nicht vor, ihrem Mann tatsächlich kampfeswütig auf den Leib zu rücken. Doch diese Geste verdeutlicht ein klassisch weibliches Verhalten: Öffnete sie die Faust, wiesen ihre Handflächen nach oben und signalisierten Gesprächsbereitschaft, Offenheit und Aufgeschlossenheit. Die am Körper gehaltenen Ellbogen lassen dem anderen Platz und schützen gleichzeitig den eigenen Oberkörper. Im Gegensatz dazu steht die männliche Variante: Die geballte Faust deutet auch im Spaß meist mit der Handfläche nach unten, signalisiert also die Bereitschaft, den Gegner unten zu halten beziehungsweise „zu Boden zu schicken". Der Ellbogen ist weiter vom Körper entfernt, der Mann nimmt mehr Raum in Anspruch. So hält er sich den Gegner vom Leib und kann auch auf größere Entfernung angreifen.

Abbildung 4.10: Selbst beim spielerischen Boxen zeigt sich der soziale Charakter der Frauen: Auch hier sind ihre Hände nach oben geöffnet.

Daumen

Mit dem Daumen setzen insbesondere Männer ein dominantes Signal. Der nach unten beziehungsweise nach oben zeigende Daumen, der in der Zeit der römischen Kaiser und Gladiatorenkämpfe das Zeichen für Tod oder Überleben des Verlierers gab, wird heutzutage oftmals als Signal für „schlecht gelaufen" beziehungsweise für „alles in Ordnung" oder „o.k." eingesetzt. In weiten Teilen der Welt wird er generell als positive Bewertung einer Handlung oder Situation verstanden. Doch Unterschiede zu kennen, ist auch hier wichtig: In Afghanistan, im Irak und Iran kommt dieses Signal nämlich einer vulgären Beleidigung gleich. Ein Ortsfremder, der es im Kontakt mit einem Ansässigen gut meint, könnte also ganz plötzlich von seinem Gegenüber eine Tracht Prügel angedroht bekommen, obwohl er ihm lediglich signalisieren wollte, dass er dessen Vorschlag für ganz hervorragend hält. In Polen wiederum sieht man den gestreckten Daumen häufiger im Zusammenhang mit der Zahl 1.

Im Zusammenhang mit einem Griff ans Revers des eigenen Jacketts, ausgeführt mit beiden Händen und nach oben weisenden Daumen (siehe **Abbildung 3.29**), kennen wir diese

Geste als Ausdruck von Selbstzufriedenheit. Einem Höhergestellten gegenüber wäre sie unangebracht. Der Einsatz der Daumen in dieser Weise ist ebenso männlich wie der „Klassiker", bei dem der Mann seine Daumen in den Hosenbund steckt, auf eine Frau zugeht und versucht zu landen.

Abbildung 4.11: Was immer dieser Herr auch zu einer Dame sagt: Sein „Interessensgebiet" hebt er deutlich sichtbar hervor.

Dominanz steht auch hier im Vordergrund. Unterstützt wird dieses Macho-Gebaren durch die Finger beider Hände, die bei dieser Geste den Genitalbereich förmlich einrahmen und damit – weitab von möglichen verbalen Versprechen – das eindeutige Interesse in dieser Situation verraten.

Winke, winke

Beobachten Sie einmal, wie Frauen jemandem zuwinken: Wenn sie dies nicht gerade auf große Entfernung tun, heben sie dabei üblicherweise nicht den ganzen, sondern lediglich den Unterarm an. Auf diese Weise halten sie automatisch den Ellbogen nah am Körper. Mit der Hand winken sie dabei ungestüm mit der Handfläche von oben nach unten oder von rechts nach links, als gelte es, die Luft um ihre Hand mindestens auf Windstärke acht zu beschleunigen.

Einmal mehr halten Männer es hierbei mit Gelassenheit, ohne dabei auf die Inanspruchnahme des Raumes zu verzichten: Meist wird der Ellbogen vom Körper weg angehoben, mitunter der Arm ganz ausgestreckt, zumindest jedoch die nach vorn weisende Handfläche nach oben gerichtet. Auf das Winken verzichten Männer gern, die offene Hand als Gruß muss der Herzlichkeit Genüge tun.

Abbildung 4.12:   a) Wenn Frauen winken, ist die Luft in Bewegung ...
                        b) ... wohingegen sich Männer „auf das Wesentliche" beschränken.

a)   b)

Beinschere

Die Beinschere (siehe **Abbildung 3.38**) wirkt unsicher und will Distanz zum Umfeld schaffen, in dem man vermutlich niemanden kennt und sich unwohl fühlt. An Bushaltestellen begegnet uns diese Haltung häufig, ebenso auf Partys und anderen Anlässen, bei denen wir uns fremd fühlen. Zu beobachten ist sie jedoch häufiger bei Mädchen und jungen Frauen. In Kombination mit großen Augen und einem Hilfe suchenden Blick weckt diese Position den Beschützerinstinkt, kommt ein scheinbar naiv in den Mund gesteckter Finger hinzu, ergibt sich eine Geste, die mit der klassischen Lolita assoziiert ist.

Abbildung 4.13: Nur scheinbar schutzbedürftig ist diese Dame: Der kecke Blick und der dominante linke Daumen (selten bei Frauen) zeigen: Sie weiß, wie sie wirkt und was sie will.

Werbungsgesten und erotische Signale

Werbende und erotische Signale sind weiblich: Beispielsweise streichen oder werfen Frauen ihre Haare zurück, dabei legen sie ihren Hals mit der verletzlichen Halsschlagader frei. Aus der Tierwelt kennt man die Präsentation der Halsschlagader als Zeichen für Demut. Immer vorausgesetzt, es passt generell zur Situation, darf der Mann, dem die Frau diese Geste zugedenkt, annehmen, dass er für sie als Beschützer in Frage kommt. Den Kopf beim Betrachten oder im Gespräch zur Seite zu neigen, ist ebenfalls weiblich, wobei es sich dabei nicht zwangsläufig um ein Zeichen sexueller Anziehung handeln muss. Es kann auch Ausdruck empathischer Zugewandtheit sein oder eine Form aufmerksamen Zuhörens. In Kombination mit weit geöffneten Augen und gekonntem Augenaufschlag weckt dieses Signal bei Männern den Beschützerinstinkt. Das ausgestellte Handgelenk mit lässig zwischen den Fingern gehaltener Zigarette, halb geöffneten Augen und überschlagenen, dabei dennoch nebeneinander liegenden Beinen, unterstützt – bei entsprechender Kleidung – den lasziven „Vamp"-Charakter. Insbesondere die in **Abbildung 4.14** gezeigte Position könnten wohl die meisten Männer nur mit größter Anstrengung einnehmen.

Abbildung 4.14: Welcher Mann wollte oder könnte sich je so hinsetzen?

Wenden Männer die hier genannten Gesten außerhalb eines deutlich erkennbaren persiflierenden Rahmens an, werden sie schnell als homosexuell eingeordnet. Dies gilt generell für weiche, fließende, eben typisch weibliche Bewegungen.

4.2.4 Führung und Macht

Insbesondere Gesten, die im Zusammenhang mit Macht auftreten, sind in ihrer Art eindeutig männlich, wenngleich sie natürlich in einigen Fällen auch von Frauen angewandt werden. Kurze, knappe Bewegungen, die Ausweitung der eigenen sowie die fehlende Rücksichtnahme auf fremde Distanzzonen. Zusammen mit einem mechanischen Lächeln und einem reduzierten Blickkontakt sendet man damit Signale, die den eigenen Machtanspruch unterstreichen. Typisch für den Ausdruck von Macht ist zudem die Reduzierung körpersprachlicher Gesten und Signale oder, einfacher ausgedrückt: je mehr Macht, desto weniger Gestik. Die klassische Darstellung des mächtigen Mafiosos wird im Spielfilm nicht durch einen schreienden und wild mit der Waffe herumfuchtelnden Ganoven, sondern durch einen bedächtig agierenden und mit wenigen Gesten handelnden Gangster verkörpert.

Signale der Macht sind ein Hinweis auf das Selbstverständnis der betreffenden Person. Sowohl in der Politik wie auch bei Führungskräften gehören Machtgesten zur Tagesordnung. Diese sind umso stärker ausgeprägt, je höher jemand in der Hierarchie steht. Handelt es sich zudem um Personen, die im Licht der Öffentlichkeit stehen – Spitzenpolitiker, Wirtschaftsbosse, Aufsichtsratmitglieder, Vorstände – gibt es einen zusätzlichen Grund, die Körpersprache auf das notwendige Mindestmaß zu reduzieren, nämlich den, möglichst wenig von sich preiszugeben. Ohnehin verringert sich mit zunehmender Macht das körpersprachlich benötigte Repertoire. Alles, was Zeit kostet und Unruhe, Unsicherheit oder mangelnde Entscheidungsfähigkeit ausstrahlt, wird vermieden.

Macht entpersonalisiert

Höchste Führungspersönlichkeiten haben, zumindest im beruflichen Kontext, viele der für Durchschnittsmenschen normalen Beziehungskomponenten minimiert. Mitarbeiter werden entpersonalisiert, es geht mehr um die Funktionen, die sie ausüben. Sie definieren sich nicht mehr über ihre menschlichen Qualifikationen, sondern über ihre Aufgaben. Dies ist nicht zwangsläufig eine Frage persönlicher Vorlieben der Führungsperson, sondern oftmals schlicht der Zeit geschuldet, die genau geplant und terminiert werden muss.

Trotzdem ist Macht ein Suchtmittel, das stärker wirkt als Geld. Nur so ist erklärbar, weshalb Menschen, die bereits über enormen Reichtum verfügen, immer weiter daran arbeiten, ihren Besitz zu vergrößern. Die Antwort ist im häufig dafür auch genutzten Begriff „Imperium" enthalten: Das aus dem Lateinischen stammende Wort bedeutet „Befehls- oder Machthaber".

Auch wenn Geld also der ursprüngliche Antrieb gewesen sein mag: Jemand, der ein Imperium aufgebaut hat, ein „Imperator", ist per definitionem nicht „der Reiche", sondern „der Mächtige". Macht ist ein ungleich stärkeres Stimulans als Geld, wenngleich beides meist in Kombination auftritt. Interessanterweise ist die körpersprachliche Ausdrucksweise von Macht anderen aus dem Alltag bekannten Zuständen vielmals gegenläufig: Ein Mensch, der sich über ein Entgegenkommen freut, lächelt und bedankt sich. Freut er sich außerordentlich, lächelt er mehr und bedankt sich mehrfach. Kennt die Freude keine Grenzen, strahlt er über das ganze Gesicht, tanzt und springt, reckt die Arme jubelnd in die Höhe, fällt Umstehenden um den Hals, bedankt sich wieder und wieder, erzählt anderen davon und so weiter.

Lassen wir einmal außergewöhnliche physische und psychische Zustände, wie zum Beispiel die Angststarre bei lebensbedrohlichen Situationen, außen vor, äußern sich auch Emotionen wie Trauer, Angst, Verzweiflung oder Wut in den meisten Fällen körperlich umso stärker, je stärker das Gefühl empfunden wird. Je stärker jedoch die Macht ist, desto reduzierter fällt die Körpersprache aus. Es ist fast so, als würden nicht nur die Menschen im Umfeld mächtiger Entscheider entpersonalisiert werden, sondern auch die Entscheider selbst.

Macht ist Reduzierung. Sie verzichtet sowohl auf Kreativität als auch auf einen Großteil verbalen und körpersprachlichen Ausdrucks. Damit verzichtet sie auch auf Individualität. Und das ist noch nicht alles: Macht verzichtet auch auf Sympathie. Männer sind ohne Zweifel besser darin, sich nicht dafür zu interessieren, was andere von ihnen halten; eine Frau ist aufgrund ihrer sozialen Natur im Allgemeinen um Ausgleich bemüht. Jeder soll sich nach Möglichkeit wohlfühlen, niemandem soll Unrecht getan werden. Auch wenn dies grundsätzlich positive Verhaltensweisen sind, kann sich ein zu großes Harmoniebedürfnis in beruflichen Zusammenhängen nachteilig auswirken. Typische Machtgesten sind:

Reduzierter oder fehlender Blickkontakt

Im Zusammenhang mit Macht gibt uns der Blickkontakt deutliche Hinweise auf die Relevanz oder die Unwichtigkeit eines Vorgangs oder die Bedeutung einer Person. Was unwichtig ist, wird ausgeblendet, wird buchstäblich keines Blickes gewürdigt. Viele Führungspersönlichkeiten aus Wirtschaft und Politik haben sich ein solches Blickverhalten im Laufe der Jahre angewöhnt. Es symbolisiert den meist jahrelangen Weg zur Macht und zum Erfolg, bei dem man alles ausblenden musste, was einen – scheinbar – vom Erreichen des eigenen Zieles abhält, bis es eines Tages zum Teil der Persönlichkeit wird. Ein solches Verhalten wird leicht mit Arroganz verwechselt. Und obwohl Ehrgeiz und Zielstrebigkeit natürlich grundsätzlich keine Arroganz voraussetzen, ist diese Wahrnehmung nicht gänzlich falsch. Wer sich nur den aus seiner Sicht wichtigen Dingen oder Personen zuwendet, maßt sich nicht nur an, die tatsächliche Bedeutung einer Situation stets zu erfassen, sondern ignoriert auch die Formen der Höflichkeit und eines zwischenmenschlich respektvollen Umgangs. Reine Arroganz jedoch, die auch ganz ohne Macht auskommt, äußert sich mimisch weniger durch fehlenden Blickkontakt als vielmehr durch einen Blick „von oben herab", der oft noch von einem – mitunter leicht schräg – nach hinten geneigtem Kopf, halb geschlossenen Lidern und gehobenen Augenbrauen begleitet wird.

Abbildung 4.15: Arroganz kommt „von oben herab".

Mechanisches Lächeln

Lächeln verringert die emotionale Distanz zwischen Menschen – wenn es echt ist! Je autoritärer man führt, desto seltener wird es, da sich Machtmenschen ihren Untergebenen gegenüber meist nicht öffnen. Wer zu tiefe Einblicke in sein Inneres erlaubt, macht sich angreifbar. Eine Machtposition kann auf diese Weise geschwächt werden. Beim mechanischen Lächeln bleiben die Augen unbeteiligt, es wirkt distanziert und unverbindlich. Ein solches Lächeln kann sogar im Zusammenhang mit einer Rüge oder Strafe eingesetzt werden, was es dann bedrohlich werden lässt.

Kurze, knappe und eindeutige Gesten

Fahrige, unruhige Bewegungen deuten auf Unentschlossenheit, Nervosität oder Zaghaftigkeit hin. Auf diese Weise wird und bleibt man nicht erfolgreich. Entschiedene Menschen konzentrieren sich auf Entscheidendes. Dies gilt sowohl für ihre Bewegungen als auch für ihre Verbalsprache. Da Macht immer auch Entscheidungsbefugnisse und Befehlsgewalt mit sich bringt, kann auf Unnötiges verzichtet werden. Lange Erklärungen, Beschreibungen oder gar Rechtfertigungen sind tabu. Wer weiß, dass das Umfeld gehorcht, kann gelassen seinen wirklich wichtigen Aufgaben nachgehen.

Beschäftigung mit anderen Dingen, während jemand spricht

Menschen, die mächtig sind, sind wichtig, und sie tun wichtige Dinge. Weder können sie es sich leisten, mit diesen aufzuhören, noch sehen sie dazu einen Anlass. Andere als die eigenen Anliegen und Interessen sind höchstens zweitrangig. Wieso sollte man also eine Tätigkeit unterbrechen, nur weil ein kleiner Angestellter eine Nachricht übermittelt? Zu solch wichtigen Tätigkeiten können übrigens auch innere Prozesse gehören, beispielsweise die Konzentration auf ein bestimmtes Thema oder ein bevorstehendes Gespräch.

Abbildung 4.16: Sie lässt sich nicht stören, denn sie hat im Moment Wichtiges zu tun. Er kann warten oder später wiederkommen.

Beispiel 17: Die Unterschrift

Die Vorstandsvorsitzende ist auf dem Weg zu einer Besprechung, deren Ergebnis maßgeblich für die weitere Entwicklung des von ihr geleiteten Unternehmens ist. Auch ihre persönliche berufliche Zukunft hängt davon ab. Auf dem Weg zum Konferenzraum wird sie im Flur von einem Projektleiter angesprochen, der sie um eine Unterschrift bittet. Die Vorsitzende weiß, dass diese Unterschrift notwendig ist und der Mitarbeiter lediglich seine Arbeit erledigt, dennoch: Im Moment hat sie weit Wichtigeres im Sinn und wird sich keinesfalls von einer solchen Lappalie abhalten lassen.

Den Mitarbeiter, der bereits mit Kladde und Stift in der Hand im Flur steht, ignoriert sie deshalb körpersprachlich fast völlig: Weder verlangsamt sie ihren Schritt noch blickt sie in seine Richtung. Sie hat einzig ihr Ziel vor ihrem inneren Auge und geht unbeirrt weiter in Richtung Konferenzraum. Auf Höhe des Projektleiters hält sie lediglich ihre Hand in dessen Richtung. Dieser reagiert sofort und schließt sich, hinter und neben ihr herlaufend, an. Er erklärt und erläutert, wieso die Unterschrift jetzt wirklich wichtig sei, dass es ihm leid tue, sie aufzuhalten, dass er ihr viel Erfolg für die Besprechung wünsche und so weiter. Dabei hält er die Kladde auf Bauchhöhe vor sie hin, reicht ihr den Stift, den sie nimmt, um damit wortlos zu unterzeichnen. Weder wirft sie währenddessen auch nur einen Blick auf ihn noch spricht sie ein Wort mit ihm. Alles, was im Moment für sie zählt, liegt dort in dem Raum vor ihr.

Körperkontakt bei Handlungsvorgaben

Mitunter wird durch Körperkontakt unterstrichen, wie dringlich eine Aufgabe ist. Sei es, dass man den Mitarbeiter zur Tür hinausschiebt, damit dieser sofort mit der ihm zugewiesenen Aufgabe beginnen kann, sei es, dass man jemandem einen Platz zuweist, und ihn mit einem Griff an den Arm in Richtung des Stuhles geleitet oder dass man jemanden aus dem Weg schiebt, damit man ungehindert seiner Wege gehen kann. Grundsätzlich gilt jedoch: Je höher der Rang und je größer die daraus resultierende Machtposition, desto weniger besteht die Notwendigkeit, körperlichen Kontakt herzustellen. Auch die Verbalsprache wird reduziert, bis am Ende allein ein Blick ohne jegliche verbale Begleitung ganz Handlungsabläufe in Gang setzen kann.

Abbildung 4.17: Hier ist Höflichkeit offenbar zweitrangig. Er bietet ihr den Platz nicht an, sondern hat schon für sie entschieden.

Ignorieren fremder Distanzzonen

In der deutschen Kultur ist Körperkontakt im geschäftlichen Kontext mit Ausnahme des Händedrucks bei der Begrüßung ein Tabu. Er stellt einen Eingriff in die Intimsphäre dar, der darauf hindeutet, dass der Ausführende diese nicht respektiert. Der Klassiker hierbei ist die männliche Führungskraft, die sich hinter ihre Sekretärin stellt, die Hände rechts und links an ihr vorbei auf den Schreibtisch stützt und ihr dabei über die Schulter blickt (siehe **Abbildung 2.5**).

Diese und weitere Formen der Distanzverletzung, zum Beispiel nahes Herantreten an Untergebene, die Beschneidung des anderen zur Verfügung stehenden Raumes oder die Positionierung auf kleinen, niedrigen Stühlen sind Signale der Herabsetzung des Gegenübers. Auch das Betreten eines Mitarbeiterbüros ohne Anklopfen ist ein Hinweis auf einen Territorialanspruch, der das Selbstverständnis des Mächtigen zum Ausdruck bringt.

Ausweitung eigener Distanzzonen

Durch raumgreifende Ausweitung der eigenen Distanzen wird der persönliche Machtanspruch verdeutlicht. Ausladende Gesten dokumentieren dabei den Status und das Beherrschen des Raumes ebenso wie ein großer Schreibtisch mit hohem Chefsessel in einem geräumigen Büro.

Beispiel 18: Der Direktionsbeauftragte

Im Büro des Direktionsbeauftragten eines großen Finanzinstitutes findet ein Gespräch zwischen diesem und seinem Gast, einem Dienstleistungsanbieter, statt. Der Beauftragte erzählt lebhaft, untermalt seine Aussagen mit ausschweifenden Gesten, wirkt offen und engagiert und bringt seine relative Machtposition gegenüber dem Dienstleister durch keine auffällig typische Geste zum Ausdruck.

Bei genauerem Hinsehen weisen jedoch mehrere Merkmale auf seine Position hin: Allein der Raum dokumentiert den Status seines Besitzers; er ist ungewöhnlich groß, trotzdem besteht die Einrichtung nur aus wenigen, aber massiven, wuchtigen Möbelstücken. Der Teppich ist weich, mit ungewöhnlich hohen Fasern, man hört keinerlei Geräusche beim Gehen. Das Gespräch findet in der Sitzecke statt, in der der Gast auf dem Ledersofa sitzt, mit dem Rücken zur Bürotür. Betritt also während des Gespräches jemand den Raum, fiele ihm dieser buchstäblich „in den Rücken". Der Direktionsbeauftragte selbst sitzt (oder „thront"?) auf einem Einsitzer, der ihm nicht nur den Blick auf seinen Gast, sondern auch auf die Tür ebenso wie in den Raum selbst ermöglicht.

Während des Gesprächs schwingt er abwechselnd mal sein linkes, mal sein rechtes Bein über die Armlehne seines Einsitzers, eine ungewöhnliche Geste für einen Mann dieses Ranges. Auf diese Weise bringt er seinen Besitzanspruch zum Ausdruck und präsentiert überdies seinen Genitalbereich. Auch wenn diese Geste scheinbar jovial wirkt, verdeutlicht sie dennoch sein Selbstverständnis: „Ich darf mich auf diese Weise verhalten, denn all das hier ist meins, und ich bin der Ranghöhere." Dem Dienstleister verbieten die Höflichkeit und sein niedrigerer Status ausdrücklich, eine ähnliche Sitzposition einzunehmen.

Stimme und Lautstärke

Da Körper und Stimme sich automatisch aufeinander abstimmen, verändert sich mit der Körpersprache auch der stimmliche Ausdruck. Mit zunehmender Macht verringert sich die Notwendigkeit, laut zu werden oder gar zu schreien. Im Gegenteil: Schreien ist fast immer ein Ausdruck von Machtlosigkeit, die durch die Unüberhörbarkeit einer schreienden Stimme kompensiert werden soll. Damit einher gehen meist plötzliche, ruckartige Bewegungen des Kopfes, der Arme und des Oberkörpers, zum Beispiel das Fuchteln mit den Armen, das Ballen und Drohen mit der Faust, eben Signale von Wut und Zorn, Emotionen also, die üblicherweise der Anlass für das Schreien sind. Derlei körpersprachliche Ausbrüche sind Zeichen von Kontrollverlust. Macht jedoch benötigt Kontrolle. Sie gewinnt nicht durch Lautstärke oder eine umfangreiche Anzahl an Wörtern, sondern durch körperliche Strahl- und Ausdruckskraft. Führungspersonen können es sich erlauben, auch auf größere als gemeinhin übliche Entfernungen in normaler Stimmlautstärke zu sprechen.

Es ist Aufgabe des Gegenübers, des Mitarbeiters oder Untergebenen, selbst dafür zu sorgen, dass er versteht, worum es geht. Selbst in einem Flüstern kann sich Macht noch ausdrücken. Die körpersprachliche Reduzierung wird sozusagen auf die Stimme ausgedehnt und führt zumindest stimmlich zu einer Form der Anonymisierung. Dies kann durchaus bedrohlich sein, da sich eine Flüsterstimme ohne Hilfsmittel kaum ihrem Urheber zuordnen lässt.

Unnahbarkeit

Im mittelalterlichen England war es bei Todesstrafe verboten, den König zu berühren. Geschah dies dennoch – und sei es nur aus Versehen – durfte der König den bedauernswerten Tropf an Ort und Stelle zum Tode verurteilen und dieses Urteil sofort vollstrecken. Heutige hochrangige Politiker haben einen Personenschutz, umgangssprachlich Leibwächter genannt, der es ohnehin schwierig macht, sich ihnen zu nähern.

Je mehr Macht eine Person hat, umso mehr Menschen wenden sich mit ihren Anliegen an sie. Wer jedoch wichtig ist, wird unnahbar und ist nicht für jeden erreichbar. Einen Mitarbeiter aus der Produktion zu sprechen, ist vermutlich kein Problem; man wartet einfach am Werkstor, bis die Schicht zu Ende ist. Einen Termin beim Vorstandschef zu bekommen, ist ungleich schwieriger, ihn sähe man am Werkstor allenfalls davonfahren. Mit zunehmendem Status werden Aufgaben delegiert: Agenturen, Vermittler, Anwälte und Manager erledigen das Tagesgeschäft, verschiedene Mitarbeiter betreuen die ihnen zugeteilten Bereiche, persönliche Assistenten kümmern sich um unmittelbare Anliegen.

Stufen der Macht und ihr körpersprachlicher Ausdruck

Tabelle 4.1 fokussiert sich ausschließlich auf körpersprachliche Machtmerkmale, um die unterschiedlichen Stufen besser verdeutlichen zu können. Sie lässt anderweitig motivierte Verhaltensmuster außen vor.

Tabelle 4.1:   Körpersprachliche Machtmerkmale

Vorgehen	Sprache	Körpersprache	Beispiel
Bittend, mit Rücksicht auf persönliche Befindlichkeiten	Umgänglich, freundlich, Erklärungen ggf. bis zur Rechtfertigung reichend	Offene, bittende, erklärende Gesten	Offene, hervorhebende, erklärende, untermalende Handgesten, offenes, echtes Lächeln, zustimmendes und um Zustimmung bittendes Nicken, deutlicher, lang anhaltender Blickkontakt

Vorgehen	Sprache	Körpersprache	Beispiel
Formal höflich, mit Blick auf die Aufgabenstellung	Erläuternd, Akzeptanz durch das Gegenüber wird gewünscht, ist jedoch nicht zwingend erforderlich	Allgemein übliche Gesten der Höflichkeit	Handgruß, Blickkontakt für die Dauer des Gespräches, unverbindliches Lächeln, Nicken als Zeichen der Zustimmung
Distanziert, sachlich, Reduzierung auf notwendige Formalitäten	Knappe, klare Anweisungen, Einwände werden meist abgelehnt	Kurze knappe Bewegungen, reduzierter Blickkontakt, unverbindliches Lächeln	Handgesten betonen lediglich wichtige Aspekte, distanziertes Lächeln, das schnell wieder vom Gesicht verschwindet
Entpersonalisiert, Delegierung an Dritte	Kaum direktes Gespräch, Einwände sind nicht existent	Minimalistische Körpersprache, nahezu vollständiger Verzicht auf persönlichen (Blick-)Kontakt, auch mimische Äußerungen auf Minimum reduziert	„Eingefrorene" Mimik, Emotionen bleiben unter Verschluss, Blicke sind zielorientiert und werden nicht mehr zur Kontaktaufnahme, sondern zur Auftragserteilung eingesetzt

Die meisten der hier genannten Verhaltensmuster sind männlich. Auch die meisten Führungskräfte im wirtschaftlichen und politischen Kontext sind männlich. Laut der interparlamentarischen Union waren im Jahr 2007 im weltweiten Durchschnitt von allen Abgeordnetenmandaten 82,9 Prozent von Männern besetzt. Dies gilt ebenfalls für die höchsten politischen Ämter, insbesondere die Positionen von Präsidenten und Staatsführern: Auch diese sind fest in männlicher Hand.

„Die männlichen Strukturen sind es, die Frauen abschrecken. Der männliche Führungsstil neigt zum Denken in Rangordnungen als Kultur des Gegeneinanders. Männer sind, pointiert gesagt, immer im Krieg. Sie kämpfen."[16]

(Tamara Dietl, Coaching-Expertin)

---

[16] *Brand J., Czöppan, G., Eichel, C., Griessl, M., Pauli, H., Ruzas, S., Waldenmaier, N. „Was sie wirklich will",* in: Focus, Nr. 28/2011, S. 75 – 76

Mit unserer aktuellen Bundeskanzlerin, Angela Merkel, gehörten wir im Januar 2010 weltweit zu den zehn Staaten, die damit eine Ausnahme von der vorgenannten „Regel" bildeten. Von einer Gleichbehandlung von Männern und Frauen sind wir damit jedoch immer noch weit entfernt. Das ist auch deshalb von Nachteil, da viele typisch männliche Eigenschaften und Charakterzüge keinesfalls immer vorzeigbar sind. Die Gründe dafür mögen vielschichtig sein, doch sie drücken sich durch die Körpersprache aus.

4.2.5   Körpersprache in der Politik

In den meisten Gesellschaften ist Macht eng mit den Begriffen Wirtschaft und Politik verwoben. Hier ist die Macht zu Hause, der Weg zur Führungsposition ist ihre Geburtsstätte. Dass insbesondere in der Politik das „Phrasendreschen" beheimatet ist, ist allseits bekannt. Die Bereitschaft, politischen Aussagen Glauben zu schenken, ist in den letzten Jahren allerdings stetig gesunken. Je beliebiger und austauschbarer Parteiprogramme und Wahlversprechen sind, desto wichtiger wird deshalb die Tatsache, dass Ansichten von Gestik, Mimik und äußerem Erscheinungsbild beeinflusst werden. Bereits vor Jahrzehnten wurde die Körpersprache von Politikern zur Wirkungssteigerung ihrer selbst und ihrer politischen Botschaften eingesetzt. So soll Hitler seine öffentlichen Auftritte vor dem Spiegel trainiert haben, ebenso wie Goebbels, der seine Aufgabe als Propagandaminister auch in dieser Hinsicht sehr ernst nahm. Anders sind die aus heutiger Sicht völlig überzogenen, pathetischen und dramatischen Gesten wohl kaum zu erklären. Dennoch verfehlten sie ihre Wirkung nicht und hatten einen gewiss nicht unerheblichen Anteil an der mitunter nahezu hypnotischen Wirkung ihrer Ansprachen auf die Massen.

Richtig deutlich wurde der erhebliche Einfluss der Körpersprache auf die Meinungsbildung erstmals beim ersten live im TV übertragenen Rededuell um eine politische Führungsposition. Es fand am 26. September 1960 zwischen den US-Präsidentschaftskandidaten John F. Kennedy und Richard Nixon statt. Dieser hatte unter anderem darauf verzichtet, vor dem Interview geschminkt zu werden. Überdies war er kurz zuvor erst von einer Knieverletzung genesen, wirkte daher noch etwas kränklich, war blass, schwitzte sichtbar und schaute ernst und angestrengt drein. Währenddessen überzeugte Kennedy durch ein vitales, sonnengebräuntes Äußeres und häufigere Blicke in die Kamera und damit zu den Fernsehzuschauern. Nixons Argumente waren inhaltlich offenbar wesentlich überzeugender; zumindest war die Mehrheit der damaligen Radiohörer dieser Ansicht. Doch im Gegensatz dazu lieferte das Fernsehen, das seinen Siegeszug gerade erst begonnen hatte, Bilder zu den Aussagen. Und so kam es, dass diejenigen, die ein Bild beider Kandidaten vor Augen hatten, sich von den Äußerlichkeiten beeinflussen ließen. Wer gewann, ist bekannt.

In unserer heutigen Zeit, in der Bilder und Filme innerhalb von Sekunden ins Netz gestellt und von Milliarden Menschen rund um die Welt betrachtet, bewertet und weitergeleitet werden können, ist es nahezu sträflich, äußere Aspekte wie Farbgebung, Kleidung, gesprochenes Wort und natürlich die Körpersprache nicht zu berücksichtigen; zumal Letztere auch ohne fremde Sprachkenntnisse, bis auf wenige Ausnahmen, international verständlich ist.

Im Allgemeinen lässt sich die farbliche Kreativität männlicher Persönlichkeiten aus Wirtschaft und Politik mit den Worten „dunkler oder grauer Anzug, weißes Hemd, Krawatte" wohl am besten beschreiben. Als Angela Merkel sich 2007 beim G8-Gipfel in Heiligendamm mit einem farbigen Jackett zwischen den Einheitsfarbton ihrer männlichen Kollegen platzierte, sprach dies für sie und hob sie aus dem farblosen Einerlei angenehm heraus. Zumal es sich – gewiss kein Zufall – um ein grünes Jackett handelte, das dem Klimaschutz, damals das Hauptthema, Rechnung trug. Im Allgemeinen müssen sich Frauen, wollen sie anerkannt werden, auch im Bereich der Kleidung der Männerwelt weitgehend anpassen. Der Vorteil eines Anzugs nämlich ist, dass nichts vom Wesentlichen ablenkt. Weder sollte eine Frau sich also allzu bunt, noch zu weiblich kleiden. Die Betonung oder gar Hervorhebung weiblicher Reize hat fast immer zur Folge, dass die Frau nach eben diesen und nicht nach ihren Fähigkeiten beurteilt wird. Sarah Wagenknecht, die in den Medien oft als „schöne Kommunistin" bezeichnete stellvertretende Parteivorsitzende der Partei „Die Linke" und wirtschaftspolitische Sprecherin der Linksfraktion im Bundestag, äußerte sich am 7. Juni 2011 in der Sendung „Markus Lanz" zu diesem Thema: „Ich finde, es ist (…) ein Problem, dass Frauen immer wieder auf ihr Aussehen angesprochen werden. (…) In der Politik wird man als gut aussehende Frau oftmals mit einer gewissen Herablassung behandelt."

Die Akzeptanz in den Führungsspitzen, in der Männerwelt des Erfolgs, hat für Frauen einen höheren Preis als für Männer. Offenbar müssen sie „geschlechtslos" sein, müssen sich von den sie als Frau spezifizierenden Merkmalen zumindest in der Öffentlichkeit lossagen und sich, wenn auch nicht in einem männlichen Anzug, dann doch immerhin ihrer Weiblichkeit so weit als möglich entledigt präsentieren.

In der deutschen Politik wurden Äußerlichkeiten erstmals 1998 durch den damaligen Bundeskanzler Gerhard Schröder in aller Deutlichkeit in den Fokus der Öffentlichkeit gerückt. Ob es dabei um seine Brioni-Anzüge oder Kaschmirmäntel ging, um Cohiba-Zigarren (ein männlich-phallisches Machtsymbol) oder, später, darum, ob er sich die Haare tönt oder nicht: Schon längst ist politischer Erfolg nicht mehr nur von Wahlprogrammen und -versprechen abhängig, sondern auch von der Außenwirkung der sie repräsentierenden Politiker. Die Geister mögen sich darüber scheiden, ob Auftritt und Darstellung mitunter sogar wichtiger sind als Inhalte; einfach beiseitewischen zumindest sollte man diese Aussage nicht, was insbesondere diejenigen wissen, die es betrifft. So erwähnte ein hessischer Spitzenpolitiker im Gespräch mit dem Autor, dass er, ebenso wie viele seiner Parteikollegen, „selbstverständlich" in Sachen Körpersprache und Außenwirkung geschult werde, weil „man diese Komponenten keinesfalls außer Acht lassen" dürfe.

Eine im Grunde banale Erkenntnis: Wer ein Auto kaufen möchte, würde sich von einem unrasierten, schwitzenden Verkäufer mit schwarzen Fingernägeln und Zigarette im Mundwinkel sicherlich nicht beraten lassen wollen; obwohl dieser fachlich durchaus wesentlich kompetenter sein könnte als sein gepflegter Kollege mit Zahncremelächeln und teurem Rasierwasser. Nur traute man ihm dies gar nicht erst zu und gäbe ihm deshalb auch nicht die Chance, sein Wissen unter Beweis zu stellen. Der Umkehrschluss: Jemand, der eine bestimmte Position innehat und sich äußerlich entsprechend zu präsentieren weiß, ist auf dem aufsteigenden Ast. Eines der aktuelleren Beispiele dazu lieferte Karl-Theodor zu Guttenberg: Als bestgekleideter Mann wurde er im September 2009 bewertet, auf der Beliebtheitsskala stand er vier Monate später auf Platz zwei. Zufall? Erst als offenbar wurde, dass er seinen Doktortitel nicht rechtmäßig erworben und diesbezüglich selbst dann noch gelogen hatte, als es vermutlich bereits besser gewesen wäre, seinen Fehler zuzugeben, verlor er einen Großteil an Sympathien.

Die Körpersprache sendet die Botschaften, die – durch ausgewählte Kleidung gut verpackt – beim Wähler ankommen beziehungsweise ankommen sollen. Politische Gesten müssen, sollen sie öffentlichkeitswirksam sein, ausdrucksstark sein. Hier darf sich Macht nicht reduzieren, sondern muss großartig und massentauglich nach außen treten: Die nach oben gereckten Daumen, das Victory-Zeichen, die geballte Faust, der drohende Zeigefinger, die hochgereckten Arme, weit ausladendes Winken zur jubelnden Menge, der vorwärts in die Zukunft weisende Finger, die „Pistole" (siehe **Abbildung 3.30 b**): Die Gesten eines Politikers tragen zu seinem Image bei, müssen zu seinem Konzept passen und sollen Glaubwürdigkeit sowie die Authentizität seiner Person unterstreichen – und natürlich seine Macht.

Abbildung 4.18: a) „Danke, das haben wir gut gemacht" („Und ganz besonders ich!")
b) und c) In Deutschland verbindet man diese Gesten auch mit Gerhard Schröder oder Josef Ackermann. Bei Frauen kommt sie selten vor.

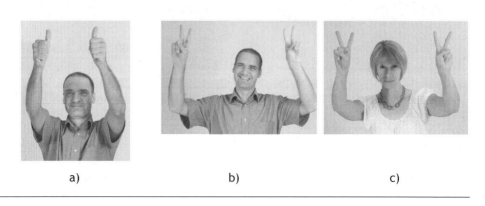

a)   b)   c)

Bei Staatsempfängen wird der Gastgeber üblicherweise immer auf der aus Kamerasicht linken Seite stehen, wenn er seine Gäste mit Handschlag willkommen heißt; eine Tatsache, die nicht etwa den Räumlichkeiten geschuldet ist, sondern die den Umstand berücksichtigt, dass der Betrachter diese Hand als Ober- und damit „Führungshand" wahrnimmt. Legt der Gastgeber dann noch seinen linken Arm um die Schulter seines Gastes, ergreift er damit nahezu vollständig Besitz von ihm.

Abbildung 4.19: a) In der Politik eine Inbesitznahme, wie man sie oft bei Bush und
Putin sah.
b) Dieses scheinbar freundschaftliche „Auf-die-Brust-Klopfen" ist
tatsächlich eine Antwort auf den körpersprachlichen Übergriff.

a)   b)

Als Reaktion auf diese „Inbesitznahme" bieten sich verschiedene Möglichkeiten an, die die
körpersprachlich unterlegenere Position jedoch trotzdem nicht vollständig ausgleichen
können. So kann man nach der Auflösung des Handgrußes die eigene Hand dem anderen
auf den Rücken legen, wie, um ihm den richtigen Weg zu weisen, mit der Hand seinen
Arm umfassen oder ihm beim Händeschütteln auf den Oberarm klopfen und damit die
eigene Bedeutung hervorheben.

Bei einem im Sommer 2009 stattfindenden Treffen, zu dem der damalige russische Staats-
chef Vladimir Putin geladen hatte, er also als Gastgeber fungierte, trafen nacheinander
verschiedene Staatschefs und hochrangige Politiker ein. Putin hatte es so arrangiert, dass
er aus Sicht der die Begrüßung filmenden Kamerateams so positioniert war, dass er jeden
einzelnen Gast von links und damit mit dem Handrücken zur Kamera, der Oberhand,
begrüßen konnte. Tony Blair, damals Premierminister von Großbritannien, reagierte darauf mit dem Beidhänder, indem er mit dem zusätzlichen Einsatz seiner linken Hand die
Hand Putins umschloss. Auch George W. Bush wollte sich offenbar nicht mit der ihm

vorgegebenen Position zufriedengeben: Zwar ergriff er zunächst Putins Hand, stellte sich dann jedoch seitwärts zu ihm, lächelte somit direkt in die Kameras und nötige Putin, sich ebenfalls in Richtung Kamera zu wenden.

Abbildung 4.20: Der Herr links hat die Oberhand, der rechte Herr „hält" dagegen.

Im Fortgehen gab er ihm schließlich noch einige „väterliche" Klapse auf die Schulter, eine Geste, die er übrigens auch bei anderen Anlässen und Politikern häufiger anwandte.

In vielen Nationen ist es ein Zeichen der Höflichkeit, anderen Personen beim Gehen durch eine Tür den Vortritt zu lassen. Im Hinblick auf die Eigenwirkung wird diesem Umstand ansonsten wenig Bedeutung beigemessen. Im mittleren Osten jedoch signalisiert die Person, die bei einer Gruppe von Menschen als Letzte durch eine Tür geht, Führungskompetenz; sie folgt den anderen und hat alles im Blick. Zwei politische Führer eines solchen Landes, die sich darum stritten, wer wem den Vortritt lässt, ginge es also nicht darum, höflicher zu sein als der andere, sondern darum, wer sich selbst die größere Führungskompetenz beimisst.

Aus dem Wahlkampf kennt man die Geste des gestreckten Zeigefingers, mit dem der Kandidat vor seinen jubelnden Anhängern steht, in Richtung eines offenbar in der Menge stehenden Bekannten deutet und diesem etwas zuruft. Fraglich ist, ob es sich dabei tatsächlich um eine reale Person handelt; viel entscheidender nämlich ist die auf diese Weise transportierte Nachricht: „Da oben steht jemand aus unserer Mitte. Und er erinnert sich auch im Moment des Erfolges noch an jeden Einzelnen von uns!"

Es müssen jedoch gar nicht immer hochpolitische Anlässe sein, bei denen es auf körpersprachliche Aspekte ankommt: Als Hillary Clinton im Januar 2011 am Abschluss ihres Besuches im Jemen ins Flugzeug steigen wollte, stolperte sie über die Einstiegsschwelle und fiel auf den Boden. Ein Besatzungsmitglied half ihr sofort wieder auf, als plötzlich das Licht im Flugzeug ausging – ein Mitarbeiter hatte es gelöscht. Freilich zu spät, denn die Kameras, in die sie kurz zuvor noch gewinkt hatte, hatten bereits alles im Kasten. Was der Mitarbeiter verhindern wollte, war die unterschwellige Botschaft, die bei diesen Bildern mit über den Fernseher läuft: „Die US-Außenministerin ist gestürzt. Sie braucht Hilfe, um wieder auf die Beine zu kommen."

Ist ein Politiker zu einer Talkshow eingeladen und kann er sich als Studiogast die Kameraposition nicht aussuchen, ist es auch hier dennoch möglich zu punkten. Zumindest, wenn das Sendeformat vorsieht, dass er nicht gleich zu Beginn im Studio sitzt, sondern erst während der laufenden Sendung hereingebeten wird. Dann nämlich kann er die Begrüßung des Talkmasters wirksam für sich einsetzen und hinsichtlich seiner Präsenz und Wirkungsstärke punkten. Dazu umfasst er beim Handgruß zusätzlich den Arm des Moderators, ergreift also körpersprachlich Besitz von ihm und demonstriert damit einen Führungsanspruch.

Auch wenn unterschiedlichste Untersuchungen und Studien zu menschlichem Verhalten zeigen, dass Menschen sich stark von Äußerlichkeiten beeinflussen lassen, so wollen es viele dennoch nicht wahrhaben. Dabei verkaufen sich nicht nur politische Inhalte besser, wenn sie gut verpackt werden. Bekanntermaßen ist die Verpackung auch im alltäglichen Konsumbereich ein maßgeblicher Erfolgsfaktor, zum Beispiel bei Parfums, bei Lebensmitteln und sogar bei Medikamenten.

Vermutlich wollen die meisten von uns nicht wahrhaben, dass sie auf solche Äußerlichkeiten reagieren – zumal sie uns oft genug noch nicht einmal bewusst sind. Doch in unserer inzwischen derart medialen Welt sollte man sich die Frage stellen, inwieweit objektive Meinungsbildung überhaupt noch möglich ist. Dass Menschen, die in der Öffentlichkeit stehen, sich jede verfügbare Form der Einflussnahme zunutze machen, mag man ihnen vorwerfen; das auch daraus resultierende Verhalten ihrer Wähler jedenfalls gibt ihnen oft genug Recht.

4.2.6 Behaupten Sie sich

So oft, vielschichtig und umfangreich die Unterschiede zwischen Frauen und Männern auch benannt, beklagt oder belächelt werden mögen – sie sind vorhanden. Dass diese sich dann nicht nur in Sicht- und Reaktionsweisen, sondern auch in der Körpersprache ausdrücken, ist daher nicht mehr und nicht weniger als eine logische Konsequenz. Und auch wenn für jedes Umfeld – Alltag, Beruf, Wirtschaft, Politik – eigene Gesetzmäßigkeiten und Regeln gelten, setzt sich dieser Unterschied immer durch; sowohl im eigenen Verhalten als auch in der Wahrnehmung anderer. Es ist illusorisch zu glauben, die körpersprachlichen Verschiedenheiten zwischen Männern und Frauen ließen sich mithilfe einiger Tricks aus dem Weg räumen. Allem Anschein nach bringen Männer von Natur aus etwas mit, was sich Frauen erst erarbeiten müssen. Allerdings dürfen sie dafür nicht ihr Frausein auf ganzer Linie aufgeben. Erstens wollen sie dies nicht, zweitens ginge es ohnehin nicht und drittens, bedenkt man die weitaus sozialeren und rücksichtsvolleren Verhaltensgrundlagen, die Frauen mitbringen, bedeutete es einen enormen Verlust. Und selbst wenn: Ein Mann, der eine Frau aufgrund fehlender typischer weiblicher Muster respektierte, betrachtete sie dann womöglich als Frau, der „die Weiblichkeit abhanden gekommen ist", wie es eine Teilnehmerin eines Körperspracheseminars einmal formulierte. Gesteigert bis hin zur Lächerlichkeit würde dieser Eindruck zudem, wenn die Frau auf typisch männliche Körpersprachemuster zurückgriffe.

An dieser Stelle muss noch einmal auf den großen Anteil der Körpersprache an unserer Wirkung erinnert werden: Andere Menschen verhalten sich uns gegenüber stets so, wie sie glauben, es zu können. Sie reagieren auf das, was wir „liefern", was wir zeigen und wie überzeugt wir das tun. Wenn eine Frau aufgrund ihres Geschlechtes nicht den Respekt erhält, den sie verdient, dann ist zwar die Wahrscheinlichkeit hoch, dass das männliche Umfeld, in dem sie sich bewegt, nicht gerade besonders aufmerksam und rücksichtsvoll ist. Unabhängig davon liegt es trotzdem in ihrer eigenen Verantwortung. Darauf zu warten, dass sich das von allein ändert, wäre naiv und Zeitverschwendung. Außerdem setzte es auf männlicher Seite eine Einsichtsfähigkeit voraus, die vermutlich ohnehin nicht vorhanden ist, denn sonst käme es gar nicht erst zu den beklagten Respektlosigkeiten. Eine Führungsposition allein schützt auf Dauer ebenfalls nicht vor mangelnder Anerkennung. Eltern, die ihre Kinder nur mit Druck, Strafen und Verboten erziehen, es jedoch an Verständnis und Akzeptanz von deren Schwächen fehlen lassen, werden ihren Respekt irgendwann verlieren. Die Androhung von Strafen, ebenso wie die Strafen selbst, verliert ihre Wirkung und erzeugt Widerstand.

Was also können Frauen tun, die auf die Akzeptanz und den Respekt ihrer männlichen Kollegen oder Mitarbeiter angewiesen sind und diese mit Recht erwarten? Oder Frauen, deren Ansehen und Wirkung von der Öffentlichkeit begutachtet und bewertet werden?

Neben der Körpersprache gilt es, eine Reihe weiterer Faktoren zu berücksichtigen. Neben einer als selbstverständlich voraussetzbaren Kompetenz für das entsprechende Gebiet handelt es sich dabei ausnahmslos um äußerlich wirkende, darstellende Faktoren:

Frisur, Make-up, Kleidungsstil und -farbe müssen abgestimmt sein auf den jeweiligen Typ und das Thema, das man besetzt, beziehungsweise das Image, das man transportieren will. Unabhängig davon scheint eines für Frauen besonders wichtig zu sein: Sie müssen im Umgang mit Männern zunächst einmal anerkennen, dass diese ihre Schwächen nicht ihnen zuliebe ablegen werden. Stattdessen müssen sie sie akzeptieren und mit ihnen umgehen. Solange es sich nicht um kriminelle oder übergriffige Verhaltensweisen handelt, die eventuell sogar strafrechtliche Konsequenzen haben könnten, ist – im alltäglichen Umgang – jeder Mensch selbst für die Reaktion verantwortlich, die er bei anderen erzeugt. Frauen müssen also das entsprechende „Grundmaterial" für das von ihnen gewünschte Ergebnis zur Verfügung stellen. Niemand behauptet, dass dies immer einfach ist. Deshalb spricht man bei Respekt ja auch von „verdienen" und nicht von „verschenken".

Verbale Aussagen müssen immer auch körpersprachlich deutlich gemacht werden. Zehren sie ohne äußere Manifestation einzig und allein von einer eventuell hierarchisch höheren Position, verlieren sie schnell ihre Wirkung. Natürlich ist es grundsätzlich für eine Führungskraft leichter, gewisse Verhaltensweisen von Mitarbeitern einzufordern, als dies bei untereinander gleichgestellten Kollegen der Fall ist. Daher sollte die Anwendung der folgenden Empfehlungen im Einzelfall stets der Situation und den beteiligten Personen angemessen sein und nicht als ausschließlich empfohlenes Verhaltensmuster verstanden werden.

Wo und wie sitzen oder stehen Sie?

Je nachdem, wo und wie man sich und andere platziert, lässt sich schon rein äußerlich eine bestimmte Grundposition klarmachen und beim Gesprächspartner eine entsprechende Emotion erzeugen (siehe Seite 30: Der Verkäuferstuhl). Generell ist im Zusammenhang mit Ordern und Arbeitsaufträgen die frontale Ansprache immer besser, da sie unmissverständlicher, direkter und durchaus konfrontativer vorgebracht werden und wirken kann.

Sitzt beispielsweise jemand vor Ihrem Schreibtisch, dann agieren Sie von Ihrem Platz dahinter aus mit einer gewissen Distanz. Im Wort „gegenüber" ist nämlich auch das Wort „Gegner" enthalten. Auch wenn es sich nicht um eine Konfrontation handeln soll: Ein Arbeitsauftrag wird, wenn er von hinter dem Schreibtisch kommt, leichter und unmissverständlicher als solcher verstanden, als wenn man im partnerschaftlichen „Doppel-P" (siehe Seite 98) sitzt oder jemandem von der Seite mitteilt, was er zu tun hat. Nach Möglichkeit sollten Sie generell darauf verzichten, sich jemandem von der Seite zu nähern. Um Ihre volle Wirkung zu nutzen, sind Sie nämlich darauf angewiesen, dass der andere sich Ihnen zuwendet. Besser ist es, jemanden zu sich zu rufen oder, bei hierarchisch Gleichgestellten, diesen zu bitten, Sie aufzusuchen. Obwohl es sich dabei scheinbar nur um ein kleines Entgegenkommen des anderen handelt, kann es für ein selbstbewusst geführtes Gespräch eine gute Grundlage sein. Kommt nämlich der andere Ihrer Bitte nach, tut er offensichtlich, was Sie ihm sagen.

Augenkontakt

Dieser körpersprachliche Aspekt ist nicht nur für Frauen eine echte Herausforderung. Wie bereits erläutert, haben die Augen eine außerordentlich starke Wirkung innerhalb unserer Kommunikation. Mit ihnen stellen wir Nähe und Distanz her, vermitteln Aufmerksamkeit oder Desinteresse und machen den Grad unseres Selbstbewusstseins nach außen unmittelbar sichtbar. Wenn Menschen sich anschauen, ist dies stets eine Konfrontation, bei der mindestens eine der beteiligten Parteien sich zum Handeln genötigt sehen wird, sofern sie dies nicht ohnehin schon von Beginn an beabsichtigt hat. Menschen mit niedrigerem Status brechen den Blickkontakt üblicherweise schneller ab als Menschen im Hochstatus. Wer seinem Vorgesetzten länger als gewohnt in die Augen schaut, wird vermutlich damit eine Frage wie „Was gibt es denn noch?" provozieren. Hält eine (weibliche) Führungskraft den Blickkontakt nicht länger als ihr Gegenüber, sendet sie damit also das Signal eines untergeordneten Ranges. Unter Kollegen wiederum kann der ein wenig länger als üblich andauernde Blick durchaus das fehlende Quäntchen Selbstbewusstsein transportieren, das den männlichen Kollegen von einem albernen Spruch abhält – ohne dass er weiß, warum.

Insbesondere in Situationen, in denen wichtige Entscheidungen getroffen oder unterschiedliche Meinungen vertreten werden müssen, gilt es, klar, entschieden und selbstbewusst aufzutreten. Der direkte, konfrontative Blick zwingt das Gegenüber, Stellung zu nehmen. Auf diese Weise vermittelt man, dass es um etwas geht, für das man einzustehen, vielleicht sogar zu kämpfen bereit ist. Wer jedoch mit dem Blick ausweicht, weicht auch in der Sache aus.

Verzicht auf „Weichmacher"

Weibliche Körpersprache enthält eine Reihe von „Weichmachern", die die Kommunikation im familiären, privaten Alltag zwar ausgesprochen hilfreich und angenehm machen und die insbesondere im Umgang mit Kindern empfehlenswert und sinnvoll sind, die jedoch in beruflichen Zusammenhängen dazu führen können, dass eine Frau schlicht und einfach nicht ernst genommen wird. Eines davon ist das Lächeln. Sofern es aus Höflichkeit angewandt wird, ist dagegen natürlich nichts einzuwenden. Im Gegensatz dazu steht das Lächeln aus „Nettigkeit". Der Unterschied ist: Höfliches Lächeln basiert auf gutem Benehmen und kann dennoch unverbindlich und mit einer gewissen Distanziertheit eingesetzt werden. Das nette Lächeln hingegen versucht vorrangig, die Stimmung im grünen Bereich zu halten. Es tritt häufig in Kombination mit hochgezogenen Augenbrauen auf und bemüht sich um Freundlichkeit, will niemandem die Laune verderben und bei anderen auf keinen Fall anecken. Es zeigt die Erwartung und die Hoffnung auf eine Reaktion – und damit auch eine diesbezügliche Abhängigkeit.

Abbildung 4.21:   a) Ein höfliches Lächeln sieht anders aus als ...
                          b) ... ein Lächeln aus „Nettigkeit".

a)   b)

Natürlich geht es nicht darum, unfreundlich mit Mitarbeitern und Kollegen umzugehen. Allerdings sollten Frauen sich klarmachen, dass jede Geste, die darum bemüht ist, eine Atmosphäre der Harmonie herzustellen, von Männern als Zeichen von Schwäche und Unterlegenheit angesehen werden kann.

Abbildung 4.22: a) Gegen ein solches Lächeln ist nichts einzuwenden. Es ist freundlich und ehrlich. Dennoch ...

b) ... erzielt dieser Blick mitunter mehr Respekt und sendet eine unmissverständlichere Botschaft.

a)   b)

In Kombination mit dem „netten Lächeln" tritt zudem oftmals ein weiterer „Weichmacher" auf, der die angestrebte Autorität zusätzlich unterhöhlt: der zur Seite geneigte Kopf. Dieses Zeichen beobachtet man hin und wieder auch bei Männern, die ein kleines Baby oder kleine Kätzchen betrachten, generell ist es jedoch typisch weiblich. Es drückt Zuneigung, Sympathie und Aufmerksamkeit aus – genau das, was im beruflichen Alltag einer Frau, die sich gegen eine männliche „Übermacht" durchsetzen will, nicht dazu angetan ist, die Karriereleiter nach oben zu klettern. Gleiches gilt für „Weichmacher" Nummer vier, das Nicken. „Ja" sagen ist eine Sache, fortwährend nicken eine ganz andere. Menschen, die immerzu nicken, geraten in der Wahrnehmung anderer schnell zum Ja-Sager und sind als solche keine ernst zu nehmenden Gesprächspartner, da man sich ihrer Zustimmung ohnehin sicher sein kann.

Abbildung 4.23: Weibliche „Weichmacher". Geneigter Kopf, bittende Hände, ein fast flehender Blick: So buhlt man um Verständnis, jedoch nicht um Pflichterfüllung und Respekt.

Unsicherheitsgesten vermeiden

Ähnlich wie „Weichmacher", jedoch noch deutlicher erkennbar, sind Gesten der Unsicherheit. Dazu gehören mangelnder Blickkontakt, der Biss auf die Lippen, der Griff an die Drosselgrube, der „halbe Verschränker", das Ringen mit den Händen, die Beinschere oder das Hin- und Herschaukeln des Oberkörpers, welches zwar auch ein Hinweis auf kurzes Abwägen, bei längerer Dauer jedoch eher ein Signal der Unentschlossenheit darstellt.

Die eigene Position unterstützend wirken stattdessen der „Hüftaufsitzer", mit dem man sich durch die nach außen stehenden Ellbogen mehr Raum nimmt, ein fester Stand mit nebeneinanderstehenden Füßen, die frontale Zuwendung zum Gesprächspartner sowie ein klarer und direkter Blick in dessen Augen.

Einsatz von Händen und Fingern

Generell haben die Hände einen hohen Wirkungsgrad in der Kommunikation (siehe Seite 75). An ihnen lässt sich Selbstbewusstsein auch dann noch ablesen, wenn es der Mimik gelingen mag, uns etwas anderes vorzuspielen. Handgesten bieten einer Frau die Möglichkeit, Durchsetzungsvermögen zu zeigen, ohne in unpassende männliche Verhaltensmuster zu rutschen. Da Frauen im Allgemeinen dazu neigen, Aussagen mit offenen Händen und nach oben weisenden Handflächen zu begleiten, kann der bewusste Einsatz des nach oben weisenden Handrückens, beispielsweise bei Entscheidungsverkündungen oder bei Funktionszuweisungen helfen, die Klarheit der eigenen Position zu verdeutlichen.

Abbildung 4.24: Da ist schon Zorn mit im Spiel, wie der angespannte Unterkiefer zeigt. Und die Geste sagt klar: „Jetzt ist Schluss – so wird´s gemacht!"

Der pointierte Einsatz des Zeigefingers wiederum betont die eigene Dominanz und Entschiedenheit, wenn er im Zusammenhang mit einem konkreten Arbeitsauftrag genutzt wird (siehe Seite 141). Im Zusammenhang mit dem Daumen ergibt sich die bereits beschriebene Pistole, die nicht nur ein dominantes, sondern sogar angriffslustiges Signal sendet.

Sprachliches Auftreten

In Diskussionsrunden und Talkshows im Fernsehen erleben wir immer wieder, wie sich die Gesprächspartner ins Wort fallen. Achtet man mal darauf, wie solche Sprachduelle ausgehen, wird man feststellen, dass immer derjenige, dem es am längsten gelingt, den anderen trotz dessen Unterbrechung zu ignorieren, als Sieger aus dem verbalen Tohuwabohu hervorgeht. Dieses im Grunde unhöfliche Benehmen, welches insbesondere von Politikern als rhetorisches Mittel angewandt wird, basiert auf der Hoffnung, der mitten in seinen Ausführungen Unterbrochene hält mit seiner Rede inne, eben weil es sich nicht gehört, gleichzeitig zu reden, und weil man auch nichts mehr verstehen kann. Folgt man diesem Muster, gibt man damit jedoch den eigenen Standpunkt auf und räumt dem anderen einen Platz ein, den man ihm nicht einräumen wollte und der ihm vielleicht auch nicht zukommt. Da Frauen von Natur aus ohnehin eine weniger kräftige Stimme haben als Männer, hinsichtlich der Lautstärke also leicht unterliegen können, sollten sie diese Technik in beide Richtungen trainieren: Sowohl die Fähigkeit, eine gewisse Zeit „über eine Unterbrechung hinweg" zu reden und sich nicht beirren zu lassen, als auch den Mut, das Gegenüber selbst zu unterbrechen. Letzteres ist insbesondere dann angeraten, wenn eine Auseinandersetzung die Sachebene verlassen hat und der ursprüngliche Gesprächspartner inzwischen zum Gesprächsgegner geworden ist. Setzt dieser nun auch noch unberechtigte Kritik oder gar persönliche Angriffe als argumentative Waffe ein – wieso sollte man höflich abwarten, bis er damit fertig ist?

Im Einzelfall kann es sogar sinnvoll sein, den Unterbrecher mit einem scharfen Blick direkt auf sein schlechtes Benehmen anzusprechen und von ihm zu verlangen, still zu sein, bis man selbst ausgeredet hat. Generell gilt: Ein zu leiser Auftritt ist kein Auftritt. So, wie ein Schauspieler, der mit seiner Stimme nicht den Saal füllt, höchstens die vorderen Reihen des Publikums erreicht, vermittelt man mit gebremster Lautstärke den Eindruck, das Spiel nicht zu beherrschen.

Eine weitere, sehr wirksame, jedoch kaum angewandte Technik ist das Schweigen. Abgesehen davon, dass die Angaben über die Anzahl der gesprochenen Wörter bei Männern und Frauen stark auseinandergehen (siehe Seite 22), neigt man gesellschaftlich im Allgemeinen dazu, Frauen eine größere Redseligkeit zu unterstellen, was gewiss als weiterer Hinweis auf die Bedeutung sozialer Kontakte für Frauen betrachtet werden darf. Insofern scheint es – nicht ohne Augenzwinkern – nachvollziehbar, dass der Einsatz des Schweigens eine trotz seiner Effektivität vernachlässigte Methode darstellt, mittels derer sich die eigene Akzeptanz stärken lässt. Folgendes Beispiel macht das deutlich:

Beispiel 19: Der neue Marketingchef

Die Marketingabteilung hat mit Herrn Gründel eine neue Leitung bekommen. Mitarbeiter Schaffer, der bereits seit sechs Jahren für das Unternehmen tätig ist und auf diese Position gehofft hatte, ist enttäuscht. In einem Moment der Verärgerung äußert er dies gegenüber zwei Kollegen. Drei Tage später ruft ihn seine Vorgesetzte, Frau Hartling, zu sich. „Herr Schaffer, wie ich höre, sind sie hinsichtlich der Entscheidung für unsere Neubesetzung ein wenig ungehalten?" Schaffer streitet dies ab: „Nein, wieso? Ich habe sogar gehört, Herr Gründel soll da, wo er vorher war, ein kompetenter Mann gewesen sein." Frau Hartling blickt Herrn Schaffer freundlich an und schweigt. Nach einer kurzen Weile sagt Schaffer: „Also, zumindest, was so erzählt wird." Frau Hartling schweigt weiterhin. „Also, na ja, unabhängig davon, ich meine, er kennt unser Unternehmen ja noch nicht, aber das wird er sicherlich schon schaffen." Hartling schweigt. „Und wenn nicht, kann ich ihm ja ein wenig zur Seite stehen –also, ich meine, wenn das überhaupt gewünscht wird." Frau Hartling schweigt noch immer und blickt Herrn Schaffer weiterhin mit unverbindlicher Freundlichkeit an. Schaffer: „Na ja, also, zumindest, wenn man der Ansicht ist, dass meine Kenntnisse ausreichen, die man für eine solche Position benötigt." Jetzt fragt Frau Hartling: „Glauben Sie, Sie hätten diese Position auch übernehmen können?" „Na ja", antwortet Schaffer, „das ist ja nun nicht mehr relevant …".

> In den darauf folgenden 15 Minuten führen Frau Hartling und Herr Schaffer ein Gespräch, das die Ansichten und Positionen klärt und das Herrn Schaffer mit einem Gefühl des Respekts und der Akzeptanz vor Frau Hartlings Entscheidung verlässt.

Das eigene Schweigen kann die Redseligkeit bei anderen durchaus fördern. Hätte Frau Hartling gleich zu Beginn des Gespräches auf Herrn Schaffers Abstreiten mit einer Aussage wie „Ach so, dann gibt es also keine Probleme?" reagiert, wäre das Gespräch an dieser Stelle zu Ende gewesen. Herr Schaffer hätte ihr Büro mit dem Gefühl verlassen, weder verstanden noch ernst genommen, sondern schlicht ignoriert zu werden. Eine solche Haltung trüge kaum dazu bei, eine generelle Akzeptanz für Frau Hartlings Entscheidungen zu sichern.

Diese Technik spielt mit dem den meisten Menschen eigenen Bedürfnis, sich zu rechtfertigen beziehungsweise auf Fragen zu antworten. Frauen unterliegen diesem Mechanismus insofern stärker, als er ihrem grundsätzlichen Bedürfnis nach Harmonie und Ausgeglichenheit entgegenkommt.

Man darf die Wirkung des Schweigens ebenso wenig unterschätzen wie die damit verbundene Herausforderung. Insbesondere in Situationen, in denen ein weniger angenehmes Thema behandelt wird, kann es sehr schwierig sein. Überlegungen wie „Wie wirke ich wohl auf den anderen?", „Was hält er/sie jetzt von mir?", „Hätte ich eine andere Entscheidung treffen sollen?" oder „Welche Konsequenzen hat das eigentlich für mich?" führen leicht dazu, die unangenehme Stille mit Text zu füllen, sich dabei möglicherweise um Kopf und Kragen zu reden und schließlich Zugeständnisse zu machen, die man eigentlich nicht machen wollte. Diese tragen in der Folge dazu bei, dass man als unentschlossen und entscheidungsschwach betrachtet wird.

Im Zusammenhang mit der sprachlichen Ausdrucksweise muss noch auf ein weiteres kleines, jedoch sehr wirkungsvolles Signal hingewiesen werden: Der offene beziehungsweise der geschlossene Mund. Wer eine klare Aussage machen will, über die keine weitere Diskussion oder Verhandlung gewünscht wird, sollte nach der Verkündung seiner Entscheidung den Mund schließen. Ein geöffneter Mund nämlich deutet darauf hin, dass weiterhin Gesprächs- und im Hinblick auf die soeben getroffene Aussage gegebenenfalls sogar Verhandlungsbereitschaft besteht. Ist also alles gesagt, was gesagt werden muss? Dann widerstehen Sie dem Bedürfnis, einen harmonischen Satz hinterherzuschieben, und schließen Sie den Mund.

Invasion verhindern

Wie in politischen Zusammenhängen ist auch im beruflichen Alltag die Invasion eine Form der versuchten Machtübernahme. Die in Kapitel 2 aufgeführten Beispiele (siehe Seiten 44 – 46) zeigen, dass die unangemessene Inanspruchnahme fremden Raumes oder Territoriums durchaus geeignet ist, hierarchische Strukturen zu unterwandern. Auch wenn es sich um zunächst harmlos anmutende Situationen handeln mag (ein Stift auf dem Tisch, die Unterlagen, die einige Zentimeter weit in den Bereich des Tischnachbarn hineinreichen); die „besetzten" Gebiete werden meist nach und nach größer. Insbesondere bei

Männern ist dies eine beliebte, wenn meist auch unbewusste Form der Eroberung. Nichtsdestoweniger ist sie Ausdruck mangelnder Akzeptanz oder fehlenden Respekts. Genau aus diesem Grund sollte jede Invasion sofort mit einer Reaktion quittiert werden. Dabei muss es sich nicht um groß angelegte Aktionen handeln. Wichtig sind Schnelligkeit und Effektivität.

4.2.7   Mut zum Handeln

Im Vergleich zu der mitunter renitenten Selbstgerechtigkeit männlicher Körpersprachemuster mögen die hier genannten Vorgehensweisen geringfügig erscheinen. Tatsache jedoch ist: Viele Frauen, auch solche in Führungspositionen, versuchen, jede mögliche Form der Konfrontation zu vermeiden. So funktioniert es nicht! Während Frauen sich nämlich stets Gedanken um Harmonie und Gerechtigkeit für alle machen, übersehen sie, dass Männer meist auch ohne derlei Überlegungen recht zufrieden mit sich sind – zumindest solange man sie in dem Glauben lässt.

Jemand, der unsere fachliche Kompetenz oder unsere hierarchische Position mit Aussagen wie: „Sie wissen hier doch gar nicht Bescheid" oder „Ich finde, sie sind die Falsche für diesen Job" in Frage stellt oder gar offen angreift, würde sofort eine entsprechende verbale Reaktion erzeugen. Dabei finden die meisten Respektlosigkeiten oder Missachtungen hierarchischer Strukturen auf körpersprachlicher Ebene statt. Diese allerdings rufen nur selten eine angemessene Reaktion hervor. Stattdessen redet man sich ein, dass es so schlimm ja nun auch wieder nicht sei, der Kollege ja eigentlich ganz nett sei und man sich ja auch nicht wegen jeder Kleinigkeit aufregen müsse. Diese Argumente sind fast immer Ausreden für die eigene Mutlosigkeit zu handeln.

Genau darin liegt die größte Hürde für Frauen. Das Bedürfnis nach guter Stimmung, die Sorge, jemanden unfreundlich zu behandeln, und der Wunsch, gemocht zu werden, stehen ihnen im Weg. Oftmals ist die Antwort auf Fragen wie: „Wie reagiere ich, wenn mir jemand zu dicht auf die Pelle rückt?" oder „Was kann ich tun, wenn jemand wiederholt ohne anzuklopfen mein Büro betritt?" schnell gegeben, allein: Es scheitert an der Umsetzung. Dabei sind Männer mitnichten so empfindlich, wie Frauen denken. „Das kann ich doch nicht machen" ist wohl in diesem Zusammenhang der größte Irrtum. Doch – Sie können! Und Sie müssen sogar, wenn Sie deutlich machen wollen, dass etwas schiefläuft! Eine Frau, die sich an dem Verhalten eines Mannes stört und dies nicht umgehend deutlich macht, trägt damit unfreiwillig zur Fortsetzung oder gar Verstärkung dieses Verhaltens bei. Sie muss umgehend handeln, wenn

- ihre hierarchische Position nicht respektiert wird,

- ihr Territorium (z. B. Büro, Stuhl, Schreibtisch) unerlaubt beschlagnahmt wird,

- Distanzen unangebracht verletzt werden,

- sie während des Redens fortwährend unterbrochen wird,

- Kollegen oder Mitarbeiter ab- oder entwertende Gesten einsetzen.

Frauen, die in einem von Männern dominierten Umfeld bestehen wollen, müssen sich von bestimmten weiblichen Sichtweisen trennen. Zum Beispiel von der Annahme, dass Männer gekränkt reagieren, wenn man ihnen gegenüber ein klares Wort spricht beziehungsweise klar auftritt, dass es immer höflich und harmonisch zugehen muss, wenn Positionen klargestellt werden, dass vorrangig die Kompetenz entscheidend ist, selbst, wenn es vordergründig um fachliche Dinge geht oder dass eine sachliche Argumentation auf fruchtbaren Boden fällt, nur weil sie innerhalb eines akademischen Kollegiums geführt wird.

Kein Mann schert sich darum, ob diese Dinge einer Frau gefallen oder nicht. Er schert sich auch nicht darum, ob es gerecht ist oder nicht. Er handelt einfach. Handeln Sie also ebenfalls. Damit ist ausdrücklich körpersprachliche Aktion gemeint. Denn wer noch spricht, wo der andere schon handelt, erreicht diesen nicht, weil er sich auf einer anderen Ebene bewegt.

Beispiel 20: Nicht reden - handeln

So geht's nicht:

1. Eine Frau bittet ihren Kollegen (gleicher Status) wiederholt, er solle doch bitte erst anklopfen, bevor er ihr Büro betritt. Sie stößt auf taube Ohren.

2. Sie bittet ihn ausdrücklich und erklärt, weshalb sie Anspruch darauf hat. Er tut dies vielleicht sogar einige Male, fällt jedoch schon bald in sein altes Verhalten zurück.

3. Sie fordert ihn wütend auf. Er lacht er sie aus und zieht sie ab jetzt fortwährend damit auf.

4. Die Vorgesetzte fordert es aus einer höhergestellten Position. Er gehorcht eventuell, hält sie aber für eine Zicke. Zudem respektiert er sie dennoch nicht.

So geht's:

Als er das nächste Mal ihr Büro betreten will, steht sie, da sie ihn bereits hat kommen hören, innen direkt vor der Tür, gegebenenfalls mit in die Hüfte gestemmten Händen, blickt ihm geradewegs in die Augen und fragt: „Was gibt's ?"

Vermutlich zöge kaum eine Frau das im Beispiel vorgeschlagene Verhalten in Betracht. Doch mal abgesehen davon, dass sich derlei Szenarien sicherlich in Details unterscheiden: Sie können davon ausgehen, dass der Mann im Beispiel – sofern es sich nicht, wie schon erwähnt, um jemanden handelt, der bewusst und böswillig Grenzen verletzt – vollkommen perplex ist und sich sein Verhalten demgemäß verändern wird. Nebenbei bemerkt beschert ein solcher Erfolg zudem ein erhebendes Gefühl, was dann auch für das nächste Mal eine gute Grundlage bildet.

Körpersprachliche Munition im Überblick

1. *Sitzen und Stehen:* Unterscheiden Sie zwischen Wichtigem (Zuwendung, Konfrontation) und Unwichtigem (über die Schulter, von der Seite).

2. *Blickkontakt:* Fest und klar, wo Klarheit wichtig ist. Vermeiden, wenn keine Priorität gefordert ist. Lästige Störer fühlen sich sonst ermuntert.

3. *Keine Weichmacher:* Nettes Lächeln, geneigter Kopf, häufiges Nicken – unterscheiden Sie zwischen unverbindlicher Höflichkeit und sympathieheischender Nettigkeit.

4. *Keine Unsicherheitsgesten:* Distanzschaffung durch Arme und Beine sowie Nervosität, die sich durch unruhige Hände oder nervösen Blick ausdrückt, vermeiden.

5. *Hände:* Redebegleitend einsetzen. Dabei auf die richtige Mischung aus Offenheit und Distanz achten. Arbeitsanweisungen besser mit dominanten Gesten erteilen.

6. *Sprachstil:* Klare, deutliche, akzentuierte Ausdrucksweise. Schweigen als Machtwerkzeug einsetzen, es jedoch auch ertragen. Übermäßige Lautstärke vermeiden. Wer schreit, ist machtlos.

7. *Invasion und Distanzverletzung:* Niemals dulden. Sofort einschreiten. Dabei am besten auf der gleichen Ebene reagieren, das heißt, wer körpersprachlich eine Distanz verletzt, ist meist auch nur auf dieser Ebene belehrbar.

Jeder Frau steht ein breites Spektrum nicht nur verbaler, sondern auch körpersprachlicher Möglichkeiten zur Verfügung, mittels dessen sie sich Männern gegenüber durchsetzen kann. Sie muss es allerdings auch nutzen.

Schlusswort

Ich hoffe, Sie haben beim Lesen dieses Buches die eine oder andere Anregung erhalten, die Sie in Ihrem privaten oder beruflichen Alltag anwenden können. Vielleicht haben Sie sich auch hin und wieder geärgert und sich gedacht: „Wie stellt der Sentürk sich das denn vor; ich will mich durchsetzen und mir selbst nicht noch mehr Ärger machen!" Na dann ist doch alles in Ordnung – machen Sie weiter wie bisher!

Nicht nur meine weiblichen Leser möchte ich ermutigen, die Möglichkeiten zu nutzen, die uns unsere Körpersprache bietet. Jeder von uns verfügt über ein riesiges Potenzial, das uns, wenn wir es bewusst einsetzen, hilft, besser und erfolgreicher zu kommunizieren und sowohl in der Partnerschaft wie auch im Umgang mit Kollegen, Nachbarn, Freunden, Verkäufern und sogar mit dem schimpfenden Kerl hinter uns an der Ampel selbstbewusster aufzutreten und zu einer größeren Zufriedenheit zu gelangen.

Die Arbeit an der eigenen Körpersprache ist immer auch eine Charakterarbeit. Es wäre illusorisch und unfair, so zu tun, als könne man seine Körpersprache verändern, ohne sich selbst zu verändern. Wenn jemand vor einer Gruppe von Zuhörern steht und vor lauter Aufregung die Arme verschränkt, unruhig von einem Bein auf das andere tritt, einen Kloß im Hals hat und vergisst, was er sagen wollte, muss er sich zwangsläufig verändert haben, wenn er einige Zeit später in der gleichen Situation gelassen und entspannt seine Inhalte präsentiert und auf Zwischenfragen schlagfertig reagiert.

Noch ein Wort an alle – männlichen und weiblichen – Führungskräfte: Sollten Sie nach dem Lesen der Ansicht sein, dieses Buch wäre etwas für Ihre Mitarbeiter/innen, muss ich Sie, auch wenn ich mich grundsätzlich natürlich darüber freue, auf einen wichtigen Aspekt hinweisen: Veränderungen dieser Art funktionieren nur, wenn jemand die Notwendigkeit dafür erkennt, sie für sich umsetzen möchte und bereit ist, den dafür notwendigen Einsatz zu bringen. Körperarbeit kann mitunter schwierig und herausfordernd sein. Welche Ziele man sich also setzt, wie intensiv man trainiert und wie weit man geht, entscheidet daher jeder für sich selbst. Anderenfalls hat es nämlich keinerlei Nutzen.

Wenn Sie üben, üben Sie, wann immer möglich, in Situationen, in denen es keinen Schaden anrichtet. Wirkung und Auftritt zu *trainieren* ist etwas anderes, als sie öffentlich *auszuprobieren*. Das kann nämlich auch nach hinten losgehen. Allerdings sollte man sich von der Annahme verabschieden, man könne ohne Training etwas verändern. Nutzen Sie Ihre Emotionen, nutzen Sie Ihre Fähigkeiten, alles, was Sie benötigen, liegt in Ihnen. Wer das Potenzial seiner Körpersprache nutzbar machen will, wird viele Möglichkeiten dazu finden. Eines jedoch kann man niemandem abnehmen: Anfangen!

Danksagung

> „Wenn jeder dem anderen helfen wollte,
> so wäre allen geholfen."
>
> *Marie von Ebner-Eschenbach*

Ohne Hilfe geht es nicht. Auch dieses Mal hatte ich das Glück, auf ganz unterschiedliche Weise unterstützt zu werden. Dank gilt zunächst meiner Lektorin und Ansprechpartnerin Frau Annette Rompel vom Gabler Verlag: Zum einen für ihre Anregungen und Rückmeldungen sowie zum anderen für ihre motivierende Art, die für eine einfach tolle und angenehme Zusammenarbeit gesorgt hat.

Darüber hinaus danke ich folgenden Menschen (in alphabetischer Auflistung):

Sinan Akkus, Peter „Pit" Brockmann nicht nur für's Fotografieren, Martina Brunkow-Winterstein für ihre Bereitschaft, sich als Model zur Verfügung zu stellen, Ralph „FW" Fischer für seine mitunter auch sehr kurzfristige Rufbereitschaft, Frank Jesgars vom „Wirtshaus Köpenick" für die wiederholte freiwillige Bereitstellung intellektuell anregender Räumlichkeiten, Oliver (Olli) Kasten von „o.k. computer", meinem zweiten Model Olaf Koch („gimme the Wessels touch"), Dr. Karlheinz Kopanski („sieh zu"), Karsten Löwe, Joachim Z. (der nicht genannt werden will, es aber trotzdem verdient hat!) und Andreas Zier („Sack").

Bei der besten Omi von allen, Clara Müller (dem ehemaligen „Fräulein Wiechmann"), bedanke ich mich, dass ich so vieles von ihr lernen durfte.

Schließlich danke ich meiner Frau Ilona und meinen Söhnen Tarik und Julian für die Kraft, die sie mir geben, und dafür, dass sie da sind.

Bildnachweis

Abb. 2.5: © Klier

Abb. 1.1 a+b, 1.2 a+b, 1.3 a+b+c, 1.4., 1.5 1+b, 1.6, 2.1 a+b, 2.2, 2.3, 2.4, 2.6, 2.7, 2.8, 2.9, 3.1 a+b, 3.2, 3.3 a+b+c, 3.4 a+b+c, 3.5, 3.6 a+b, 3.7, 3.8, 3.9 a+b, 3.10, 3.11 a+b, 3.12, 3.13 a+b, 3.14 a+b, 3.15 a+b, 3.16, 3.17 a+b+c, 3.18, 3.19, 3.20, 3.21, 3.22, 3.23, 3.24, 3.25, 3.26 a+b, 3.27, 3.28 a+b+c, 3.29, 3.30 a+b, 3.31 a+b, 3.32 a+b, 3.33, 3.34 a+b, 3.35, 3.36 a+b, 3.37 a+b. 3.38, 3.39, 3.40, 3.41, 3.42, 3.43 a+b, 3.44, 3.45, 3.46, 3.47, 3.48, 3.49, 3.50, 3.51 a+b, 3.52 a+b, 3.53, 3.54. 3.55, 3.56 a+b, 3.57 a+b+c, 3.58, 4.1, 4.2 a+b, 4.3, 4.4, 4.5, 4.6 a+b, 4.7, 4.8 a+b, 4.9 a+b, 4.10, 4.11, 4.12 a+b, 4.13, 4.14, 4.15, 4.16, 4.17, 4.18 a+b+c, 4.19 a+b, 4.20, 4.21 a+b, 4.22 a+b, 4.23, 4.24 © Peter Brockmann

Abb. S. 143: © Springer Gabler

Literaturverzeichnis

Albig, Jörg-Uwe: „Die Macht des Körpers – der Körper der Macht", in: GEO, Ausg. 3/2011, S. 56 – 70

Bartholomäus, Ulrike, Hartmann-Wolff, Elke: „Versteht unser Gehirn sich selbst?", in: Focus, Nr. 28/2011, S. 67 – 68

Brand, J., Czöppan, G., Eichel. C., Griessel, M., Pauli, H., Waldenmaier, N.: „Was sie wirklich will", in: Focus, Nr. 28/2011, S. 75 – 76

Cialdini, Robert B: „Die Psychologie des Überzeugens", 5. Auflage, Verlag Hans Huber, Bern, 2007

Deutsches Institut für Wirtschaftsforschung (DIW): „Führungskräfte Monitor 2010", 2010

Dieball, Werner: „Körpersprache und Kommunikation im Bundestagswahlkampf", poli-c books, Berlin/München, 2005

Duden, „Duden online", Dudenverlag, 2011

Ekman, Paul: „Gefühle lesen", Spektrum Academischer Verlag, Heidelberg, 2007

Gamer, Matthias: „Die Wahrheit über die Lüge", in: Gehirn und Geist, Ausg. 7-8/2008, S. 33 – 37

Garcia, Isabel: „Ich rede", 3. Auflage, Sessel Books, 2009

Grosse, Julia, Reker, Judith: „Versteh´ mich nicht falsch!", Bierke Verlag, 2010

Jumpertz, Sylvia: „Wie sicher lassen sich Signale deuten?", in: managerSeminare, Heft 149, 8/2010, S. 48 – 54

Karge, Désirée: „Der lebende Lügendetektor", in: Bild der Wissenschaft, Ausg. 8/2008

Mehrabian, Albert: „Silent Messages", Wadsworth Publishing Company, 1971

Mehrabian, Albert: „Nonverbal Communications", 3. Auflage, Aldine Pub, 2007

Möller-Leimkühler, Anna Maria: „Risikofaktoren, Symptomatik, Diagnostik", in: Journal für Gynäkologie und Geburtshilfe, Ausg. 10/2010

Müller, Cornelia: „Redebegleitende Gesten", Berliner Wissenschaftsverlag, 1998

Nasher, Jack: „Durchschaut", Wilhelm Heyne Verlag, München, 2010

Navarro, Joe: „Menschen lesen", 2. Auflage, mvg Verlag, München, 2011

Pease, Allan und Barbara: „Warum Männer nicht zuhören und Frauen schlecht einparken", 15. Auflage, Ullstein Taschenbuchverlag, München, 2002

Posche, Ulrike: „Stellen Sie sich nicht so an!", in: Stern, Ausg. 22/2011, S. 96 – 102

Postel, Gert: „Doktorspiele", Goldmann Verlag, München, 2003

Sentürk, Jan: „Fachwissen ist uninteressant III – Richtig manipulieren", PS Dialog Media, Calden, 2008

Sentürk, Jan: „Der Online-Gestenkoffer 2.0", www.jansentuerk.de, PS Dialog Media, 2011

Sentürk, Jan: „Positive Körpersprache", 2. Auflage, businessvillage – Verlag für die Wirtschaft, Göttingen, 2010

Simhandl, Peter: „Stanislawski Lesebuch", 2. Auflage, Edition Sigma, Berlin, 1992

Stanislawski, Konstantin S.: „Die Arbeit des Schauspielers an sich selbst, I", Henschel Verlag, Leipzig, 1983

Stanislawski, Konstantin S.: „Die Arbeit des Schauspielers an sich selbst, II", Henschel Verlag, Leipzig, 1983

Stanislawski, Konstantin S.: „Die Arbeit des Schauspielers an der Rolle", Henschel Verlag, Leipzig, 1983

Storch, Dr. Maja: „Embodiment. Die Wechselwirkung von Körper und Psyche verstehen und nutzen", 2. Auflage, Huber Verlag, Bern, 2010

Storch, Dr. Maja: „Die Macht des Körpers",
in: Psychologie heute, Heft 26/2010, S. 59 – 63

Der Autor

Jan Sentürk ist Autor, Speaker und (Personal-) Trainer für Körpersprache und Kommunikation. Schon als 18-Jähriger begann er das freie Theaterspiel nach der Methode des russischen Schauspielers und Regisseurs Konstantin S. Stanislawski.

Der diplomierte Pädagoge und ausgebildete NLP-Practitioner hat zahllose Artikel und Veröffentlichungen verfasst, darunter seine dreiteilige Hörbuchreihe „Fachwissen ist uninteressant" und das Buch „Positive Körpersprache". Von 2009 bis 2011 entwickelte und produzierte er den Video-Service „Online-Gestenkoffer", (neuer Service seit Ende 2011: „Online-Lügenkoffer"), in dem körpersprachliche Tricks und Kniffe interpretiert sowie Lügensignale erläutert werden. Für verschiedene TV-Produktionen stand und steht er immer wieder als Experte vor der Kamera, analysiert Politiker und Prominente und erläutert Unterschiede zwischen weiblicher und männlicher Körpersprache.

Seinen Vorträgen und Trainings merkt man Sentürks Herkunft aus dem Theater an: Lebendigkeit, Spritzigkeit, unbändiger Optimismus und eine gehörige Portion Selbstironie zeichnen ihn aus.

Kontakt

Internet: www.jansentuerk.de

www.online-gestenkoffer.de

Twitter: http://twitter.com/#jansentuerk

XING: https://www.xing.com/profile/Jan_Sentuerk

YouTube: http://www.youtube.com/user/sentuerk19

E-Mail: info@jansentuerk.de

Buch-Highlights für's Office

↗

Sibylle May /
Jennifer Kullmann
**Praxishandbuch
Chefentlastung, Bd. 2**
Der Leitfaden für erfolgreiche
Kommunikation, emotionale
Intelligenz und Motivation im Office

2009. 280 S. Br. EUR 44,90
ISBN 978-3-8349-1567-2

Dieter Spath /
Wilhelm Bauer /
Stefan Rief (Hrsg.)
Green Office
Ökonomische und ökologische
Potenziale nachhaltiger Arbeits-
und Bürogestaltung

2010. 368 S. Geb. EUR 49,95
ISBN 978-3-8349-2390-5

Maria Akhavan-Hezavei /
Angelika Rodatus /
Annette Rompel (Hrsg.)
**Handbuch Sekretariat
und Office Management**
Der Praxisleitfaden für effiziente
Büroorganisation, wirksame
Chefentlastung und erfolgreiche
Assistenz im Management

3. Aufl. 2010. 640 S. Geb. EUR 69,95
ISBN 978-3-8349-2108-6

Irmtraud Schmitt
**Praxishandbuch
Event Management**
Das A-Z der perfekten
Veranstaltungsorganisation -
Mit zahlreichen Checklisten
und Mustervorlagen

2. Aufl. 2006. 250 S. Br.
EUR 44,00
ISBN 978-3-8349-0197-2

Markus Graebig /
Anja Jennerich-Wünsche /
Ernst Engel
**Wie aus Ideen Präsen-
tationen werden**
Planung, Plot und Technik für
professionelles Chart-Design
mit PowerPoint

2011. 272 S. Geb. EUR 44,95
ISBN 978-3-8349-2606-7

Beratungsbüro May
Das Checklistenbuch
Die wichtigsten Organisations-
hilfen für das Büromanagement

2011. 225 S. Br. EUR 44,95
ISBN 978-3-8349-2719-4

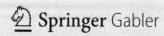 Springer Gabler

Einfach bestellen: SpringerDE-service@springer.com Telefon +49 (0)6221 / 3 45 – 4301

Änderungen vorbehalten. Erhältlich im Buchhandel oder beim Verlag.